JN418702

전통사찰총서

1

강원도의 전통사찰 I

寺刹文化研究院

월정사 보살상

월정사 적광전 석가여래상

월정사 일주문

월정사 동대 관음암 전경

월정사 서대 염불암 전경

월정사 남대 지장암 지장전 지장보살상

월정사 북대 미륵암 내경

월정사 중대 적멸보궁

상원사 내경

상원사 문수보살상

상원사 범종

평창 영감사 사각

강릉 관음사 내경

강릉 등명낙가사 극락보전

강릉 등명낙가사 오층석탑

강릉 법왕사 내경

강릉 보현사 대웅보전

강릉 보현사 낭원대사 오진탑

강릉 용연사 내경

강릉 굴산사지 당간지주

강릉 신복사지 삼층석탑과 석조 보살좌상

강릉 신복사지 석조 보살좌상

동해 감추사 전경

동해 삼화사 내경

동해 삼화사 적광전 철조 노사나불좌상

동해 삼화사 삼층석탑

삼척 삼장사 대웅전 삼존불상

삼척 신흥사 대웅전

삼척 영은사 대웅보전

삼척 천은사 내경

원주 구룡사 대웅전

원주 상원사 내경

원주 상원사 동서 삼층석탑

원주 영천사 대웅전

원주 입석사 대웅전

원주 거돈사지 삼층석탑

원주 거돈사지 원공국사 승묘탑

영월 법흥사 적멸보궁

영월 보덕사 극락보전 삼존불

영월 정암사 수마노탑

홍천 수타사 내경

횡성 보광사 내경

횡성 봉복사 법당 여래좌상

전통사찰총서

간행의 말

사찰 문화 이해의 길잡이

한반도에 불교가 전래된 지 천육백여 년, 불교는 고대 국가의 찬란한 문화를 선도하고 수많은 고승 대덕을 배출하여 실로 한민족의 문화적 · 정신적 바탕이 되어 왔다. 일찍이 불교 문화를 꽃피웠던 신라시대의 경주 거리는 '사사성장탑탑안행(寺寺星張塔塔雁行)' 이라 표현하여 곳곳에 절과 절이 맞닿아 있고 탑과 탑이 기러기처럼 줄을 잇고 있었다고 하였다. 그야말로 불국토의 장엄한 세계를 신라 사회에 그대로 옮겨 놓은 불연(佛緣) 깊은 나라였다.

고려시대에는 온 국민이 하나가 되어 팔관회와 연등회 같은 불교 행사가 성행하였고, 이러한 불심(佛心)은 마침내 불력(佛力)으로 국가적 재난을 막아내고자 하는 팔만대장경불사로 이어졌다. 그러나 조선시대에는 다소 침체의 길을 걷는 등 변화하는 역사 속에서 불교는 성쇠를 거듭해 왔다.

오늘날의 불교는 다종교의 홍수 속에서도 한민족의 전통 사상으로 굳건히 자리하고 있음은 주지의 사실이다. 그러나 선조들의 빛나는 문화 업적과 소중한 사찰 문화재는 옛 모습을 잃고 조금씩 변화해 가며, 때로는 유실되고 있는 실정이다.

그리하여 사찰 문화의 보전과 현대적 계승이라는 취지에 뜻을 같이 하는 몇몇 사람들이 모여 원을 세웠다. 불교 문화의 참뜻을 찾아 한데 모으고 다듬어 때를 벗겨 정리함으로써, 이 시대의 사람들과 뒷 세대들로 하여금 재창조와 도약의 발판으로 삼을 수 있도록 하자는 것이었다. 이러한 원을 실현하기 위하여 사찰문화연구원을 설립하고 그 첫 번째 사업으로 『전통사찰총서』를 간행하게 된 것이다.

우리의 사찰은 불교의 참정신이 깃들어 있는 곳이요, 고승들의 발자취가 서려있는 곳이며, 몸과 마음을 맑힐 수 있는 신행의 요람처이다. 따라서 『전통사찰총서』의 집필에는 외형적이고 피상적인 사실의 설명에서 한걸음 더 나아가 사찰이 간직하고 있는 정신세계와 본질을 규명하는 데 초점을 맞추었다. 곧 사찰의 연혁에서부터 소중히 보존해야 할 문화재, 하나하나의 성보(聖寶)에 깃들어 있는 의미, 그 절이 지니는 신앙의 성격, 그리고 관련 설화까지 소상하게 밝혀 놓았다.

이 책이 사찰 문화의 진수를 이해하는 데 조그마한 길잡이가 될 수 있었으면 하는 바람이다. 끝으로 이 책을 간행하는 데 협력하여 주신 문화체육관광부, 대한불교진흥원, 그리고 각 사찰의 스님들께 깊은 감사를 드린다.

寺刹文化硏究院

차례

4 원주시의 전통사찰

5 영월군 · 정선군의 전통사찰

6 홍천군 · 횡성군의 전통사찰

1. 평창군의 전통사찰

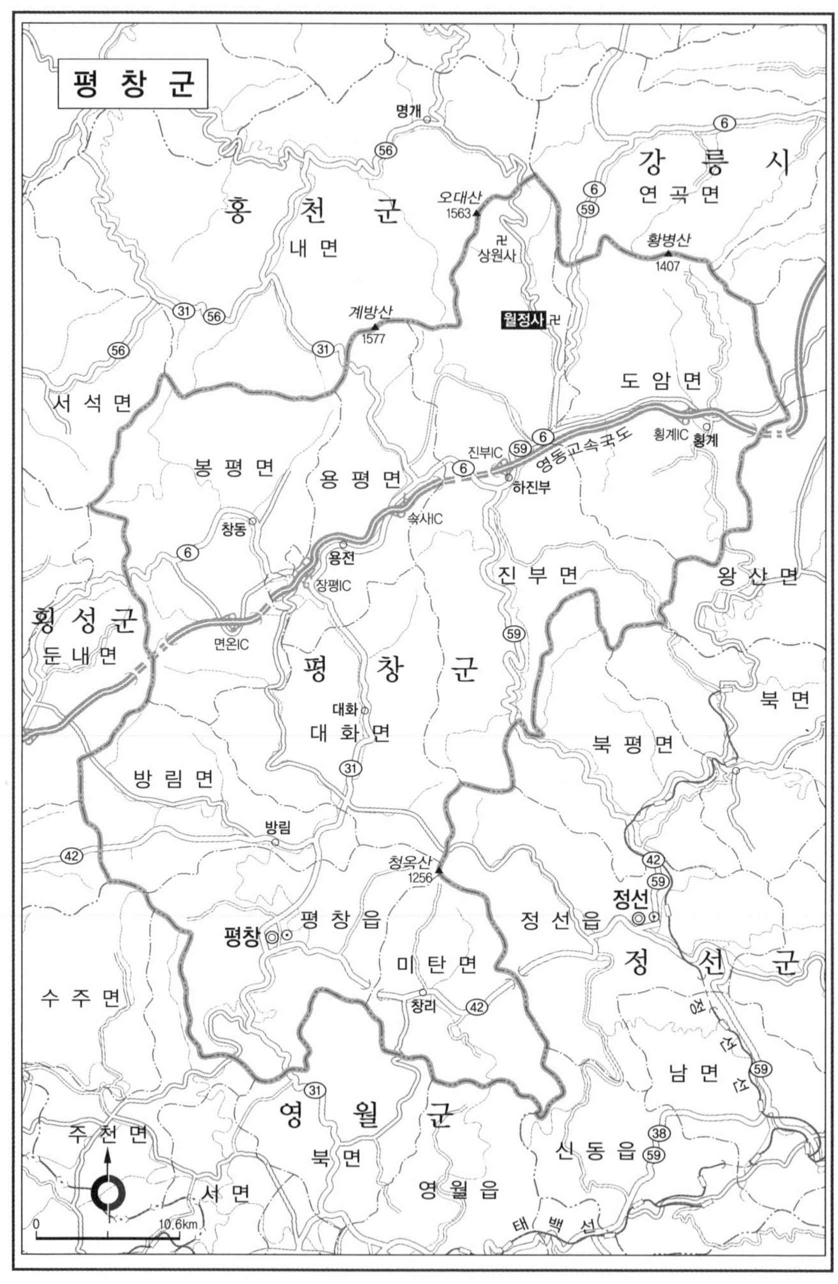
평 창 군
명개
강 릉 시
연 곡 면
홍 천 군
오대산
1563
내 면
상원사
황병산
1407
계방산
1577
월정사
서 석 면
도 암 면
진부IC
영동고속국도
횡계IC
횡계
봉 평 면
용 평 면
하진부
창동
속사IC
용전
장평IC
진 부 면
왕 산 면
횡 성 군
둔 내 면
면온IC
평 창 군
대화
대 화 면
북 면
북 평 면
방 림 면
방림
청옥산
1256
정선
평 창 읍
정 선 읍
평창
미 탄 면
정 선 군
수 주 면
창리
정선선
남 면
영 월 군
주 천 면
북 면
신 동 읍
서 면
영 월 읍
0
10.6km
태 백 선

평창군의 역사와 문화

평창군(平昌郡)은 강원도 남부에 위치한 군으로, 동쪽은 강릉시 · 정선군, 서쪽은 횡성군, 남쪽은 영월군, 북쪽은 강릉시 · 홍천군과 접한다. 인구는 2005년 현재 4만 5,482명, 행정구역은 1개 읍, 7개 면, 188개 리, 737개 반, 1개 출장소로 구성되어 있다.

태백산맥 줄기에 위치하기 때문에 평균 해발고도가 600m 이상에 이르고, 특히 북 · 서 · 동 3면은 높은 산지로 둘러싸여 있으며, 남쪽으로 경사진 지형을 나타낸다.

북쪽과 서쪽에는 오대산(五臺山, 1,563m)에서 분기한 차령산맥이 뻗어 있어 계방산(桂芳山, 1,577m) · 흥정산(興亭山, 1,277m) · 태기산(太岐山, 1,261m) · 청태산(靑太山, 1,200m) · 백덕산(白德山, 1,350m) 등이 솟아 있고, 동쪽에는 황병산(黃柄山, 1,407m) · 매봉(1,173m) · 고루포기산(1,238m) · 발왕산(發旺山, 1,458m) · 박지산(博芝山, 1,394m) · 백석산(白石山, 1,365m) · 청옥산(靑玉山, 1,256m) · 가리왕산(加里旺山, 1,561m) 등 높고 험한 산들이 연봉을 이룬다.

계방산에서 발원한 평창강(平昌江)은 속사천(束沙川) · 도사천(都事川)을 합하여 남서류하면서 덕거천(德巨川) · 흥정천(興亭川)과 합류하여 남류하다가 대화천(大和川) · 안미천(安味川) 등을 만나 방림면 방림리에서 계촌천(桂村川)을 합쳐 평창읍에서 심하게 곡류하면서 영월군으로 흘러들며, 오대산에서 발원한 오대천은 진부를 지난 뒤 심하게 곡류하면서 정선군으로 흘러간다. 황병산에서 발원한 송천은 대기천(大基川)을 합류하여 역시 심하게 곡류하면서 정선군으로 흘러든다. 이들 남한강의 지류들은 그 유역에 약간의 평지와 하상단구를 발달시켰다.

구석기시대 및 신석기시대의 유물 · 유적이 발견된 적은 없으나 인접한 횡성과 홍천지역에서 구석기시대의 유물 · 유적이 발견되는 것으로 보아 이 지역에서도 오래 전부터 인류가 살았을 가능성이 있다. 청동기시대의 유물로는 고인돌이 다수 발견되었으며, 부족국가시대에 예맥국(濊貊國)의 태기왕(泰岐王)이 이곳에서 잠시 국가를 이루었다는 전설이 전해 오고 있다.

삼국시대에는 5세기경 고구려의 영역에 속하여 욱오현(郁烏縣) 또는 우오현(于烏縣)이라 하였다가 뒤에 신라에 편입되었으며, 삼국통일 이후 757년(경덕왕 16) 백오현(白烏縣)으로 고치고 나성군(奈城郡, 지금의 영월)의 소속으로 하였다.

고려시대에 와서는 940년(태조 23) 평창현으로 개칭하여 원주의 속현으로 삼았다가 1299년(충렬왕 25)에 비로소 현령을 파견하여 원주에서 독립시켰다. 1387년(우왕 13)에는 왕의 총애를 받던 환관 이신(李信)의 고향이라 하여 평창군으로 승격시켰으나 곧 다시 평창현으로 고쳤다. 이때 별칭을 노산(魯山)이라 하였다.

조선시대에서는 건국 직후인 1392년(태조 1)에 목조(穆祖)의 비 효공왕후(孝恭王后)의 고향이었다는 이유로 다시 평창군으로 승격시켰다. 1895년(고종 32) 5월에 충주관찰사 소속의 군이 되어 5개 면을 관할하였으며, 다음해 다시 강원도에 편입되었다. 1906년 10월 1일에는 강릉군의 대화(大和) · 봉평(蓬坪) · 진부(珍富) 등 3개 면이 편입되고, 신동면은 정선군으로 이관되었다. 1979년 5월 1일 평창면이 읍으로 승격되었다. 최근 산악지대에 눈이 많이 내리는 자연조건을 활용하여 스키장 등 겨울스포츠의 메카로 발돋움하고 있으며, 동계올림픽 유치를 위해 많은 노력을 하고 있다.

월정사

■위치와 창건

월정사(月精寺)는 평창군 진부면 동산리 53번지 오대산(五臺山)에 자리한 대한불교조계종 제4교구 본사다.

"국내의 명산 중에서도 여기가 가장 좋은 곳이요, 불법이 길이 번창할 곳이다."

월정사 내경

『삼국유사』에서 일연(一然) 스님은 월정사를 이렇게 표현했다. 그 말대로 신불(神佛)이 깃들어 있는 한민족의 성스러운 영지(靈地) 오대산에 들어서면 가장 먼저 월정사가 마음의 쉼터를 마련해 준다.

월정사는 643년(선덕왕 12) 자장율사(慈藏律師)가 창건하였다. 그러나 자

1930년대 월정사 내경(『조선고적도보』 사진)

장율사가 이 절을 창건하게 된 까닭을 살피려면 스님이 당나라에 가 있던 몇 년 전으로 거슬러 올라가야 한다.

636년 당나라로 들어간 자장율사는 중국 오대산의 문수보살 석상 앞에서 7일 동안 기도하였다. 그 기도 끝에 나타난 노승(老僧)은 부처님의 가사와

발우, 불사리(佛舍利)를 전해 주면서 신라 땅의 오대산이 1만의 문수보살께서 항상 머물러 계시는 곳임을 일러 주었고, 반드시 찾아갈 것을 당부하였다. 그 뒤 6년 동안 중국 전역을 다니면서 도력을 기른 자장율사가 귀국하려 하자, 오대산 태화지(太和池)에 살고 있다는 용이 나타나 6년 전에 만났

던 노승이 문수보살임을 일러 주었다.

그토록 만나기를 열망했던 문수보살. 자장율사는 귀국 즉시 홀로 오대산을 찾았다.

그리고 임시로 초암(草庵)을 짓고 7일 동안 머물렀지만, 음산한 날씨가 계

속되어 뜻을 이루지 못하자 사리만을 모시고 하산한 것이다.

■역사

창건 이후 유동보살(幼童菩薩)의 화신이라고 전해지는 신효거사(信孝居士)가 이곳에 머물렀고, 범일국사(梵日國師)의 제자였던 두타승(頭陀僧) 신의(信義)가 자장율사가 초암을 지었던 터에 다시 암자를 짓고 살았다. 신의스님이 죽은 뒤 이 암자는 오랫동안 황폐되었는데, 지금의 강릉 등명낙가사인 수다사(水多寺)의 유연(有緣) 스님이 암자를 다시 짓고 머무르면서 점차 큰 절로 이루어 놓았다.

그 뒤 1377년(충렬왕 33) 화재로 전소된 것을 이일(而一) 스님이 중창하였고, 1833년(순조 33)에 다시 불타 버리자 1844년(헌종 10)에 영담(瀛潭)·정암(淨庵) 스님 등이 중건하여 대찰의 모습을 회복하였으며, 1911년에는 전국 31본산의 하나가 되어 강원도 남부의 사찰을 총괄하였다.

칠불보전(『조선고적도보』 사진)

그러나 1 · 4후퇴 당시 작전상의 이유로 아군에 의하여 칠불보전을 비롯한 10여 동의 건물이 완전히 소각되었다. 특히 애석한 것은 오대산 북쪽 양양 선림원지(禪林院址)에서 1949년에 발굴된 신라시대의 범종이 불타 버렸다는 사실이다. 경주 성덕대왕신종보다 주조연대가 앞선 귀중한 문화유물이 동족상잔의 비극 속에서 자취도 없이 사라지고 만 것이다. 폐허가 된 월정사는 1964년 탄허(呑虛) 스님이 법당인 적광전을 중건한 이래 지금까지 꾸준히 크고 작은 불사를 계속하여 오늘에 이르고 있다.

■주요인물

• 탄허 대종사

탄허(呑虛, 1913~1983) 대종사(大宗師)는 1913년 1월 15일 전라북도 김제 만경에서 김홍규(金洪奎)의 둘째 아들로 태어났다. 속명은 금택(金澤), 법명은 택성(宅成)이며, 법호가 탄허이다. 1918년 6세 때부터 1928년 16세

탄허 스님

때까지 10여 년간 부친과 조부인 김윤경(金允卿, 이명 金炳日), 그리고 향리의 선생으로부터 사서삼경을 비롯한 유학의 전 과정을 배웠다. 또 1929년에는 충청남도 보령으로 가 기호학파의 거유 면암 최익현(崔益鉉, 1833~1906)의 제자인 이극종(李克宗) 선생으로부터도 배웠다. 그러나 스님은 늘 유학의 한계를 느껴 항상 훌륭한 스승, 진리를 말해 줄 수 있는 스승을 찾았다. 그러던 중 오대산 상원사에 있는 한암(漢巖) 스님의 명성을 듣고 19세에 처음으로 한암 스님께 장문의 서한을 보냈다. 근 3년 동안 오간 서한은 일반인의 상상을 초월한 대장문이었다. 21세가 되던 해 탄허 스님은 정든 부모 형제를 두고 한암 스님을 찾아 오대산 상원사에 입산했다.

평소 승려 교육에 많은 힘을 쏟은 탄허 스님은 불교학의 최고 학설인 『화엄경』(120권)을 번역, 출간하였으며, 『화엄론』 40권, 『육조단경』, 『보조법어』, 『사교(四敎)』, 『사집(四集)』 등 많은 불전을 번역하였다. 승려 교육의 공로로 생전에 인촌(仁村)문화상을 수상한 바 있는 스님의 사상은 한국불교에 많은 영향을 끼쳤으며, 1983년 6월 5일 오후 향년 71세로 입적할 때까지 오대산 방산굴(方山窟)에 머물렀다. 입적 후 종교인으로서는 최초로 국가가 추서하는 은관문화훈장을 받았다.

• 만화 스님

만화(萬化, 1919~1983) 스님은 현대의 월정사 사격을 갖춘 분이다. 평안북도 덕천군 풍덕면 풍덕리에서 아버지 장원국, 어머니 능성 주씨의 장남으로 태어났다. 어려서 한학을 공부하였는데, 1938년 2월 뜻한 바 있어 오대산으로 출가하여 1938년 5월 탄허 스님을 은사로 득도(得度)하였다. 그 뒤 상원사 강원에서 대교과를 졸업하고 사교 입선하여 서래밀지(西來密旨)를 참구하였다. 1945년부터 상원사 총무로 대중외호에 전념하였고, 1950년 6·25전쟁이 일어났을 때 한암 조실 스님이 모두 안전지대로 피하라고 하였으나 조실 스님만 남겨두고 떠날 수 없다며 끝까지 남아서 한암 스님의

만화 스님

좌탈입망(坐脫立亡)을 지켜보았다.

1953년에 상원사 주지, 1956년에 월정사 주지로 취임하였다. 1957년 설악산 신흥사 주지로 부임하여 적묵당을 건립하였고, 1959년 다시 월정사 주지로 취임하여 6 · 25전쟁으로 전소된 대웅전을 웅장한 모습으로 중건하였으니, 그 법당이 지금의 적광전이다. 이어 종무소, 동별당, 서별당, 용금루, 사천왕문, 일주문, 진영각, 방산굴 등을 중건하여 대사찰의 면모를 일신하였다.

1973년에 중앙종회의원이 되었고 1977년 5월부터 탄허 스님과 함께 인도, 동남아 성지를 순례하였다. 1981년 8월 월정사 회주로 추대되었다가 1983년 12월 11일 세수 64세, 법랍은 45세로 입적하였다.

■성보문화재

일주문을 들어서 월정사 쪽으로 800m 가량 늘어서 있는 전나무 숲으로 해서 성황각을 지나면 천왕문에 닿는다. 천왕문 오른쪽으로는 작은 길이 나 있는데, 이는 산내암자인 육수암과 조실스님의 주석처인 방산암으로 가는 길이다. 천왕문을 들어서면 다시 오른쪽으로 해행당과 그 뒤로 심검당이 자

일주문

리하고 있다. 그리고 해행당과 마주하여 계곡 쪽으로 찻집인 청류다원이 자리한다. 금강루를 들어서면 왼쪽으로 호지각과 성보박물관인 보장각이, 오른쪽으로 설선당, 그리고 그 뒤쪽으로 대법륜전이 서향하고 있다. 넓은 중정에는 팔각구층석탑이 적광전과 맞닿아 있으며, 서쪽에 ㄱ자형의 대강당이 동향하여 설선당과 마주한다. 대강당 뒤쪽으로 나 있는 담장을 벗어나면 서쪽으로 산내암자인 지장암과 관음암, 상원사 등으로 가는 도로가 나타난다. 포장된 도로를 따라 200m 정도 상원사 방향으로 가면 남향한 부도전이 있다.

현재 월정사에는 적광전을 중심으로 하여 남향하고 있는 월정사는 동쪽으로 설선당과 대법륜전 · 심검당 · 보장각 · 호지각 · 금강루 · 해행당 · 천왕문이 자리하고 있다. 정면으로는 팔각구층석탑과 용금루 · 종고루가, 서쪽으로는 대강당이 자리하고 있으며, 적광전 뒤쪽으로는 수광전 · 삼성각 ·

적광전과 구층석탑

조사당 · 진영당 등이 가로로 줄지어 있다.

• **적광전**

전설이 깃든 전나무 숲길을 거쳐 절 앞의 금강연(金剛淵)에서 발길을 잠시 멈춘 뒤 월정사 마당으로 들어서면 절의 한복판에 위치한 팔각구층석탑이 참배객을 맞이하여 주며, 그 뒤로 대형 법당인 적광전(寂光殿)이 있다. 편액은 탄허 스님의 글씨다.

적광전은 남향으로 된 앞면 5칸, 옆면 4칸의 매우 큰 건물로서, 법당 안에는 크기와 모양이 석굴암 본존불과 같은 대불(大佛)이 봉안되어 있다. 적광전에는 일반적으로 비로자나불을 모시는 것이 통례이지만, 여기서는 그 통례를 깨고 석가모니불이 모셔져 있다. 또한 본존불만 모시고 좌우의 협시불을 모시지 않은 것도 특이하다.

• **수광전**

수광전(壽光殿)은 앞면 5칸, 옆면 3칸의 맞배지붕 건물로 1989년에 시작

삼성각

하여 1992년에 완공하였다. 일반적으로 아미타불을 봉안한 전각을 무량수전(無量壽殿)·극락전(極樂殿) 등으로 부르는데 수광전은 그 중 하나이다. 전각의 바깥 벽면에는 문수·보현보살, 관음·대세지보살 등의 벽화를 그려 장엄하였으며, 정면에는 수광전 편액을, 남쪽 측면에는 지장전이라는 편액을 달았다.

• **삼성각**

삼성각(三聖閣)은 앞면 3칸, 옆면 2칸 규모의 맞배지붕 건물로 6·25전쟁 때 소실된 것을 1994년 중건하였다. 내부에는 상단에 칠성탱과 칠성상을 모시고, 산신탱과 산신상, 독성탱과 독성상을 봉안하였다.

• **조사당**

조사당(祖師堂)은 앞면 3칸, 옆면 1칸 규모의 맞배지붕 건물로, 적광전 뒤

금강루

에 자리한다. 월정사를 창건한 자장율사의 진영(眞影)을 모신 곳으로 1958년 영해 경덕 스님이 중건하였으며, 현존하는 월정사 당우 가운데 가장 오래되었다. 내부에는 1980년에 조성한 자장율사 진영을 봉안하고 있다.

• 종고루

종고루(鍾鼓樓)는 앞면 3칸, 옆면 2칸 규모의 누각형 팔작지붕 건물로 1994년 보수하였다. 범종 · 법고 · 목어 · 운판 등 사물(四物)을 걸어두고 새벽예불과 저녁예불 등을 하는 곳이다. 종고루 아래에는 불교서적과 불구용품을 판매하는 석경원(碩經院)이 있다.

• 금강루

금강루(金剛樓)는 앞면 3칸, 옆면 2칸 규모의 2층 누각으로 1997년 12월 착공하여 1999년 10월에 완공하였다. 양쪽의 문에는 나라연금강과 밀적금

천왕문

강을 부조(浮彫)하였으며, 2층에는 2004년에 윤장대를 설치하였다.

• 천왕문

천왕문(天王門)은 앞면 3칸, 옆면 2칸 규모의 맞배지붕 건물로 1974년 중건했다. 금강교를 지나 제일 먼저 만나는 문으로 불법을 수호하는 사천왕을 모신 전각이다. 측면에는 중국 선종의 제2대조인 혜가대사와 자장율사 · 지장보살 · 포대화상, 한산 · 습득의 설화가 그려져 있다.

• 일주문

일주문(一柱門)은 월정사에 들어서면서 제일 먼저 만나는 건물로 1976년 중건하였다. 기둥 양편으로 판전을 붙여 4위의 신장상을 양각하였다. 그리고 정면에 걸린 '월정대가람(月精大伽藍)' 이라고 쓴 편액은 탄허 스님의 글씨다.

대강당

• 성황각

일주문을 통과하여 전나무 숲을 걷다보면 오대천 가에 자리한 성황각(城隍閣)이 보인다. 앞면과 옆면 각 1칸의 규모로, 이 지방의 토속신을 모신 곳이다.

■요사 및 부속건물

• 대강당

적광전 오른쪽에 있는 대강당 건물은 일명 서당(西堂)으로 불리며, 앞면 11칸, 옆면 3칸 규모의 팔작지붕 건물로 1976년에 중건하였다. 수광전 앞의 앞면 5칸, 옆면 3칸 규모의 요사와 연결되어 있어 전체적으로 ㄱ자형 구조를 하고 있다.

이 대강당은 탄허 스님이 주석할 당시 경전을 공부하는 강원의 용도로 지어졌으나, 근래에는 스님들의 요사로 사용하고 또는 수련법회장 등으로도 사용된다. 정면에는 탄허 스님의 글씨 '설청구민(說聽俱泯)', '대강당(大講

설선당

堂)'과 경봉 스님의 '정법보각(正法寶閣)' 편액이 걸려 있다.

• 대법륜전

'큰 법을 굴리는 집'이라는 뜻의 대법륜전(大法輪殿)은 앞면 11칸, 옆면 5칸 규모의 팔작지붕 건물로 2004년에 완공하였다. 1층에는 강당, 지하에는 공양간이 있다.

• 설선당

설선당(說禪堂)은 적광전 왼쪽의 앞면 11칸, 옆면 10칸 규모의 ㅁ자형 건물로 1979년 중건하고, 2002년 전면 보수하였다. 일명 동당(東堂)으로 불리며 월정사 종무소, 원주실, 큰방, 요사 등으로 사용하고 있다.

• 심검당

심검당(尋劍堂)은 '지혜의 검을 찾는 곳'이라는 뜻의 요사로, 주로 노스님

호지각

들이 거처한다. 앞면 7칸, 옆면 3칸 규모의 팔작지붕 ㄱ자 건물로 1986년 중건하였다. 명월당(明月堂)이라고도 부른다.

• **해행문**

해행문(解行門)은 앞면 5칸, 옆면 2칸 규모의 팔작지붕 건물로 1978년 건립하였다. 천왕문을 지나 오른편에 자리하고 있으며, 2004년 5월까지 월정사의 일반 사무 · 행정을 맡아보는 종무소가 있었다.

• **호지각**

호지각(護持閣)은 앞면 3칸, 옆면 2칸 규모의 맞배지붕 건물로 1999년 10월에 건립되었다. 1층은 요사, 아래층에는 해우소가 있다.

• **청류다원**

청류다원(淸流茶園)은 앞면 3칸, 옆면 2칸 규모의 맞배지붕 건물로, 이름 그대로 고즈넉한 산사에서 맑게 흘러가는 물소리를 들으며 차를 마실 수 있는 공간이다.

• 방산암

월정사 경내를 벗어나 육수암 쪽으로 오르다 보면 왼쪽에 있는 자그마한 건물이 나오는데 이곳이 바로 방산암(方山庵)이다. 월정사 조실스님이 주석하는 방산암은 1973년 만화 스님이 창건하였는데, 탄허 스님이 입적할 때까지 머물기도 하였다.

• 보장각

보장각(寶藏閣)은 성보박물관으로, 보물 제140호 상원사중창권선문을 비롯하여 적광전 옆의 방산암(方山庵)에 봉안되었던 육비관음상, 『금강경』 등의 대장경을 넣은 경궤, 구리거울인 무문경 · 파문경 · 쌍룡경 · 사룡경, 향낭 · 향합 · 수정사리병 · 진신사리병 · 은합 · 청동합, 청동갑옷을 쌌던 보자기, 목향 등이 있다. 근래는 월정사의 말사로부터 이운해온 중요한 불교미술품이 대거 소장되어 있다.

• 월정사 팔각구층석탑

팔각구층석탑은 월정사의 상징이기도 한 성보로, 현재 국보 제48호로 지정되어 있다. 전체 높이 15.2m로, 팔각으로 된 1층의 옥개석(屋蓋石, 지붕돌) 밑에는 사방으로 4개의 작은 감실(龕室)이 하나씩 뚫려 있다. 네 개의 구멍은 곧 탑으로 들어가는 문이요, 그 문을 들어서면 부처님의 영원한 몸을 뵐 수 있다는 것을 상징하고 있다. 실제로 1970년 10월에 있었던 석탑의 전면 해체 때 바로 이 1층 원형의 사리공(舍利孔)에서 사리 등이 발견됨으로써 사방으로 뚫린 감실의 의미를 잘 입증해 주었다.

또한 이 탑의 팔각 추녀 끝에는 모두 풍경이 달려 있는데, 이는 인공의 풍경과 자연의 바람이 함께 어우러져서 부처님께 소리공양을 올리는 것이라

해석할 수도 있고, 중생의 심성을 일깨우는 부처님의 설법으로 해석할 수도 있다. 그리고 9층의 옥개석 위로 솟아 있는 상륜부는 팔정도(八正道) 수행을 통하여 이룩한 깨달음의 경지를 상징하고 있으며, 우리나라 석탑의 상륜부 연구에 귀중한 자료를 제공하고 있다.

• 월정사 석조보살좌상

팔각구층석탑 바로 앞에서 공양을 올리는 모습으로 무릎을 꿇고 앉아 있는 보살상인데, 근래는 보장각 내로 이운되었다. 현재 보물 제139호로 지정되었다.

이 보살상을 두고 흔히들 문수보살 또는 약왕보살(藥王菩薩)이라고 한다. 그러나 불경을 조사해 보면 문수보살이 탑 앞에서 공양하고 있는 경우를 찾아볼 수 없고, 약왕보살의 전신인 희견보살(喜見菩薩) 이야기가 가끔 등장한다. 특히 『법화경』의 「약왕보살본사품」에는 그 내용이 자세히 표현되고 있다.

과거의 일월정명덕(日月淨明德) 부처님이 이 세상에 계실 때, 희견보살은 부처님으로부터 『법화경』 설법을 듣고 현일체색신삼매(現一切色身三昧)를 얻었다. 환희심에 가득 찼던 희견보살은 부처님께 여러 가지 공양을 올렸지만 흡족하지가 않았다. 마침내 희견보살은 1200년 동안 자신의 몸을 태우며 공양하였다. 그리고 다시 몸을 받아 정덕왕국의 왕자로 태어났을 때 일월정명덕여래는 그가 장차 부처님이 될 것이라는 수기(授記, 예언)를 주고 열반에 들었다. 희견보살은 부처님의 사리를 수습하여 8만4천의 사리탑을 세우고, 탑마다 표찰(表刹, 상륜부)을 만들고 보배로 만든 각종 깃발과 풍경을 매달아서 장엄하게 꾸몄다. 그리하고도 모자라 탑 앞에서 자신의 두 팔을 태우며 7만2천 세 동안 사리탑을 공양하였으니, 그분이 바로 석가모니불 당시의 약왕보살이라는 것이다.

그런데 석탑과 보살상을 보면 실로 이 『법화경』의 말씀과 그대로 일치하

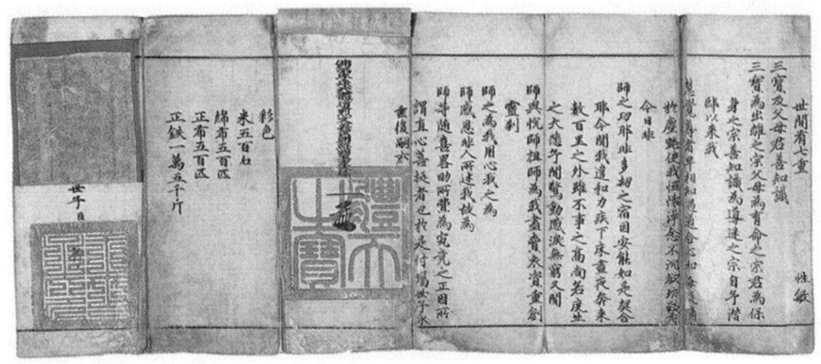

오대산 상원사 중창권선문

고 있음을 느낄 수 있다. 두 팔을 받들어 태우며 사리탑에 공양을 드리는 보살의 모습, 찰주와 풍경을 갖춘 탑 모양은 의심할 여지없이 『법화경』의 내용과 같은 것이다.

그리고 현재 속리산 법주사에 있는 희견보살과 이 석탑 앞의 희견보살의 모습을 비교하면 더욱 흥미로운 사실을 발견할 수 있다. 720년(성덕왕 19)에 만든 것으로 추정하고 있는 법주사의 희견보살은 머리 위에 향로를 얹어 온몸을 태우고 있고, 이 탑 앞의 보살은 손에 향을 쥐고 공양하는 모습을 취하고 있다. 곧 법주사의 희견보살은 『법화경』에서 삼매를 얻어 전신을 태우며 공양할 때의 모습이고, 월정사의 보살은 뒷날 부처님의 사리탑을 세우고 탑 앞에서 두 팔을 태울 때의 모습을 취하고 있는 것이다. 이와 같은 까닭으로 지금은 비록 그 위치가 바뀌었지만 법주사의 희견보살은 부처님 앞에서 향로를 받치고 서 있고, 월정사의 희견보살은 탑 앞에 자리를 잡고 있는 모습으로 묘사된 것으로 생각된다. 따라서 현재 사라져버린 양 손 사이의 지물(持物)은 향 뭉치 또는 손잡이가 있는 향로가 있었던 것으로 봄이 타당할 것이다. 그리고 머리 위의 특이한 보관, 목걸이 장식과 양팔의 팔찌, 오른팔 밑의 동자상도 자세히 살펴볼 필요가 있다. 동자상은 왼손에 금강저(金剛

杵)처럼 생긴 지물(持物)을 들고 있는데, 전체적으로 조각이 거칠고 둔한 점으로 보아 뒤에 새겨 넣은 것으로 보인다.

• 오대산 상원사 중창권선문

보장각 안에 보관된 중창권선문(重創勸善文)은 조선시대 초 신미(信眉) 스님이 학열(學悅), 학조(學祖) 스님과 함께 세조를 위해 상원사를 중창할 때 지은 권선문 1책과 세조가 자신의 원당(願堂)인 상원사의 중창 취지를 친필로 쓴 어첩(御牒) 1책으로 구성되어 있다. 이들은 각각 한문 원문과 번역으로 되어 있는데, 권선문에는 신미와 학조, 어첩에는 세조와 왕세자의 수결(手訣) 밑에 효령대군 이하 여러 종실, 신하들의 이름과 수결이 있어 고문서 연구에 귀중한 자료가 된다. 현재 보물 제140호로 지정되어 있다.

훈민정음 제정 이후 제작된 판각이나 활자본 책자는 많이 접할 수 있지만, 묵서(墨書)한 것으로 조선 초기의 한글 서체를 살피는 데 있어 매우 귀중한 자료가 되고 있다. 또 왕가에서 직접 사찰에 보낸 귀중한 문서일 뿐 아니라 세조와 여러 고승들의 관계를 전해 주는 귀중한 사료다.

월정사 부도군

전나무숲

• **부도**

월정사 주차장에서 300m 남짓 거리에는 강원도유형문화재 제55호로 지정된 부도군(浮屠群)이 있다. 월정사에 머물렀던 고승들의 부도 22기가 있는데, 주로 조선시대 후기에 유행했던 석종형(石鍾形) 부도들이다. 이 중 가장 큰 부도는 2m가 넘는다.

• **전나무숲**

월정사를 이야기할 때는 매표소부터 절 주위에까지 펼쳐져 있는 전나무숲을 빼놓을 수 없다. 이 전나무숲이야말로 '천고의 비경이란 바로 이런 것이로구나.' 하고 느낄 만큼 하늘을 향해 곧게 뻗어 있는 울울창창의 대수림이다. 오대산에는 바위가 적고 모기가 없고 소나무가 없다고 한다. 기온이 낮아 모기가 없고 지질학적으로 바위 대신 흙이 많다는 것은 이해할 수 있지만 우리나라 최대의 영산에 우리나라 나무의 상징인 소나무를 거의 볼 수 없다는 것은 매우 이해하기 어려운 점이다. 그래서인지 소나무 대신 전나무가 많은 이유를 옛 사람들은 하나의 전설로써 풀었다.

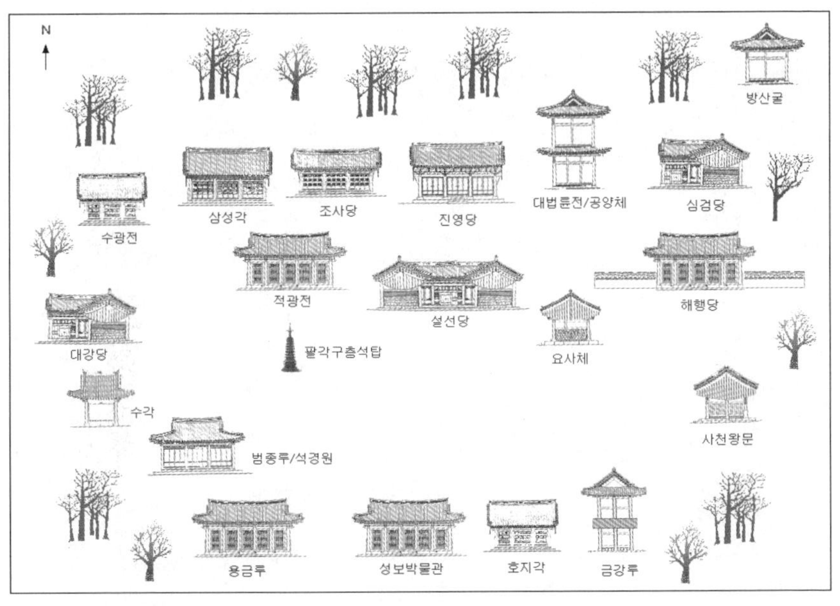

월정사의 가람배치

동대 관음암

지장암 입구의 다리에서 큰길로 100여 미터 올라가면 오른쪽으로 작은 골짜기와 함께 산길이 나타난다. 이 길을 따라 2km 정도 올라가면 높은 축대를 쌓고 지은 동대암(東臺庵)이 있다.

이 암자를 관음암(觀音庵)이라고 칭하게 된 것은 오대산의 동대가 1만의 관세음보살 진신(眞身)이 언제나 머물러 계신 곳이라는 믿음과 함께, 보천

동대 관음암 전경

동대 관음암 법당 삼존불

태자(寶川太子)의 유언에 따라 관음방(觀音房)을 짓고 창건하였기 때문이다. 태자는 임종 직전 당부하였다.

"이 오대산은 백두산의 큰 줄기이며, 각 대(臺)는 진신이 언제나 머물러 계신 곳이다. … 동대에는 마땅히 관음방을 두어 원상관음(圓像觀音)과 함께 푸른 바탕에 1만 관음상을 그려 봉안하며, 복전(福田) 5원(五員, 5명)을 두어 낮에는 8권의 금광명경(金光明經)과 인왕반야경(仁王般若經), 천수주를 독송하게 하고 밤에는 관음예참(觀音禮懺)을 염하게 하라. 그리고 그 결사의 이름을 원통사(圓通社)라 하라."

태자의 유지에 따라 창건된 이래 천년이 넘도록 관음신앙의 중심도량이 되었던 관음암이지만, 자세한 역사는 전무한 상태이다. 6 · 25전쟁 때 작전상 소각한 이후 20여 년 동안 폐허로 남아 있다가 1971년 조용벽(趙龍壁) ·

장랑진(張琅鎭)의 시주로 중건하여 지금의 모습을 갖추게 되었다.

법당 안에는 옛 전통대로 관음보살좌상을 안치하였다. 암자에서 약 700m 지점에 있는 부도들에서도 옛 관음암의 역사를 살필 수 있다. 운공성관대사(雲空性觀大師)·금성당(金聖堂) 등의 이름이 새겨진 총 22기의 부도는 대부분 조선시대에 유행했던 석종형이지만, 그중에는 2중기단과 지붕돌을 갖춘 원당형 부도도 있다. 이곳에 머물렀던 조선 후기 고승들의 부도로 짐작된다.

특히 이 동대암에는 불교인들의 귀감이 되고 있는 통일신라시대 구정(九鼎) 스님의 수행담이 전해지고 있다. 아직까지 구정 스님이 수행했던 토굴자리의 흔적이 남아 있다. 구정 스님에 대해서는 다음과 같은 전설이 전한다.

"짚신아, 네가 어째서 부처냐?"

통일신라시대 말기, 비단 장사를 하면서 홀어머니를 모시고 살아가는 한 청년이 있었다. 어느 날 비단을 짊어지고 오대산의 진고개를 넘어가던 청년이 고갯마루에서 쉬고 있는데 이상한 노스님 한 분이 보이는 것이었다. 길옆의 풀섶에서 꼼짝도 하지 않고 서 있는 노스님의 모습이 매우 이상하여 청년은 가까이 다가서며 여쭈었다.

"스님, 이곳에서 무엇을 하고 계십니까?"

"중생들에게 공양을 드리고 있는 중일세."

"어떤 중생에게 무슨 공양을 베푸십니까?"

"옷 속에 있는 이와 벼룩에게 피를 먹이고 있네."

"그런데 왜 그렇게 꼼짝도 않고 서 계십니까?"

"내가 움직이면 이나 벼룩이 피를 빨아 먹는 데 불편할 것이 아닌가."

말을 끝낸 노스님이 발걸음을 옮겼고, 스님의 말씀에 큰 감동을 받은 청년은 자신도 모르게 스님의 뒤를 따라갔다. 이윽고 동대 관음암에 도착한 스님은 청년을 돌아보며 물었다.

"어인 일로 나를 따라왔는가?"

"저도 수행하여 스님과 같은 사람이 되고 싶습니다. 부디 제자로 받아 주십시오."

"내 제자가 되려면 무슨 일이든 내가 시키는 일이면 다 하여야 한다. 그렇게 하겠는가?"

"예."

청년의 굳은 결심을 확인한 노스님은 그의 출가를 허락하고, 먼저 부엌에 큰 가마솥을 거는 일부터 시켰다. 청년은 흙과 짚을 섞어 이긴 후 부뚜막을 만들고 솥을 걸었다. 하루가 족히 걸려 겨우 마감이 되었을 무렵, 기척도 없이 불쑥 나타난 스님은 호통을 쳤다.

"이놈아, 이것을 솥이라고 걸어 놓은 거냐? 한쪽으로 틀어졌으니 다시 걸도록 하여라."

노스님은 짚고 있던 석장으로 솥을 밀어 내려앉혀 버렸다. 스스로가 판단하기에는 조금도 틀어진 곳이 없었지만 청년은 스님의 분부에 따라 불평 한마디 없이 새로 솥을 걸었다. 그렇게 솥을 걸고 허물어 다시 걸기를 아홉 번만에 드디어 노스님은 청년의 구도심을 인정하였다. 그리고 솥을 아홉 번 고쳐 걸었다는 뜻에서 청년에게 '구정(九鼎)' 이라는 법명을 내렸으며, 자신이 당대의 대선사 무염(無染)임을 밝혔다.

그 뒤 어느 날, 원래 글을 알지 못하였던 구정 스님은 무염 스님을 찾아가 간절히 물었다.

"어떤 것이 부처입니까?"

"즉심이 불이니라(卽心是佛)"

워낙 무식한 구정 스님이었는지라, '즉심이 부처' 라는 스승의 말을 '짚신이 불' 이라는 말로 알아듣고 말았다.

"짚신이 불? 짚신이 부처라고?"

뭔가 이상하게 느꼈지만 스승을 지극히 존경하고 있었으므로 구정 스님은 그 말을 그대로 믿었다.

"우리 스님은 부처님 같으신 분인데 허튼말을 했을 리 없다. 부처를 물었는데 어째서 짚신이라고 대답을 하셨는고? 짚신이 어째서 부처인고?"

그날부터는 구정 스님은 자기 짚신을 머리에 이고 다니면서 오나 가나, 앉으나 서나 '이 짚신이 어째서 부처인고?' 하는 생각을 놓아버리지 않았다.

하루는 산에 올라가 나무를 한 다음 짚신을 앞에 놓고 "짚신아, 어째서 네가 부처냐? 짚신아, 네가 어째서 부처냐?" 하고 말하다가 그만 깊은 삼매(三昧)에 들었다.

시간이 가는 줄도 모르고 앉았는지 서 있는지도 모르고… 그야말로 '산이 산이 아니요, 물이 물이 아닌' 삼매 속에서, 사뭇 "짚신아, 네가 어째서 부처냐?" 하고 소리를 지르다가, 홀연히 짚신의 끈이 뚝 끊어지는 순간 확철대

관음암 경내

오(廓徹大悟)하였다.

이와 같은 구정 스님의 수행이 그대로 담겨 있는 이곳 동대암은 그 뒤 많은 스님들이 찾아들어 관음기도 도량으로서의 명성과 함께 수선도량(修禪道場)으로 자리를 잡았던 것이다.

서대 염불암

상원사에서 좌측으로 약 2km 가량 산 하나를 넘어가면 장령봉(長嶺峯) 아래에 있는 너와지붕 건물을 만난다. 이 건물이 얼마 전까지만 하여도 수정암(水精庵)으로 불렸던 서대(西臺) 염불암(念佛庵)이다.

신라의 태자 보천(寶川)과 효명(孝明)이 수도를 위해 조그마한 초암(草庵)을 지음으로써 창건된 이 암자는 그 뒤 보천의 유언에 따라 크게 중건되었

서대 염불암 내경

염불암 우통수

다. 곧 미타방(彌陀房)을 두어 백색의 원상무량수불(圓像無量壽佛)을 중심에 두고 1만의 대세지보살을 그려 봉안하였으며, 낮에는 『법화경』을 염하게 하고 밤에는 미타예참(彌陀禮懺)을 염하게 하였던 것이다.

수백 년 동안 아미타불의 염불이 끊이지 않았던 이곳은 1392년(조선 태조 1) 가을에 불타버렸다. 이에 조계운(曹溪韻) · 석나암(釋懶庵) · 유공목암(游公牧庵) 등이 시주를 받아서 1393년 봄 한강의 시원지라고 하는 우통수(于筒水) 옆에 절터를 잡아 중건에 착수하였다. 공사가 시작된 며칠 뒤 그 자리의 흙을 파자 창건 당시의 주춧돌이 발견되어 사람들은 서로 경하하면서 '하늘이 화재를 내어 옛터를 계시한 것' 이라고 하였다. 그해 가을 법당을 낙성하고 미타팔대보살(彌陀八大菩薩)을 그려 법당에 봉안하였다.

규모는 그다지 크지 않지만 앞마당에서 바라보면 시야에 아무 것도 걸리지 않는 전망과 고원의 평야와도 같은 정취가 아주 좋다.

염불암에서 바라본 오대산 줄기

• **우통수**

서대 염불암 옆에는 남한강의 발원지라고 하는 우통수(于筒水)가 있다. 끊임없이 솟아 나오는 샘물은 우리네 금수강산 중에서 가장 물맛이 좋다고 한다. 이 역사의 현장에 대해 『동국여지승람』은 다음과 같이 기록하고 있다.

"오대산 서대 밑에 샘이 있어 용출하니 곧 한강물의 근원이다. 빛깔과 맛이 특이하고 물의 무게 또한 무거워 우통수라 한다. 우통수는 서쪽으로 수백 리를 흘러 한강이 되어 바다로 흘러 들어가는데, 비록 여러 곳의 물이 함께 흐르지만 우통수만은 가운데로 흐르면서 다른 물과 섞이지 않고 색과 맛이 변하지 않음이 중국 양자강(揚子江)의 경우와 같다."

이 글에서 양자강의 경우와 같다고 한 말은 양자강 물줄기의 한복판으로 흐르고 있는 중령(中嶺)이라는 물에 비유한 것이다. 곧 여러 줄기의 냇물이 모여서 강을 이루고 바다를 이루지만, 중령의 물만은 다른 것들과 어울리지 않고 참맛을 그대로 간직하는 것과 같이 우통수도 그러하다는 말이다.

『삼국유사』에 의하면 오대산신앙을 정착시킨 보천 태자가 매일 아침 이 우통수 물을 길러 차를 달인 다음 1만 문수보살진신에게 공양하였다는 기록이 있다.

남대 지장암

월정사에서 상원사로 올라가는 큰 길로 200m 가량 가다 보면 왼쪽으로 다리가 놓여 있고, 이 다리를 건너 200m 가량 서쪽으로 들어가면 단아하면서도 고요한 암자 남대(南臺) 지장암(地藏庵)을 만날 수 있다.

이 암자의 창건은 신라 성덕대왕 때 오대산 신앙의 문을 연 보천태자(寶川太子)로부터 비롯된다. 평생을 오대산에서 수도하였던 보천태자는 임종

남대 지장암 전경

지장전 지장보살상

시에 나라를 위해 오대산 속에다 5대 암자를 지어 기도와 수행에 열중할 것을 유언하였다. 그의 유언에 따라 팔대보살(八大菩薩)을 수반으로 1만의 지장보살이 언제나 계시는 남대 기린산(麒麟山) 남쪽에 세워진 것이 지장암이다. 『삼국유사』에 기록된 태자의 유언은 이러하다.

"이 오대산은 백두산의 큰 줄기이며, 각 대(臺)는 진신(眞身)이 언제나 머물러 계신 곳이다. … 남대의 남쪽에는 지장방(地藏房)을 두어 원상지장(圓像地藏)과 함께 붉은 바탕에 팔대보살을 수반으로 1만의 지장보살 모습을 그려 봉안하며, 복전(福田) 5원(五員, 다섯 사람)을 두어 낮에는 『지장경』과 『금강반야경』을 독송하게 하고 밤에는 점찰예참(占察禮懺)을 염하게 하라. 그리고 그 결상의 이름을 금강사(金剛社)라 하라."

태자의 유언은 신라 왕실에 의해서 곧바로 이행되어 남대 밑에 지장보살상을 모신 수행결사도량(修行結社道場)이 생겨났던 것이다. 곧 '하나의 중생이라도 성불하지 않으면 나 또한 성불하지 않겠다' 는 지장보살의 본원(本願)을 배우고 그 자비에 의지하여 해탈행을 닦는 수도도량이 이곳 지장암이었다.

그러나 창건 이후 지장암의 역사는 전혀 전해지지 않고 있다. 오직 여러 차례의 중창 · 중수로 인해서 원래 기린산 중턱에 있던 이 암자가 두 차례의 이전을 거쳐 현재의 자리로 옮겨 왔다는 것과 현재의 건물은 6 · 25전쟁 때 불타버린 뒤 다시 지은 것이라는 사실만 전해지고 있다.

현재는 전국의 비구니 스님들이 참선수행하는 도량이다.

북대 미륵암

상원사 입구에서 큰 도로를 따라 4km 가량 올라가면 길 바로 옆에 북대(北臺)가 나타난다.

이 북대암의 창건 또한 신라 성덕왕 때의 보천태자(寶川太子)의 유언에 의해 이루어졌다. 보천태자는 이전부터 석가모니불과 오백나한이 계시는 곳으로 전해졌던 이곳에다 나한당을 설치할 것을 당부하였다. 그리고 원

북대 미륵암 내경

신륵사에 있는 나옹 스님 부도

상석가(圓像釋伽)와 함께 검은 바탕에 석가모니불을 중심으로 오백나한을 그려 봉안하고, 승려 5명을 두어 낮에는 『불보은경(佛報恩經)』과 『열반경(涅槃經)』을 읽게 하고 밤에는 열반예참(涅槃禮懺)을 실시토록 하였다. 또한 보천태자는 이 신행결사 모임의 이름을 백련사(白蓮社)로 명명하였던 것이다.

태자의 유언에 의해 북대암에는 석가모니불 당시의 영산회상(靈山會上)이 그대로 재현되었고, 수백 년 동안 나한도량으로서의 명맥을 이어왔다. 그러나 현재의 북대에는 석가모니불과 나한상 대신 미륵보살좌상이 모셔져 있고, 암자의 이름도 나한당이 아니라 미륵암으로 바뀌어 있다. 왜 이와 같이 북대의 성격이 바뀌게 되었는지에 대한 기록은 남아 있지 않지만, 오대산에 칡덩굴이 없는 까닭을 담은 설화를 통하여 고려 말의 나옹(懶翁) 스님과 관련이 있는 것으로 보고 있다. 이 설화를 간략히 살펴본다.

중국에서 선법(禪法)을 인정받고 1358년(공민왕 7)에 귀국한 나옹 스님은 2년 동안 여러 곳을 다니면서 법을 설하다가 1360년 가을에 오대산으로 들어와 북대에 머물렀다. 그때의 북대는 상두암(象頭庵)이라 불려지고 있었는데, 그 까닭은 북대 앞쪽에 코끼리 머리처럼 생긴 산이 있기 때문인 것으로 보인다. 스님은 이 북대 상두암에서 공민왕의 부름을 받아 개경으로 옮겨가기 직전까지 1년 조금 넘게 머물러 있으면서 갖가지 일화를 남겼다.

그때 오대산 내의 승려들은 이 북대에 있는 16나한상을 상원사로 옮기기로 결의하였다. 그러나 무거운 열여섯 분의 나한상을 10리도 더 되는 곳으로 옮긴다는 것이 여간 부담스럽지 않았다. 이에 나옹 스님은 혼자서 모두 옮기겠다고 자청하였다. 마침내 옮기기로 한 날이 되었다. 하지만 점심 때가 지났는데도 나옹 스님은 나한상을 옮길 생각을 하지 않았다. 답답해진 주위 승려들의 독촉에도 마이동풍이던 스님은 해질 무렵이 되자 주장자를 들고 나한전으로 들어갔다. 그리고 한 나한상 앞에 서서 조용히 꾸짖었다.

"이미 옮긴다는 사실을 알았으면 제 발로 옮겨갈 일, 이 화상이 업어서 옮겨 주기를 기다리고 있는 것인가?"

그리고는 주장자로 나한의 머리를 내리쳤다. 그러자 그 나한상은 벌떡 일어나 법당 밖으로 날아가는 것이었다. 나옹 스님은 나머지 나한상에게도 똑같은 말과 행동을 보였고, 나한상들은 차례로 상원사를 향해 날아갔다. 그러나 스님이 상원사로 가서 점검해보니 15나한만이 도착해 있었다. 행방을 찾아 나선 승려들은 그 나한상이 칡덩굴에 걸려 있는 것을 발견하여 모셔왔고, 나옹 스님은 오대산 산신을 불러 이운불사(移運佛事)를 방해한 칡덩굴들을 오대산에서 몰아낼 것을 명하였다. 이때부터 오대산에는 칡덩굴이 없어졌다고 한다.

단순한 흥미거리로만 느껴질 수도 있는 이 이야기 속에는 북대의 살아 있는 역사가 간직되어 있다. 적어도 고려 말까지는 북대에 나한상이 봉안되어

나옹 스님이 수도했던 나옹대

있었고, 그것이 상원사로 옮겨졌으며, 나한상을 옮긴 후 미래에 부처가 될 미륵보살을 북대의 주불로 모셨다는 것, 그리고 이때 이후 암자의 이름도 미륵암으로 바뀌었다는 것을 유추해 낼 수 있다. 그리고 나한을 자유자재로 움직이게 할 수 있는 나옹 스님의 도력과 당시 사람들의 나옹 스님에 대한 존경도 함께 담겨 있는 것이다.

이와 같이 나옹 스님과 깊은 관련을 지닌 북대암은 참선수행객의 수도도량으로 이용되었으나 6·25전쟁 때 모두 불타 버렸다. 그 뒤 중건된 이 암자에는 현재 너와로 지붕을 얹은 인법당을 비롯하여 산신각·요사 등이 있다. 인법당 안에는 상호가 매우 원만한 미륵보살좌상과 최근에 조성한 후불탱이 봉안되어 있다. 미륵보살좌상은 손에 특이한 무늬를 새긴 둥근 구슬을 쥐고 있는데, 이와 같은 지물(持物)을 쥐고 있는 미륵보살은 다른 곳에서 찾아보기가 쉽지 않다.

미륵암에서 홍천 쪽으로 뚫린 큰 길을 따라 1km 정도 가면 동해바다가 훤히 내려다보이는 전망 좋은 곳이 나타나며, 그곳에는 나옹 스님이 참선하던 곳이라는 나옹대(懶翁臺)가 있다.

중대 적멸보궁

상원사에서 서북쪽으로 약 30분 가량 오르면 적멸보궁의 향각(香閣)으로서 분수승(焚修僧)이 거처하는 중대암(中臺庵)에 이른다. 이 중대는 적멸보궁의 밑쪽 직선으로 연결한 곳에 위치한 암자로서 일명 사자암(獅子庵)이라고도 한다. 사자는 문수동자가 타는 짐승이므로 이곳이 곧 문수보살이 계시는 곳임을 나타낸다.

중대 적멸보궁

조선시대 초기 태종에 의해서 중건된 이 암자는 비록 규모가 크지는 않지만 최소한 100년 넘은 기문과 현판들이 즐비하게 걸려 있어 즐겨 찾았던 이들의 이름과 목적을 다소나마 알 수 있게 한다. 대체로 왕가(王家)와 인연을 맺었던 이들로서, 많은 상궁(尙宮)들의 이름이 보이고 있으며, 대부분이 현세의 수복(壽福)과 내세의 극락왕생을 희망하고 있었음을 살필 수 있다.

또 향각 바로 앞에는 6 · 25전쟁 때 상원사를 구한 한암(漢巖) 스님이 직접 짚고 와서 이곳에 꽂은 단풍나무 지팡이가 있다. 1879년 3월 27일 강원도 화천에서 출생한 스님은 1897년 금강산 장안사(長安寺)로 출가하였고, 1899년 경북 김천시 청암사(青巖寺)에서 경허(鏡虛) 스님을 만나 오도하였다. 1925년 서울 봉은사 조실로 추대된 스님은 이듬해 문득 뜻한 바 있어 오대산으로 들어갔다.

"차라리 천고에 자취를 감춘 학이 될지언정 삼춘(三春)에 말 잘하는 앵무새의 재주는 배우지 않겠노라."

이것이 스님께서 오대산으로 들어가며 남기신 말씀이다. 스님은 오대산의 중대암으로 들어가 지팡이를 꽂은 다음 열반하신 그날까지 27년 동안 한 번도 오대산 산문 밖을 나가지 않았다. 그리고 스님이 꽂은 단풍나무 지팡이는 스님의 넋인 듯 싹이 트고 가지가 펴져 오늘날까지 생생하게 살아서 푸르름을 더하고 있다.

중대에서 약수로 목을 축인 다음 약 400미터쯤 오르면 길가에 천연수가 솟아오르는 곳이 있다. 이곳을 이름하여 용안수(龍眼水)라고 한다. 곧 적멸보궁은 용의 머리 부분에 위치하고, 이곳 우물이 있는 곳은 용의 눈에 해당한다. 용의 눈물을 조금 떠서 맛본 다음 가파른 길을 조금만 오르면 앞뒤가 광활하게 트인 곳에 '寂滅寶宮' 편액이 걸린 집 한 채가 보인다.

오대산의 주봉인 비로봉을 뒤로하고 상왕봉 · 호령봉과 오대의 능선이 병풍처럼 둘러 쳐진 적멸보궁 앞에 서면 이곳이 이 나라 불교의 제일 성지로 불리게 된 까닭을 쉽게 이해할 수 있게 된다. 자장율사는 문수보살로부터 얻

적멸보궁 앞 마애불탑

은 불사리(佛舍利)를 이토록 뛰어난 명당에다 봉안한 것이다. 사리를 모신

적멸보궁 앞 봉분

적멸보궁이 있기에 이곳에는 불단(佛壇)만 있고 불상은 모셔져 있지 않다.

다른 곳의 적멸보궁은 불상이 없는 대신 사리탑을 갖추고 있는데, 이곳에는 사리탑마저 없다. 다만 보궁 뒤에 있는 약 1m 높이의 판석(板石)에 석탑을 모각한 마애불탑(磨崖佛塔)이 소담하게 서 있을 뿐이다. 그러나 이 불탑도 하나의 상징일 뿐, 과연 어느 위치에 불사리가 있는지는 그 누구도 모르고 있다. 그렇다고 '이곳에 불사리가 봉안되어 있지 않은 것이 아닐까?' 하며 의심하는 이는 없다. 이곳을 찾는 이는 하나같이 국토 내에서 가장 성스러운 땅, 부처님이 머물러 계신 곳으로 생각할 뿐이다. 이것이 오대산 적멸보궁의 신비다. 부처님의 사리를 모신 적멸보궁은 영원한 진리 그 자체인 부처님이 계신 보배궁전이라는 뜻이다.

상원사

5만의 불보살이 항상 머물고 있다는 오대산의 중심에 상원사(上院寺)가 있고, 그 위에 부처님의 정골사리(頂骨舍利)를 모신 적멸보궁(寂滅寶宮)이 있어 우리나라의 대표적 불교 성지 중 하나로 꼽힌다.

상원사 내경

■두 왕자의 창건

보통 상원사는 적멸보궁이 세워진 643년(선덕여왕 12)에 창건되었다고 한다. 물론 창건 연대를 자장율사가 사리를 봉안하기 위해 잠시 머물렀던 때로 잡을 수는 있다. 그러나 더 정확히 말하면 상원사는 그때부터 약 160년이 지난 후, 신라의 두 왕자인 보천(寶川)과 효명(孝明)에 의해 창건되었다고 보는 것이 타당하다. 그에 대해서는 『삼국유사』에 기록된 것을 근거로 삼을 수 있다.

신문왕의 왕자인 보천과 효명은 각각 천 명의 무리를 이끌고 강릉에서 노닐다가, 성오평(省烏坪)에 이르자 무리들에게는 기별도 하지 않고 오대산으로 들어갔다. 산중에서 형 보천과 아우 효명은 청련(靑蓮)이 피어 있는 두 곳에 각자의 암자를 짓고 수도하기 시작하였다.

어느 날 두 왕자는 오대산의 다섯 봉우리인 동대만월산(東臺滿月山)·남대기린산(南臺麒麟山)·서대장령산(西臺長領山)·북대상왕산(北臺象王山)·중대지로산(中臺地爐山)을 참배하러 갔다. 그들은 동대에서 1만의 관세음보살 진신(眞身)을 뵈옵고, 남대에서는 1만의 지장보살을, 서대에서는 무량수여래(無量壽如來, 아미타불)를 비롯한 1만의 대세지보살을, 북대에서는 석가모니불을 비롯한 500명의 아라한을, 중대에서는 비로자나불을 비롯하여 1만의 문수보살을 뵈었으며, 이들 5만의 진신을 일일이 참배하였다. 그리고 매일 새벽이면 문수보살이 진여원(眞如院, 지금의 上院寺)에서 부처·보탑·금종(金鍾)·만등(萬燈) 등 36가지의 형상을 나타내 보였다. 두 왕자는 매일 차를 달여서 문수보살에게 공양하고 저녁이 되면 각자의 암자에서 도를 닦았다.

이때 신문왕의 후계 문제로 나라에서 분쟁이 있게 되자, 나라 사람들이 오대산에 찾아와서 왕위계승을 권하였는데, 보천이 울면서 돌아가려 하지 않았으므로 할 수 없이 효명이 승낙하였다.

왕이 된 효명은 705년 3월 8일 문수보살이 여러 가지 형상을 나타내 보였

문수전

던 곳에 절을 짓고 진여원(眞如院)이라 하였다. 이것이 상원사의 창건인 것이다.

■나라를 돕는 신행결사

그 뒤 보천은 여러 가지 신이(神異)를 펼쳐 보이다가 임종 직전 오대산에다 신행 결사도량(信行結社道場)을 만들 것을 유언하였다.

"이 산은 백두산의 큰 줄기로서 각 대의 진신(眞身)이 상주하는 곳이다. 청(靑)은 동대의 북각(北角) 아래와 북대의 남쪽 기슭 끝에 있으니, 그곳에는 마땅히 관음방(觀音房)을 두어 원상관음(圓像觀音)과 푸른 바탕에 1만 관음상을 그려 봉안하고, 복전(福田) 5인을 두어 낮에는 금경(金經)과 인왕반야(仁王般若)와 천수주를 읽게 하고, 밤에는 관음예참(觀音禮懺)을 염하게 하여 그곳을 원통사(圓通寺)라 이름하라. 적(赤)은 남대의 남쪽에 있으니 그

곳에는 지장방(地藏房)을 두어….”

이렇게 시작되는 그의 유언에 따라 진여원에 문수보살상을 모시고, 낮에는 『반야경』과 『화엄경』을 독송하게 하였으며 밤에는 문수예참(文殊禮懺)을 행하였다. 또 결사의 이름은 화엄사(華嚴社)라고 하였고 기도를 올리는 복전승(福田僧) 7명을 두게 하였으며, 그 경비는 가까운 주현(州縣)에서 댔다고 한다.

왕의 권좌를 마다하고 평생을 수도에만 전념했던 보천태자는 마지막 가는 길에 이르러서도 오대산 속에다 국가를 돕고 중생들을 깨어 있는 삶으로 인도하는 다섯 곳의 수도처를 만들도록 하였던 것이다. 태자의 유언으로 문을 연 오대산의 새로운 신앙의 세계는 그때부터 1200여 년이 지난 현재까지 꾸준히 전승되고 있다. 오늘날 매년 음력 4월 1일부터 4월 30일까지 상원사에서는 옛 정신을 잇는 봉찬기도법회를 행하고 있는 것이다.

■10년 좌선결사와 불상의 방광

고려시대에는 어떠한 역사를 거쳤는지 거의 알 수가 없다. 다만 〈오대상원사승당기(五臺上院寺僧堂記)〉라는 기록이 있을 뿐이다. 고려말에 이 절은 극도로 황폐해 있었다.

그때 나옹(懶翁) 스님의 제자인 영령암(英靈庵) 스님은 오대산을 유람하다가 터만 남은 상원사를 보고 중창의 원을 세웠다. 판서 최백청(崔伯淸)과 그의 부인 김씨가 그 뜻을 듣고 재물을 희사하였으며, 1376년(우왕 2) 공사에 착수하여 이듬해 가을 낙성을 보았다. 그해 겨울 선승 33명을 모아 10년 좌선을 시작하였는데, 5년째인 1381년에 5주년 기념법회를 열자 승당의 불상이 방광을 하고 향 내음을 풍겼다. 중창주 김씨 부인은 이 사실을 목도하고 더욱 불교를 믿는 마음이 지극해졌고, 토지와 노비를 시주하여 상원사가 영원히 존속될 수 있도록 하였다.

상원사 목조 문수보살좌상과 문수동자상

■척불왕 태종의 중건

조선시대에는 불교를 억압하는 척불(斥佛) 정책 속에 전국의 사찰이 황폐화되었지만, 오히려 이 절은 더욱 발전하였다. 대표적으로 척불정책을 폈던 태종은 1401년(태종 1) 봄에 상원사의 사자암(獅子庵, 지금의 중대암)을 중건할 것을 권근(權近)에게 명하여 불상을 봉안하고, 스님들의 거처로 사용할 3칸 집과 2칸의 목욕소를 만들었다. 그해 겨울 11월 태종은 사자암에 왕림하여 성대한 법요식(法要式)과 낙성식을 베풀었다. 이때 태종은 권근에게 명하여, "먼저 떠난 이의 명복을 빌고 후세에까지 그 이로움을 미치게 하여 남과 내가 고르게 불은(佛恩)에 젖고 유명(幽明)이 함께 의지하기 위함이니, 경은 글을 지어 먼 세대에까지 알리게 하라."고 하였다.

■세조의 중창

상원사하면 무엇보다 먼저 떠오르는 것이 세조(世祖)와의 관계다. 곧 상

한암 스님

원사는 세조가 문수동자(文殊童子)를 만나 괴질(怪疾)을 치료받고, 고양이에 의해 자객의 습격을 피하는 등의 일화가 서려 있는 세조의 원찰이기도 하다. 이러한 깊은 인연 속에서 세조는 신미(信眉)와 학열(學悅) 스님의 권유로 상원사를 중창하게 된다.

1465년(세조 11) 학열 스님이 공사의 총감독을 맡았고, 인수대비(仁粹大妃)는 경상감사에 명하여 쌀 500석을 내어 강릉부(江陵府)로 운반하게 하고, 비단 1,000필을 함께 내어 공사비를 충당하게 하였다. 1466년 상원사의 낙성식을 가졌는데, 크게 동서로 나눈 가람형식에 각각 상실(上室)을 지었다. 남쪽에는 5칸의 누각을 짓고 범종을 안치하였으며, 동쪽에는 나한전, 서쪽에는 청련당을 지었다. 청련당 서편으로는 재주실(齋廚室)을 지어 승당과 선원으로 삼았다. 석조(石槽)와 집기(什器) 등 현존하는 상원사의 거의 모든 유물들은 이때에 마련된 것이다.

그 뒤 인수대비는 탱화를 봉안하기 위하여 다시 조(租) 150석을 하사하고 신미를 초대 주지로 모시게 하였으며, 세조도 상원사의 역사가 이룩된 다음 상원사에 들러 의발(衣鉢)과 좌구(坐具) 등 수선(修禪)에 필요한 물건들을 하사하였다. 그해 52명의 선객을 모아 수선을 시작하였다. 예종은 세조의 뜻을 따르기 위해 1469년(예종 1) 상원사를 세조의 원찰로 삼고, 전대에 하사한 전답에 대해서는 조세(租稅)하는 것을 금하였다.

이와 같은 왕실의 관심으로 인해 상원사는 조선왕조 동안 불교억압정책 속에서도 난공불락의 성소가 될 수 있었고, 승려들이 안심하고 도들 닦을 수 있는 수행처가 되었던 것이다.

■한암 스님의 법력

그러나 흥망성쇠는 어디에나 있는 듯, 1946년 영산전을 제외한 모든 건물이 실화(失火)로 인해 불타버렸다. 이에 당시 월정사 주지였던 이종욱(李鍾郁) 스님이 1947년 금강산 마하연사(摩訶衍寺)의 건물을 본따서 앞면 8칸, 옆면 4칸의 T자형 건물을 중건하였다.

그리고 6 · 25전쟁 시 오대산 내의 모든 건물을 소각하였을 때 죽음으로써 상원사를 지킨 한암(漢巖) 스님의 이야기는 모든 승려의 귀감이 되고 있다.

1 · 4후퇴 당시 오대산이 적의 수중으로 들어가기 직전, 이곳의 지휘를 맡았던 김백일(金白一) 장군은 오대산 안의 모든 사찰을 불태우라는 지시를 내렸다.

월정사를 불태우고 군인들이 상원사로 올라왔을 때, 사찰 대중은 모두 피난 가버리고 76세의 한암 스님만이 법당에 앉아 절을 지키고 있었다. 절을 소각해야 하니 빨리 나오라는 정훈 장교에게 스님은 조용히 말씀하셨다.

"그냥 불을 질러라. 나는 불법(佛法)을 위해 죽을 것이다. 중이 죽으면 어차피 화장을 해야 하는 것을! 당신이 군인의 본분에 따라 상관의 명령에 복종해야 하듯이, 절을 지키는 것은 승려의 본분이다. 나는 마지막까지 승려의 위치를 지키다 죽을 것이다."

스님의 법력에 감화된 그 장교는 상부의 명령을 지키기 위한 방편으로 법당 문짝만을 떼어서 마당에 쌓아 놓고 불을 지른 다음 떠나갔다.

만일 스님이 아니었던들 상원사는 어떻게 되었겠는가? 월정사에 있던 선림원지 출토 신라범종이 불타 버렸듯이, 우리나라에서 가장 오래되고 가장 아름다운 상원사종도 녹아 버렸을 것이고, 상원사를 상징하는 문수동자상을 다시는 볼 수 없게 되었을 것이다. 전쟁이란 이름 아래 역사의 성보들을 깡그리 소각시키려 했던 그 마음을 탓하기보다는 한암 스님의 위대한 삶을 기억하는 것이 우리 한민족의 고결한 심성(心性)인지도 모른다.

이렇듯 한암 스님의 사찰수호 덕분에 상원사는 옛 문화재를 보존하여 오늘에 이르고 있다.

• 청량선원

오대산을 일명 청량산(淸凉山)이라 하는 데서 유래된 이 선원은 얼마 전

청량선원

문수전 문수보살좌상

까지만 해도 전국 참선수행자들의 요람이 되었던 곳이다. 현재는 주로 법당으로 사용되고 있다.

안에는 석가여래좌상과 문수보살상, 국보 제221호로 지정된 목각 문수동자상, 3위의 소형 동자상, 서대암에서 이곳으로 옮겨온 목각의 대세지보살좌상이 함께 봉안되어 있다.

이들 가운데 문수동자상은 상원사와 밀접한 연관을 맺고 있으며, 오대산이 문수보살의 주처(住處)임을 증명하는 역사적 산물이다. 이 상은 세조가 직접 친견하였다는 오대산 문수동자의 진상(眞像)을 조각한 목조좌상이다.

또한 문수동자 주위의 조그마한 세 동자상도 눈길을 끌게 하는 뛰어난 조각이다. 『화엄경』에는 세 분의 동자가 등장하고 있다. 보장엄(寶莊嚴) · 도솔천(兜率天) · 선재동자(善財童子)가 곧 그 분들이다. 이들 세 동자상은 곧 그분들을 나타낸 것이 아닐까? 특히 소동자상 가운데 수미산에 올라 합장한 채 고개를 쳐들고 있는 모습의 동자상은 너무나 귀엽고 흠잡을 데가 없는 걸작이다.

문수전 동진보살상

• **동진보살상**

법당인 문수전의 오른쪽 벽면에 의자에 앉아 있는 특이한 형태의 신중상이 있다. 절에서는 이를 동진보살(童眞菩薩)이라고 하는데, 만일 이 상이 동진보살상이라면 모든 신중들이 탱화로써 봉안되어 있는 데 대해 이곳만이 유독 조상(彫像)으로 조성되어 있다는 특이한 관례를 남기는 것이 된다. 혹은 이 상을 제석천으로 보기도 한다.

높이 85cm, 무릎 너비 35cm인 이 목조상은 머리에 구름무늬의 보관을 썼고, 좌우 손에 문수동자와 같이 수인(手印)을 취하고 있는 점이 매우 특이하다. 투박하고 굵은 주름이 잡힌 옷은 양 어깨에서부터 전신을 무겁게 감싸고 있으며, 가슴과 무릎, 다리 부분 등 여러 곳에 보배 영락 등의 장신구를 드리우고 있다. 두 발 역시 투박한 신발에 싸여 군의(裙衣) 밖으로 나와 있으며, 조각수법은 대체로 경화된 맛을 보이고 있으나 다른 곳에서는 볼 수 없는 목조상이라는 점에서 주목되고 있다.

문수전 앞 고양이

• 고양이 석상

문수전을 나와 입구의 돌계단 옆을 보면 묘상(猫像), 곧 고양이 모양의 석물 한 쌍이 있다. 이 고양이 석상 또한 세조와 관련된 전설이 전한다.

오대산에서 불치의 병을 고친 세조는 이듬해 다시 이적의 성지를 찾아갔다. 상원사에 당도한 세조는 곧바로 법당으로 올라가 예배를 올리고자 하였다.

그런데 어디선가 고양이 한 마리가 나타나 세조의 옷자락을 물고 잡아당기는 것이었다. 마치 법당에 들어가지 말라고 만류하는 것 같았다.

이상히 여긴 세조는 병사들을 시켜 법당 안팎을 샅샅이 살펴보도록 하였다. 뜻밖에도 부처님을 모신 불단 밑에 한 자객(刺客)이 숨어 있지 않은가.

그 고양이가 아니었더라면 세조는 꼼짝없이 자객의 칼에 비명으로 갈 뻔했던 것이다. 세조는 자기의 목숨을 구해 준 그 고양이의 은혜에 보답하기 위해서 상원사에 고양이를 위한 밭〔猫田〕을 하사하고, 한 쌍의 묘상을 석물

영산전과 탑부재

로 만들어 안치하였다.

그리고 고양이를 죽이지 말고 잘 보호하라는 왕명을 내렸고, 서울 근교에도 여러 군데 묘전을 설치하여 고양이를 키웠다는 것이다. 지금도 서울의 봉은사에 있는 밭을 묘전이라 부르는 까닭도 여기에 있다.

• 영산전과 탑부재

법당인 청량선원의 뒤쪽으로 돌아가면 1946년의 화재 때 유일하게 불길을 모면한 영산전이 있다. 오대산 내에서 가장 오래된 건물로서 앞면 3칸, 옆면 2칸의 맞배지붕 건물이며, 안에는 석가삼존상과 16나한상이 봉안되어 있다.

영산전 앞에는 화강암 석재를 쌓아 만든 탑이 있다. 많은 손상을 입기는 하였지만 이 탑은 사방으로 삼존의 불보살상을 가득 새겨 놓았다. 비록 파손되기는 했지만 세조가 세운 서울 탑골공원의 원각사지 10층석탑을 연상시켜 준다. 상원사의 전성기가 어떠했는가를 대변해 주는 가치 있는 탑이다.

• 상원사 목조 문수동자좌상

이 문수동자상을 조성하게 된 인연은 이렇다. 형제 간의 유혈싸움 끝에 왕위에 올랐고, 마침내 영월로 내쫓았던 어린 조카 단종을 죽인 세조는 임금의 영화를 누릴 사이도 없이 큰아들이 죽는 고통과 함께 스스로도 병명을 알 수 없는 괴질에 걸려 시달렸다. 전신에 종기가 생기고 고름이 나는 등 신비한 영약을 동원하여 치료를 하였지만 효험이 없었다. 마침내 세조는 신미스님의 권유로 부처님의 가피로 병을 고치고자 전국의 영험있는 기도처를 찾았다.

여러 절을 거쳐 월정사에서 참배를 올리고 상원사로 향했다. 계곡을 오르며 주위의 경치를 즐기던 세조는 맑고 시원해 보이는 물속으로 뛰어들어 목욕을 했으면 하는 충동을 느꼈다. 자기의 온몸에 돋아난 흉한 종기를 보이지 않기 위해 시종들을 멀리 물리친 세조는 혼자 계곡물에 몸을 담그고 목욕을 했다. 그때 동자 하나가 숲속에서 걸어 나왔다. 누군가가 등을 시원하게 밀어 주었으면 했던 세조는 동자를 불러 등을 밀어 달라고 했다. 목욕을 마친 세조는 동자에게 다시 부탁했다.

"그대는 그 누구에게도 임금의 옥체를 씻어 주었다고 말하지 말라."

동자는 살짝 미소를 지으며 그 말을 받았다.

"임금도 어디 가서나 문수보살이 몸을 씻어 주더라는 말을 하지 말라."

말을 마친 동자는 홀연히 사라져 버렸고, 왕은 놀라서 주위를 살폈다. 그리고 자기 몸에 난 종기들이 씻은 듯이 나은 것을 보았다.

왕은 크게 감격하여 화공에게 명하여 문수동자의 모습을 그리도록 하였다. 자신의 기억력을 더듬어 몇 번의 교정을 거친 끝에 그림이 완성되자, 다시 나무로 문수동자상을 만들게 하여 상원사에 봉안토록 명하고, 자기가 겪은 일을 모든 사람에게 널리 알려지도록 한 것이다.

문수동자상

지금도 상원사 입구의 큰 도로 바로 밑 길목은 '갓걸이' 또는 '관대걸이'로 불리워지고 있는데, 세조가 문수동자를 친견하기 전에 그곳에서 의관을 벗어 나무에 걸었다고 하여 붙여진 지명이다.

이 문수보살상은 쌍상투를 한 열 살 남짓한 동자가 은은한 미소를 지으며 앉아 있는 모습을 취하고 있으며, 현재 국보 제221호로 지정되어 있다.

• 영산전 내 상원사 문수동자상 복장유물

중앙 불단을 향하였다가 몸을 좌측으로 돌리면 투명 유리장 속에 갖가지 유물이 진열되어 있는 것이 보인다. 1984년 7월 21일 문수동자상의 복장(腹藏)에서 나온 유물들을 전시해 놓은 보물장이다. 사리 3과를 비롯하여 발원문 2매, 백색수정 보병 하나, 무공수정주(無孔水晶珠) 하나, 화주(火珠) 하나, 후령원통(喉鈴圓筒) 하나, 『오대진언(五大眞言)』을 비롯한 불경 13책, 세조가 입었던 명주 적삼과 생명주 적삼, 그리고 이들 유물을 쌌던 보자기 황초폭자(黃綃幅子) 하나 등 총 23점의 유물이 있다.

이들 가운데 특히 눈길을 끄는 것은 천수다라니를 새겨 놓은 세조의 명주 적삼이다. 어린 조카와 수많은 중신들을 죽인 세조가 그 영혼들로부터 얼마나 시달림을 받았으면 다라니까지 새긴 속옷을 입고 지냈어야 했을까? 실로 그 어떠한 경우에도 자신의 영화를 위해 남을 해쳐서는 안 된다는 것을 느끼게 해 주는 역사적인 유물이요, 오직 이곳에서만 볼 수 있는 뼈아픈 유물이다.

• 상원사 동종

청량선원 입구 쪽에는 두 채의 종각이 있다. 하나는 국보 제36호로 지정된 신라시대 범종이 있는 곳이고, 또 하나는 최근에 일상의 타종을 위해 국보인 옛 종과 똑같은 모습으로 만든 종이다.

725년(성덕왕 24)에 만든 이 종을 유심히 살펴보면 '과연 신라의 범종이

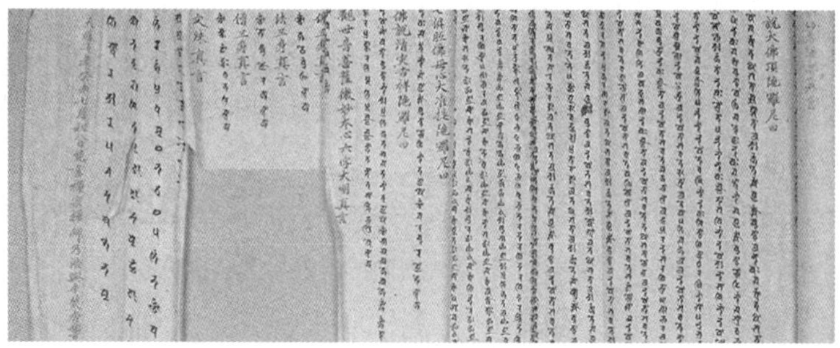

상원사 문수동자상 복장유물 중 백지묵서 제진언권말

구나' 하는 느낌이 자연스럽게 와 닿는다.

종의 가장 윗부분에는 한 마리의 용이 종에 몸을 굳게 밀착시켜 살아 움직이는 듯한 형상을 취하고 있다. 마치 종을 힘차게 물어 올리듯이 종머리에다 입을 붙이고 있으며, 두 발로 앞뒤를 굳게 버티고 있는 듯한 형상을 취하고 있다. 그리고 신라종의 특징인 대나무 마디모양의 음관(音管, 소리대

상원사 범종 용뉴 장식

상원사 범종

롱)을 갖추었는데, 조그마한 음관에 새겨진 조각도 무심히 지나쳐서는 안 될 걸작품이다.

그리고 9개씩의 유두(乳頭)와 주위를 두르고 있는 사각의 유곽(乳廓) 4개 또한 우리나라 종에서만 볼 수 있는 뚜렷한 특징이다. 그런데 우리나라 종들은 모두가 36개의 유두를 갖추고 있는데 비해, 상원사종은 현재 35개의 유두가 있을 뿐이다. 경상북도 안동의 읍지인 『영가지(永嘉誌)』에는 이 종의 이전과 관련된 설화가 다음과 같이 전한다.

세조는 그의 원당인 상원사에 봉안할 종을 구하기 위해 전국을 다니게 하였고, 그 결과 안동 문루(門樓)에 걸려 있는 종이 적합하다는 판정을 내렸다. 안동에서 상원사로 옮기던 중 죽령에 이르렀을 때 3,379근의 이 종은 노상에서 더 이상 움직이지 않는 것이었다. 이에 종 꼭지 하나를 따서 안동으로`보냈더니 비로소 다시 움직였다고 한다. 이 종은 세조가 승하한 직후인 1496년(예종 1)에 비로소 상원사에 도착하였다는 것이다.

상원사 종의 아름다움은 종의 몸체부분 중앙에 새겨진 비천상(飛天像)에 이르러 절정을 이룬다. 좁고 기다란 천의(天衣)를 너울거리며 꼬리가 긴 꽃구름을 타고 공후(箜篌)와 생황(笙簧)을 연주하는 비천상. 이 비천상을 보고 있노라면 법희선열(法喜禪悅)의 세계로 이끄는 맑고 고운 소리가 마음을 울릴 듯한 감동이 전해온다.

그리고 종을 치는 부분인 당좌(撞座)에도 아름다운 연꽃무늬와 당초무늬를 새겼고, 종의 가장 아랫부분은 종소리의 여운을 길게 하기 위해 안쪽으로 살짝 들어가게끔 만들었으며, 화려한 꽃띠를 두르고 있다.

영감사

월정사에서 상원사를 향해 약 2km 정도 가다가 서북쪽으로 방향을 잡아 약 1km쯤 가면 영감사가 나온다.

영감사(靈鑑寺)는 645년(선덕왕 14) 자장(慈藏)율사가 월정사와 함께 창건하였다고 전한다. 그리고 나옹(懶翁) 스님은 1396년(공민왕 18) 곁에 있기를 원하는 공민왕의 청을 마다하고 이곳에서 1년 6개월 동안 머물면서 후

영감사 인법당

최근에 복원된 사각

학들을 지도하였다. 그러나 이 절은 수행과 기도도량으로서의 역사보다 『조선왕조실록』을 보관했던 사찰로 더 널리 알려져 있다.

임진왜란 이후 나라에서는 풍수설을 근거로 하여 삼재(三災)가 들지 않는 오대산 · 태백산 · 마니산 · 묘향산의 4곳에다 외사고(外史庫)를 설치하였는데, 1606년(선조 36) 퇴락한 영감사를 중창하여 오대산 사고로 만든 것이다. 이때부터 영감사는 사고를 돌보는 사찰이라고 하여 사고사(史庫寺)로 불렸다. 이 무렵 사명대사가 주석하기도 했다.

『사고절목(史庫節目)』 속에는 1717년(숙종 43) 응원(應元) 스님 등이 조정에 올린 상소문이 남아 있는데, 그에 따르면 사고에는 화재의 위험이 따르기 때문에 봄 · 가을로 20명씩의 수직(守直)을 세워야 한다는 것과, 그들에 대한 처우가 개선되어야 함을 논하고 있다. 이 상소가 그대로 반영되어 오대산 사고사에는 60명의 수호군(守護軍), 20인의 승군(僧軍)이 머물렀다고 한다. 그리고 월정사 주지를 수호총섭(守護總攝)으로 임명하여 사고의 수호

책임을 맡겼으며, 수호에 필요한 경비 충당을 위해 토지를 주었다. 그러다가 조선시대 후기에는 참봉 2인을 임명하여 교대로 관리하게 하였다.

건축양식은 담장을 두르고 안쪽에 2층 누각식의 기와집 건물 두 동을 지어 하나는 실록을 보관하는 사각(史閣)으로, 또 하나는 왕실의 계보를 기록한 『선원보(璿源譜)』 등을 보관하는 선원각(璿源閣)으로 이용하였다.

이 사고에서는 3년에 한 번씩 실록을 꺼내어 말리는 포쇄(曝灑)가 행하여졌다. 이때는 춘추관(春秋館)의 기사관급(記事官給)이 파견되었다. 그는 사고에 도착하면 반드시 흑단령(黑團領)을 입고 사각 앞에서 네 번 절한 다음 사고문을 열었고, 포쇄가 끝나서 봉인(封印)을 한 뒤에는 4배를 하지 않았다고 한다.

이 오대산 사고에 있던 실록을 1914년 3월 3일 총독부 소속 관원 및 평창군 서무주임 등이 강릉 주문진으로 운반, 일본 동경제대(東京帝大)로 직행시켰다. 당시의 데라우치(寺內) 총독이 이른바 '한일합방의 선물' 로 강탈해 간 것이다. 유감스럽게도 이 실록은 1923년 9월 동경 일원을 휩쓴 관동대지진 때 불타 버리고, 대출되었던 47책만이 화를 면하였다.

그 중 27책이 1932년 5월 경성제국대학에 이관되어 현재 서울대학교 도서관에 소장되어 있다. 최근에 월정사가 중심이 된 조선왕조실록환수위원회의 노력으로 일본에 있던 오대산본 『조선왕조실록』 나머지 전체가 환수되어 현재 규장각에 보관되었다. 월정사에서는 본래의 자리인 이곳에 보관되기를 희망하고 있다.

실록의 반출 이후 빈 사각과 선원보각이 사고사의 자리를 지키고 있었으나 이 또한 6 · 25전쟁 때 불타버리고 말았다. 현재 주춧돌 몇 개만 남아 있는 이 사고지는 1963년 사적 제37호로 지정되었다.

그리고 1961년 사고지의 앞쪽으로 비구니 뇌묵(雷默) 스님이 절을 중창하고 사고사라 하였는데, 그 후 다시 본래대로 영감사로 바꾸었다.

현존하는 건물로는 '영감난야' 라는 편액이 걸린 인법당이 있으며, 법당에는 아미타불좌상과 후불탱, 신중탱 등이 봉안되어 있다. 또 옛 영감사지는 절에서 남쪽으로 300m쯤 떨어진 곳에 있는데 지금은 밭으로 변하였고 초석들만 남아 있다.

2. 강릉시의 전통사찰

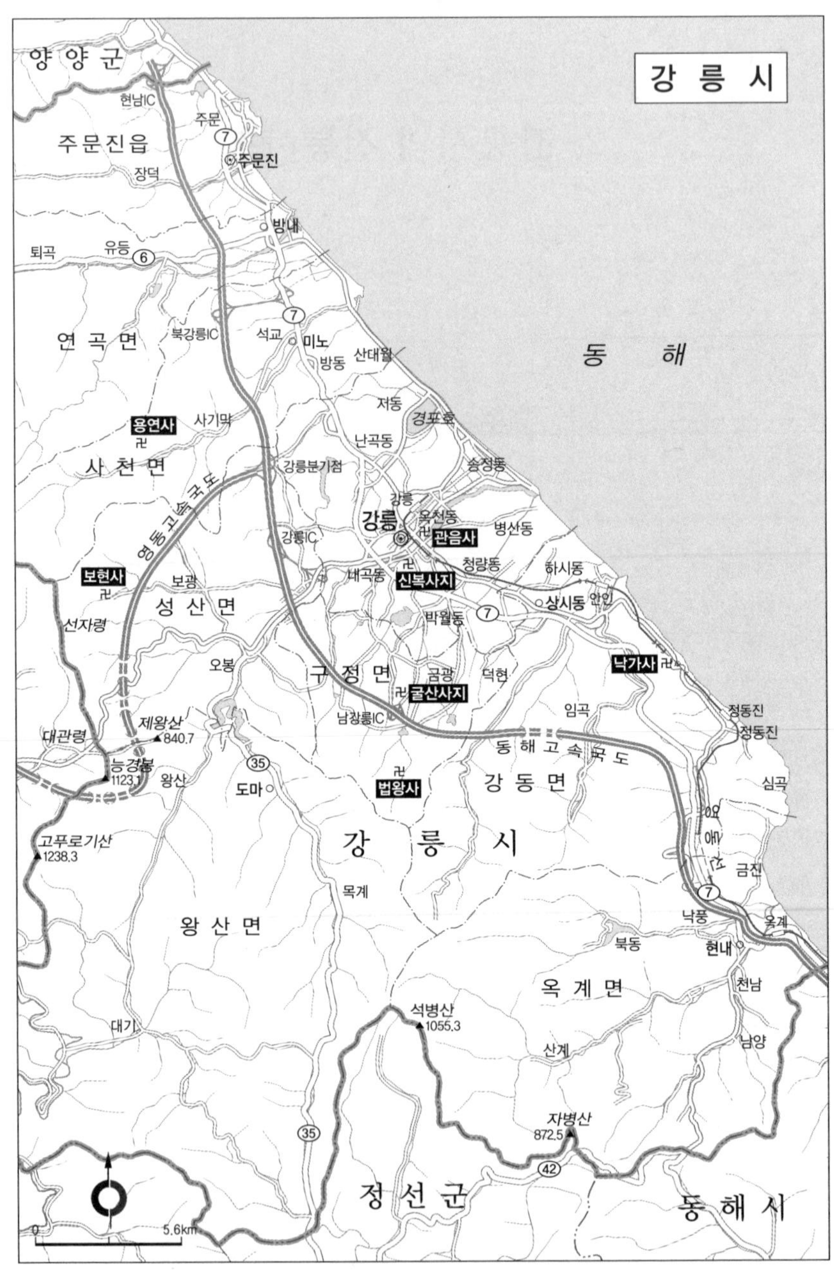
강릉시
양양군
현남IC
주문
주문진읍
주문진
장덕
방내
퇴곡
유등
연곡면
북강릉IC
석교
미노
방동
산대월
동해
저동
경포호
용연사
사기막
난곡동
사천면
강릉분기점
송정동
영동고속국도
강릉
옥천동
관음사
병산동
강릉IC
보현사
보광
내곡동
신복사지
청량동
하시동
성산면
상시동
안인
선자령
박월동
오봉
낙가사
구정면
금광
덕현
굴산사지
제왕산
840.7
남강릉IC
임곡
정동진
대관령
능경봉
1123.1
동해고속국도
왕산
도마
법왕사
강동면
심곡
고프로기산
1238.3
강릉시
금진
목계
낙풍
옥계
왕산면
북동
현내
옥계면
천남
석병산
1055.3
대기
산계
남양
자병산
872.5
정선군
동해시
0
5.6km

강릉시의 역사와 문화

강릉시(江陵市)는 영동지역 중앙에 위치하며, 동쪽으로는 동해가 있고 서쪽으로 평창군 · 정선군 · 홍천군, 남쪽으로 동해시, 북쪽으로 양양군과 접한다. 문화유적이 많고 천혜의 자연조건을 갖추고 있는 문화관광도시이며, 전통의 멋이 살아 있는 예향이자 문향의 도시로 꼽힌다. 인구는 2005년 현재 22만4,391명, 행정구역은 1읍 7면 13동으로 구성되어 있다.

주요 산으로는 서북쪽에 철갑령(鐵甲嶺, 1,014m) · 두로봉(頭老峰, 1,422m) · 노인봉(老人峰, 1,338m), 서남쪽 시의 경계를 따라서 제왕산(帝王山, 841m) · 능경봉(1,123m) · 고루포기산(1,238m), 남쪽에 대화실산(大花實山, 1,010m) · 석병산(石屛山, 1,055m) 등이 있다. 또 동대산에서 발원한 연곡천(連谷川), 철갑령 부근에서 발원하는 신리천(新里川), 사천면 사기막리의 무릉담(武陵潭)과 그 북서쪽에서 발원한 사천천(沙川川), 대관령과 삽당령(揷唐嶺, 670m) 쪽에서 발원한 남대천(南大川), 강동면 어단리 완사면의 배후산지에서 발원하여 남대천과 합류하는 섬석천(蟾石川)은 동해 바다로 흘러간다. 강릉토성지에서 신석기시대의 빗살무늬토기 조각이 발견된 것으로 보아 이 시기부터 사람이 주거했던 것으로 보인다. 포남동 주거지에서는 청동기시대의 유적이 발견되었다. 예부터 예족(濊族)이 살던 곳으로 서기전 129년에 위만조선에 영속되어 있었으며, 서기전 128년에 한나라 창해군의 일부가 되었다. 그 뒤 창해군은 다시 한사군의 설치로 임둔군(서기전 108)이 되었으며 서기전 75년 낙랑동부도위가 되었다. 서기 30년에 한나라의 예속으로부터 해방되어 동예라는 새로운 자치국이 되었다. 그 밖에 하슬라국(河瑟羅國)으로도 불렸는데, 하슬라는 하나의 성읍국가 또는 읍락국가(邑落國家)였다고 생각된다. 하슬라 지역은 고구려의 남하를 위한 전략요

충지로서 신라는 북방 진출을 위한 전초기지로서의 중요성을 띠고 있어서 빈번한 충돌을 일으키고 있었다.

신라 진흥왕 때 신라의 영역으로 완전히 편입되었다. 639년(선덕여왕 6)에 하서소경이 되어 사신이 두어졌으며, 668년(태종 무열왕 5) 소경이 철폐되었고 하서주로 되었다가 757년(경덕왕 16)에 명주(溟州)라 명명되었다. 명주는 고려 건국 후 936년(태조 19) 동원경(東原京)이 되었다가 940년(태조 23) 다시 명주로 환원되었다. 성종 2년에 하서부(河西府)라 했다가 5년에는 명주도독부(溟州都督府)로, 11년에는 다시 명주목(溟州牧)이 되었다. 1261년(원종 1) 명주를 경흥도호부(慶興都護府)로 승격시켰다가 1263년 강릉도로 개칭하였다. 1308년(충렬왕 34)에 강릉부(江陵府)가 되었으며, 1389년(공양왕 1)에는 강릉대도호부(江陵大都護府)로 승격하고 별호(別號)를 임영(臨瀛)이라 하였다.

조선시대에 와서는 강릉대도호부가 그대로 유지되었으며, 1413년(태종 13)에 전국이 8개의 도로 나뉘면서 강원도에 소속되었다. 1895년(고종 32) 관제개혁으로 관찰부가 설치되었다. 1896년 강릉은 군으로 바뀌었다. 1931년 강릉면이 읍으로 승격되었고, 1955년 9월 1일 강릉읍이 강릉시로 승격되었고, 강릉군이 명주군으로 개칭 · 분리되었다. 1980년 4월 묵호읍이 동해시에 편입되었으며, 1995년 1월 1일 도농통합에 의하여 강릉시와 명주군이 통합되어 강릉시가 되어 오늘에 이른다.

관음사

■위치와 창건

강릉시 금학동 29번지 강릉 시내 한복판에 자리한 관음사(觀音寺)는 대한불교조계종 제4교구 본사 월정사의 말사다.

관음사는 1922년, 강원도의 3대본산(本山)이었던 금강산 유점사(楡岾寺)와 고성 건봉사(乾鳳寺), 오대산 월정사(月精寺)에서 공동으로 출자하여 강

관음사 내경

관음사 극락전

릉불교포교소로 설립한 절이다. 당시에는 일본식으로 관음전 · 종각 · 요사 등의 건물을 지었으며, 어린이 포교를 위해 금천유치원도 설립하였다. 또한 1923년에는 월정사에 있던 관세음보살좌상을 옮겨와서 모셨다.

일제강점기에 강원도 3대본산의 지원을 받으며 활발히 포교활동을 펼쳤던 관음사는 해방 후 남북 분단으로 38선 윗쪽의 유점사와 건봉사가 이북 땅이 됨으로써 자연히 월정사 직할 강릉포교당으로 바뀌었고, 그 뒤 이름을 관음사로 변경하였다.

근래에 와서는 1981년 당시 주지인 성일자회(性一 自回) 스님이 일본식이었던 옛 관음전을 헐어 새로 극락전을 신축하고, 불상과 불화를 새로 조성하였다. 이후 1987년에 당시 주지인 양운(洋雲) 스님이 종각을 새로 지었고 1988년 자비범종을 조성하여 오늘에 이르고 있다. 현재 관음사는 각종 법회를 통하여 강릉 지역의 불교 활성화에 힘을 쏟고 있다.

관음사 범종

■성보문화재

관음사에는 앞면 5칸, 옆면 4칸의 극락전을 비롯하여 조선시대의 범종이 있는 종각과 요사 등이 있으며, 절 안에는 불교서적과 용구를 파는 관음불교사가 있다. 요사는 1922년에 신축된 일본식 건물이다.

• 극락전

일본식이었던 옛 건물을 헐고 1981년에 새로 지은 팔작지붕의 2층건물로 1층은 종무소, 2층은 법당으로 사용하고 있다. 편액과 주련은 모두 현대의 고승 탄허(呑虛) 스님의 글씨다.

극락전에는 설법인(說法印)을 취한 아미타여래좌상을 봉안하고 있으며, 불상 뒤에는 극락회상도를 모셨다. 주불 옆에는 1923년에 월정사에서 이운해온 관음보살좌상이 유리함 속에 봉안되어 있는데, 오른쪽 무릎을 세우고 그 위에 오른손을 걸쳐서 내려뜨리고 있는 특이한 모습이며, 아미타불이 새겨져 있는 보관은 매우 섬세하고 화려하다. 그리고 관음상의 뒤쪽에는 부처님 좌우로 4대보살과 10대제자가 시립한 후불탱화가 있다. 간기가 정확히 보이지 않으나 창건 당시의 작품인 듯하다. 이 밖에도 법당 안에는 신중탱을 걸어 놓은 신중단(神衆壇)과 영가(靈駕)를 위한 영단(靈壇), 작은 범종이 있다.

• 범종

1794년(영조 30)에 만든 이 종은 본래 강릉 보광사(普光寺)에 있던 것을 옮겨 놓은 것이다. 종머리 위로는 용두(龍頭)와 음관(音管)을 갖추었고, 종의 어깨부 분사방에는 범어로 '옴' 자를 큼직하게 새겼으며, 마름모꼴을 이룬 유곽 속에 유두(乳頭)는 거의 돌출되어 있지 않다. 그리고 종의 몸체 사방에는 화려한 보관을 쓴 천인상이 조각되어 있고, 아랫부분에는 시주자 명단 등이 새겨져 있다. 종각은 1987년에 주지 양운 스님이 새로 지은 15평 규모의 건물이다.

극락전 아미타여래좌상

• **금천유치원**

관음사의 창건과 함께 어린이 포교를 위해 설립된 강릉지역의 근대 유아교육기관이다. 관음사에서는 일찍이 아동 교육과 포교에 관심을 가져 유치원도 함께 설립하였는데, 1927년 9월에는 월정사 본말사의 주지들이 이곳에 모여 개최한 임시총회에서 유치원의 유지를 위해 각 말사가 경비를 부담하기로 결의하기도 하였다. 이후 오늘날까지 80여 년에 이르는 기간 동안, 강릉지역의 어린이 불교포교에 일익을 담당해오고 있다.

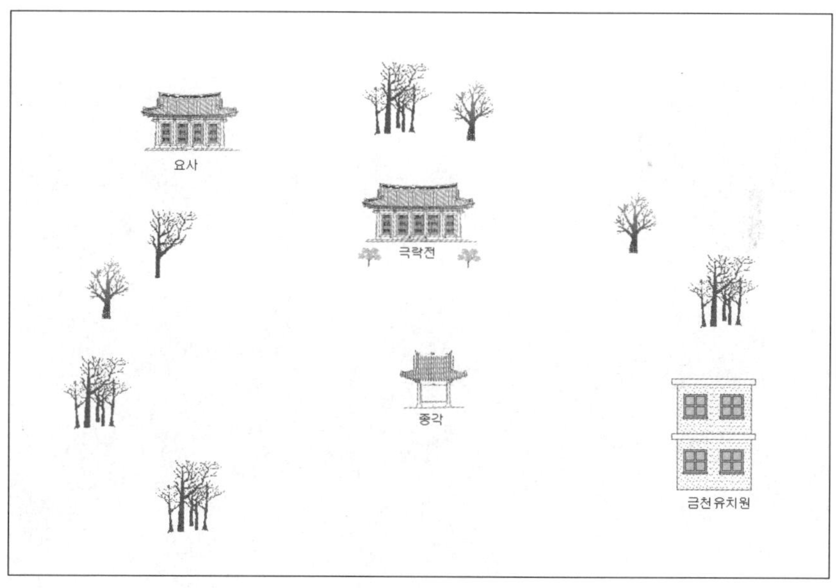

관음사의 가람배치

등명낙가사

■위치와 창건

강릉시 강동면 정동진리 산 17번지 괘방산(掛榜山)에 자리한 등명낙가사(燈明洛伽寺)는 대한불교조계종 제4교구 본사 월정사의 말사다.

강릉 시내를 벗어나 동남쪽 해안도로를 따라 약 30분을 달리다 보면 화비령 동쪽 괘방산 중턱에 자리 잡은 등명낙가사에 닿는다. 태백산맥의 한 줄

낙가사 극락보전

기를 물려받아 동해의 푸른 물에 발을 담그고 있는 괘방산의 가슴 속에 다소곳이 들어앉은 등명낙가사는 이름에서 풍기는 것처럼 해수관음도량으로 널리 알려져 있다.

이 절은 신라 선덕왕 때 자장율사(慈藏律師)에 의해 창건되었다고 전한다. 창건 당시의 이름은 수다사(水多寺)였다. 자장율사는 북쪽의 고구려와 동쪽의 왜구가 쉼 없이 침범하여 변방을 어지럽히는 것으로부터 나라를 지키기 위해 이곳에다 불사리를 모신 탑을 건립하고 절을 창건하였다는 것이다. 구전에 의하면 당시에 세운 탑은 3기로, 1기는 현존하는 5층석탑이고, 1기는 6 · 25전쟁 때 함포사격으로 소실되었으며, 1기는 절 앞의 바다 속에 세운 수중탑(水中塔)이었다고 한다. 그래서인지 주위의 어부들은 바다 속의 탑을 보았다는 말을 자주 하였고, 이를 확인하기 위해 몇 년 전 MBC에서 5일 동안 수중탐색을 벌이기도 하였다. 그들은 바다 밑 30여 미터 지점에서 산호와 해초에 뒤덮혀 있는 사람 키 크기의 부도 같은 탑을 발견하였다고 하며, 파도가 심하여 상세한 발굴은 하지 못한 채 돌아갔다고 한다.

호국의 의지 속에 창건된 이 절은 신라 말기의 병화로 소실되었고, 고려 초기에 중창하여 이름을 등명사(燈明寺)로 바꾸었다. 『신증동국여지승람』에 의하면 강릉부 동쪽 30리에 이 절이 있었다고 하는데, 등명사라 한 것은 풍수지리에 입각하여 볼 때 이 절이 강릉도호부 내에서는 암실(暗室)의 등화(燈火)와 같은 위치에 있고, 이곳에서 공부하는 사람이 3경(三更)에 등산하여 불을 밝히고 기도하면 급제가 빠르다고 한 데서 연유했다는 것이다. 현재 절 근처는 고려성지(高麗城址)가 있다. 이 성은 고려시대에 등명사의 중요한 물품들을 보관하기 위해 창고를 짓고 성을 쌓았다는 사방 1km의 석성이라 한다. 이것이 사실이라면 당시의 사찰 규모를 짐작할 수 있다.

그러나 조선 중기에 등명사는 폐허가 되었다. 등명사의 폐허에는 세 가지 설이 전한다. 하나는 임진왜란 때 왜병들의 방화로 소실되었다는 설이고, 또 다른 하나는 조선왕실과 관련이 있다. 당시의 왕이 안질(眼疾)이 심하여 점술가에게 물어보니, 동해 정동(正東) 방면의 큰 절의 쌀이 동해로 흘러 들어가서 용왕을 놀라게 하였기 때문이라고 하였다. 왕의 특사가 원산(元山)을 거쳐 배편으로 동해 정동에 와보니 점술가의 말과 같았으므로 등명사를 폐사시켰다고 한다.

그리고 또 다른 하나의 폐허설에는 시대적 비극이 도사리고 있다. 곧 등명사가 위치한 곳은 한양의 궁궐에서 볼 때 정동(正東)쪽에 해당하는 곳으로, 이곳 지명의 이름이 정동진리로 붙여진 것으로 보아 잘 알 수 있다. 궁중에서 받아야 할 일출(日出)의 빛을 부처를 모신 사찰에서 먼저 받는다는 것은 억불정책을 표방했던 조선으로서는 용납될 수 없었다. 그들은 한양의 정동쪽에서 등명사가 일출의 정기를 먼저 받는다는 사실조차 모욕으로 받아들였는지도 모른다. 그들은 '정동의 등불을 끄면 조선의 불교는 자연적으로 소멸된다' 고 하면서 누명을 씌워 폐찰로 만들었다는 것이다.

결국 조선시대 중기에 폐허가 된 등명사는 수백 년 동안 빈터로 남고 말았다. 이곳에 다시 절이 들어선 것은 1956년 경덕(景德) 스님에 의해서이다. 처음 조그마한 절을 지은 스님은 1천일 관음기도 끝에 해수관세음보살을 친견하고 침술을 점지받아 수많은 사람들에게 의술을 베풀었다. 스님의 신침(神針)은 소아마비환자까지 치료하는 염험을 보였다고 한다. 소문을 듣고 차츰 많은 사람들이 모여들자 스님은 절을 증축하고, 관세음보살이 계신 이곳은 보타락가산이라 하여 낙가사(洛伽寺)로 사찰명을 정하는 한편, 옛 사찰명인 등명(燈明)을 앞에 붙여 등명낙가사라 명명하게 되었다.

그 뒤 경덕 스님은 1977년 우리나라 굴지의 영산전(靈山殿)을 건립하였고, 1982년에 주지로 부임한 청우(淸宇) 스님이 1983년 삼성각 건립을 시작으로, 1984년 영산전, 1987년 범종각, 1988년 요사 및 종무소, 1991년 극락보전과 만월보전, 1996년 일주문 등을 지으며 현재의 모습을 갖추었다.

■성보문화재

절 입구에는 널찍한 주차장이 마련되어 있고, 여기에 근래에 세운 커다란 일주문이 있다. 일주문을 들어서면 바로 오른쪽에 유명한 약수터가 보이고, 그 위로 경내로 올라가는 잘 닦인 길이 나 있다. 여기에서 5분 가량 올라가면 경내가 나오는데, 짧은 길이지만 올라가면서 좌우로 펼쳐진 괘방산에서 흘러내린 산세와 계곡을 즐길 수 있다.

계단을 올라가 출입문을 지나면 극락보전이 곧바로 시야에 들어온다. 극락보전 오른쪽 아래에 종무소가 있고, 그 뒤 밑으로 난 길을 따라가면 요사와 만월보전이 있는 구역이 있고 여기에 오층석탑이 자리한다.

극락보전에서 바라보면 멀리 동해의 푸른 물이 한눈에 들어와 이곳이 예부터 사찰의 중심 구역이었음을 알 수 있다. 극락보전 왼쪽으로 올라가면 영산전 · 삼성각 · 종각 등의 건물이 있다.

• 극락보전

팔작지붕에 앞면 3칸, 옆면 2칸의 규모를 하고 있다.

안에는 극락보전 완공과 함께 봉안한 금동아미타여래좌상과 관음 · 세지보살, 그리고 극락회상도와 신중탱이 모셔져 있다.

극락보전은 극락정토의 주재자인 아미타불을 모신 전각으로, 경전에 따르면 지금 우리가 살고 있는 곳에서 서쪽으로 10만억 국토를 지난 곳에 극락정토가 있다고 한다. 극락이라는 이름은 글자 그대로 '즐거움이 있는 곳'이라는 뜻을 지니며, 안양(安養)과 같은 뜻으로 사용하기도 한다. 아미타불은 성불 전에는 본래 한 나라 임금의 자리를 마다하고 출가한 법장(法藏) 비구로서, 부처의 덕을 칭송하고 보살이 닦는 모든 행을 닦아 중생을 제도하려는 원을 세웠으며, 마침내 48대원을 세워 아미타불이 된 분이다. 아미타불의 광명은 끝이 없어 백천억 불국토를 비추고(光明無量), 그 수명이 한량없어 백천억 겁으로도 셀 수 없다(壽命無量)고 한다. 따라서 아미타부처를 모신 곳을 무량수전(無量壽殿)이라고도 한다.

• **영산전**

등명낙가사의 중심 법당은 영산전이다. 앞면 5칸, 옆면 4칸의 규모에 팔작지붕을 하고 있다. 이곳에 오백나한을 모신 영산전을 건립하게 된 것은 신라시대 이래 강원도 땅에 전승되어 오던 설화와 깊은 관련이 있다.

문수보살과 보현보살이 금강산으로부터 부처의 진신사리를 오대산으로 옮겨오게 되었을 때 오백나한들은 사리를 보호하기 위해 함께 배를 타고 내려왔다. 그리고 오대산에다 진신사리를 봉안한 다음, 문수보살은 강릉 한송사(寒松寺)를 창건하여 머물렀고, 보현보살은 명주 보현사(普賢寺)에, 오백나한은 이곳에 머물렀다는 것이다. 그 이후 이 절은 영험있는 나한기

영산전

영산전 석가여래 삼존불

도처로 전승되었으나 폐사가 된 조선시대 중기 이후 명맥이 사라지게 되었다.

이를 안타깝게 여긴 중창주 경덕 스님은 당시의 대한불교조계종 총무원장 손경산(孫京山) 스님과 함께 오백나한을 다시 모실 것을 발원하였다. 그리고 북한에 고향을 두고 있었던 두 스님은 오백나한의 힘으로 민족통일을 이룰 수 있도록 불사를 이룩하겠다고 발원하였다. 에에 인간문화재 유근형(柳根瀅) 씨에게 부탁하여 3년 6개월 동안의 각고 끝에 1977년 10월 오백나한상을 완성하였다. 이 나한상은 하나하나를 전승되어 오던 나한도에 근거하여 만든 것으로, 재질 또한 청자로 만들어 그 독특함을 한층 더해 준다. 그리고 당시 이 나한상에는 박정희 대통령을 비롯한 정부요로의 인사들이 참여하여 민족통일의 염원을 함께 실었다고 한다.

현재 영산전의 중앙에는 석가모니불과 제화갈라보살 · 미륵보살이 봉안되어 있고, 그 주위에 청동석가여래입상과 관세음보살입상 · 지장보살입상이 있다. 그리고 중앙 불단 좌우로 모습이 각각인 청자오백나한상이 봉안되어 있다. 특히 중앙 불단 위에는 조선시대 후기에 유행하던 보궁형 닫집을 그대로 재현시켜 옛 영산회상의 환희로운 설법장을 잘 재현시켜 놓았다.

또한 불단을 향하여 오른쪽에는 천수관음탱화와 감로탱화를, 왼쪽에는 금칠을 한 신중탱화와 대장경을 모셔 놓았다.

• 만월보전

만월보전(滿月寶殿)은 팔작지붕에 앞면 3칸, 옆면 2칸의 규모로 1995년에 지어진 전각으로, 약사여래를 봉안하고 있다. 예부터 정동(正東)은 약사여래의 도량으로, 만월보전은 곧 이 약사여래를 모신 전각이다. 안에는 약사여래좌상이 봉안되어 있고 그 좌우에 일광 · 월광보살이 협시하고 있다. 그리고 그 위에 닫집이 화려하게 장식되어 있다.

• 범종루와 삼성각

영산전 옆에는 앞면 3칸, 옆면 2칸의 팔작지붕 2층 누각형 건물인 범종루가 있고, 이곳에는 불전사물인 범종 · 법고 · 운판 · 목어가 있다.

범종각 뒤쪽에는 앞면 3칸, 옆면 2칸의 맞배지붕 건물인 삼성각이 있다. 이곳에는 산신 · 칠성 · 독성 · 용왕탱화를 봉안하였는데, 해변에 위치하고 있는 이 절의 특성 때문에 다른 절과는 달리 용왕탱화를 모셔 놓은 것이다.

이 밖에도 현재 종무소와 수련장으로 사용하고 있는 3층 현대식 건물 2층에는 아미타삼존불과 함께 대형 관세음보살의 사진을 봉안하여 놓았다.

• 오층석탑

강원도유형문화재 제37호로 지정되어 있는 오층석탑이 있다. 구전에 의

낙가사 오층석탑

하면 창건 당시인 선덕여왕 때 세워진 탑이라고 하지만, 양식상으로 보면 고려시대 초기의 탑으로 추정된다. 2단으로 된 지대석 위에 연꽃잎을 조각한 사각형의 복련석을 덮고, 그 위에 아무런 조각이 없는 네모난 돌을 올려 놓았으며, 그 위에 다시 사각의 앙련석을 올려 놓았다.

이와 같은 형태의 석탑 기단부는 신라시대 말기과 고려시대에 유행했던 형식으로, 탑의 기단부가 불상의 대좌와 같은 것임을 직접적으로 나타내고 있다. 곧 이와 같은 형태의 좌대를 수미산 형태의 수미좌라고 하며, 이 수미좌 위의 탑신 속에 부처의 존재를 직설적으로 표현한 것이다.

또한 5층으로 된 탑신부의 1층 한 면에는 문의 형태와 함께 돌자물쇠가 조각되어 있다. 자물쇠로 채워진 이 문을 열고 들어가면 영원한 법신의 부처가 있음을 상징적으로 나타낸 것이다. 그리고 5층의 지붕돌들은 모두가 조금씩 파괴되었고, 탑의 꼭대기를 이루는 상륜부는 현재 이슬받침인 노반과 발우를 거꾸로 엎어 놓은 것과 같은 모양의 복발만이 남아 있다.

이 석탑 앞에는 안상과 연꽃이 조각되어 있는 배례석이 있다. 오늘날과는

영산전 앞에서 바라본 동해

달리 석탑 앞에서 엎드려 절을 하였음을 알려 주는 중요한 문화재이다.

• 일주문

등명낙가사의 일주문은 다른 사찰의 일주문과는 달리 대리석 기둥을 세우고 기둥과 천장에 용을 새겨 놓았다. 누구의 솜씨인지는 알 수 없지만 여의주를 다투는 용의 모습이 힘차게 느껴진다. 또 일주문 한가운데 커다란 나침반을 설치해 놓았는데, 일주문이 정확히 동쪽을 향해 서 있음을 보여주고 있다. 이렇게 해놓은 이유는 이 자리가 동해 일출을 보기에 좋은 자리임을 알리기 위해서인 듯하다.

• 기타

이 밖에도 이 절의 명소로 빈혈 · 위장병 · 신경통 · 부인병 · 신경쇠약 · 피부병에 좋다는 5층석탑 옆의 약수, 동해의 일출과 정적인 아름다움으로 피어나는 해돋이, 동해안에서 가장 경치가 좋은 해안선, 철길 따라 전개되

는 소나무 숲길, 절과 10분 거리의 등명 해수욕장 등도 놓치기 아까운 볼거리들이다.

등명낙가사의 가람배치

법왕사

■위치와 창건

강릉시 구정면 어단리 926번지 칠성산(七星山)에 자리한 법왕사(法王寺)는 대한불교조계종 제4교구 본사 월정사의 말사이다.

굴산사지가 있는 학산리에서 금광리를 거쳐 어단리로 들어서면 954m의 칠성산 중턱에 법왕사가 있다.

법왕사 내경

1930년에 정주교(鄭冑教)가 세운 칠성암기적비(七星庵紀蹟碑)에 기록된 내용에 의하면, 이 절은 643년(선덕왕 3)에 자장(慈藏)율사가 창건하였고, 신라 말 사굴산문을 연 범일(梵日)국사가 출가하여 수도한 수선도량(修禪道場)이라고 한다. 그러나 일설에는 범일국사가 굴산사를 창건한 뒤 그의 제자들이 참선도량으로 이 절을 지었다고 한다.

창건 당시의 사찰명과 창건 이후의 자세한 역사는 전하지 않으나, 원나라가 일곱 차례나 고려를 침입했을 때 굴산사와 함께 불탄 뒤 이 절만 중창되어 많은 스님들의 수행처가 되었다고 한다. 또 임진왜란이 일어나자 이 절의 스님들이 궐기하여 호국의 대열에 앞장을 서게 되었다. 그러나 혹심한 배불정책으로 인해 승려들이 머무를 수 없게 되자 절은 폐허가 되었고, 다만 마을 사람들이 칠성(七星)기도 장소로 이용하였다.

1896년 진사 정은(鄭溵)이 이곳에 독서재(讀書齋)를 짓고 글을 가르치다가 물러나자, 마을 사람들이 독서재를 불당(佛堂)으로 바꾸고 칠성암(七星庵)이라 불렀다.

그 뒤 운곡(雲谷) 스님이 머물면서 10여 칸의 법당과 요사를 세워 사찰로서의 면모를 회복하였으며, 1946년 주지 청우(淸雨) 스님이 정주교 거사로부터 임야 36정보를 시주받고 차인철 거사로부터 정재(淨財)를 시주받아 사찰을 일신 중창하였다. 이때 법왕인 부처님의 정법을 계승하고 범일국사의 유지를 본받는 수행도량이라 하여 사찰 이름을 법왕사로 개칭하였다.

그러나 6 · 25전쟁 때 불타 버렸다가 1958년에 법당을 건립하며 중창하였다. 1976년과 1968년에 요사 1동씩을 신축하였다. 1970년 이 절의 주지로 취임한 혜운(惠雲) 스님은 꾸준히 불사를 전개하여 1974년 청우당(淸雨堂)을 짓고, 1978년에는 범종각을 지었다. 그리고 1976년에는 청우당사리탑을 건립하고 사찰에 이르는 도로를 확장하여 포장하였으며, 1980년 2층의 천불전을 지었다. 1985년에 반야선원을 신축하고 1991년 협소한 가람에 마당을 넓혀 염불당을 신축하였으며, 1995년에는 천불전을 완공하고 천불

법왕사 경내

을 봉안하였다. 1999년 천불전 위에 대웅보전을 신축하였으며, 2002년에 대웅보전을 단청하고 석조미륵불입상을 세우며 30여 년간의 불사를 마무리하고 오늘에 이른다.

■성보문화재

주차장에서 법왕사를 올려다보면 남북으로 가로지르는 높다란 축대와 이에 접하여 염불당이 서 있다. 염불당 아래로 청우당대선사사리탑 · 탑비와 석조지장보살좌상이 있으며, 아래 계곡 쪽으로 나 있는 계단을 따라 올라서면 2층의 웅장한 대웅보전이 눈에 들어온다. 이 건물은 1995년 1층 천불전을 완공한 이후 1999년 그 위에 다시 증축하였다.

대웅보전 오른쪽으로 역시 산비탈에 기대어선 칠불전이 있으며, 왼쪽에 요사인 반야원과 동종각이 있다. 칠불전 축대 아래에는 석조미륵불입상과 정암당대화상중창공덕비가 다른 건물들과 같이 동향해 있다. 그리고 축대의 북쪽 끝에는 예전 대웅전으로 사용되다가 현재는 종무소로 용도가 바뀐 건물이 남향하고 있다. 주차장 끝자락에는 팔도도원장겸총섭사이선사비와 계월당 · 월봉당의 부도, 운곡대선사비가 있다. 계월 스님의 부도는 강릉의 용연사(龍淵寺)에도 모셔져 있다.

• 대웅보전과 천불전

대웅보전은 2층의 웅장한 건물로, 1층은 천불전으로 사용하고 있다. 1995년에 앞면 7칸, 옆면 5칸 규모로 먼저 천불전을 지은 다음 1999년 그 위에 다시 앞면 5칸, 옆면 3칸 규모의 팔작지붕 대웅보전을 증축했다.

1층 천불전에는 비로자나불 · 노사나불 · 석가모니불 등 삼신불과 천불을 봉안하였다. 불화로는 1996년에 봉안한 신중탱이 있고, 입구 쪽의 내부 벽면에 비천상과 나한도를 그려 장엄하였으며, 그 외에 2003년 조성한 동종이 있다.

법왕사 대웅보전과 천불전

2층 대웅보전은 외벽에 팔상도를 그려 장엄하였으며, 내부에는 도솔천 내원궁을 나타낸 닫집 아래 금동석가여래좌상과 좌우 문수·보현보살 입상을 모시고 삼세불후불탱을 봉안하였다. 또한 법당의 오른쪽에 관음보살좌상과 천수천안관음탱을, 왼쪽에 지장보살좌상과 지장시왕탱을 각각 봉안하였다. 그 외에 1998년 조성한 신중탱과 범종을 봉안하고 있다.

■삼성각 일화

지금은 없어졌지만 1990년대까지만 해도 삼성각이 있었고 그 안에 이 절에서 가장 오래된 불상이 봉안되어 있었다. 조선 후기에 마을 사람들이 현몽으로 땅에 묻혀 있던 이 부처님을 발견하여 모신 다음 칠성암이라 하였다고 한다. 1970년대에 삼성각을 지을 때 다음과 같은 일이 있었다고 한다.

법왕사 부도

도로확장 공사로 피곤에 지쳐 깜박 낮잠을 잔 혜운 스님 앞에 한 노인이 나타나 흐르는 개울물에 땀을 씻고 목을 축인 후 말하였다.

"나는 이 산에 살고 있지만 오랫동안 나의 거처가 마련되지 않았소. 공사하는 끝에 이왕이면 내가 살 집을 마련하여 주면 고맙겠습니다."

하고는 곧바로 산으로 사라졌다. 이에 스님은 삼성각을 짓고 속칭 '칠성부처님' 과 함께 산신탱화를 봉안하였다고 한다.

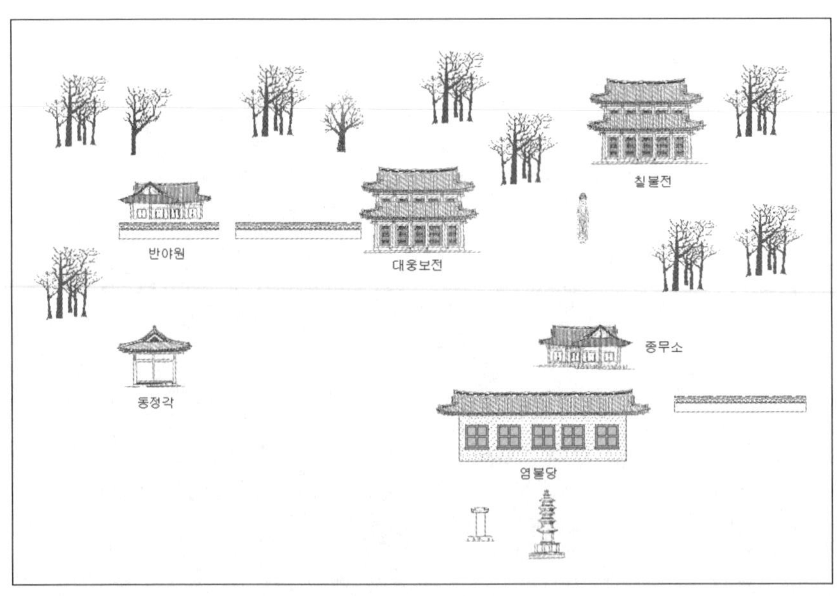

법왕사의 가람배치

보현사

■ 위치와 창건

강릉시 성산면 보광리 산 544번지 만월산(滿月山)에 자리한 보현사(普賢寺)는 대한불교조계종 제4교구 본사 월정사의 말사이다.

강릉에서 출발하여 영동고속도로를 타고 대관령 쪽으로 오르다가, 성산(城山) 출입구를 지나 2km 가량 더 가면 오른쪽으로 보광(普光)으로 가는

보현사 대웅보전

작은 길이 나타난다. 고속도로에서는 잘 보이지 않기 때문에 지나치기 쉬우므로 주의하여야 한다. 이 갈림길에서 계곡을 끼고 포장된 길을 따라 4km 가량 들어가면 초등학교가 있는 보광리에 도착하며, 보광리에서 계곡의 물소리를 들으며 완만한 비포장 산길을 5km 정도 올라가면 보현사 입구의 부도밭이 나타난다. 이곳에서 절까지의 거리는 약 300m이다.

보현사의 창건에는 두 가지 설이 전래되고 있다. 하나는 신라시대 불교의 4대보살 가운데 한 분인 보현보살이 직접 창건하였다는 설이요, 또 다른 하나는 통일신라시대 말기의 고승인 낭원대사(朗圓大師)가 창건하였다는 설이다. 이 중 보현보살의 창건설은 매우 전설적인 성격이 짙다.

창건이나 기타 역사와 관련하여 다른 문헌은 전하지 않지만, '보현사중수기' 라는 현판이 절에 전하고 있어 다소의 역사는 알 수 있다. 여기에 따르면 1825년(순조 25)에 대대적 중수가 있었으나 그 뒤 얼마 안 있어 가람 전체가 쇠락되어 1855년(철종 6)에 다시 중건을 하였다고 한다. 이때 성훈 화곡(聖訓華谷) 스님이 화주가 되었는데, 강릉 부사를 지낸 유후조(柳厚祚, 1798~1876)의 지원과 신도 최대기(崔大紀)의 시주에 힘입은 바가 컸다.

■주요인물

• 낭원대사

고려 초기에 보현사를 중창하고 지장선원을 열어 후학들의 지도에 심혈을 기울였던 낭원대사 개청(開淸) 스님의 비와 탑비가 현재 절 경내에 보존되어 각각 보물 제191호와 제192호로 지정되어 있다.

835년(흥덕왕 10)에 태어난 낭원대사의 성은 김씨, 경주가 고향이다. 아버지의 이름은 유차이며, 신승(神僧)이 금인(金印)을 주고 가는 태몽을 꾸었다고 한다. 8세 때 취학하여 유학을 공부하다가 25세 때 지리산 화엄사로 출가하여 정행(正行) 스님으로부터 개청(開淸)이라는 법명을 받고 스님이 되었다. 그 뒤 강주(康州) 엄천사(嚴川寺)에서 구족계를 받고 대장경을 열람하다가 옥축일음(玉軸一音)을 듣고 금강삼매(金剛三昧)의 진리를 얻었다고 한다.

이때부터 3년 동안 혼자서 참선 수행을 하다가 범일국사(梵日國師)의 명성을 듣고 굴산사(掘山寺)로 찾아갔다.

"그대가 오기를 오랫동안 기다렸노라."

국사는 크게 반기며 곧바로 스님의 입실을 허락하고 심인(心印)을 전하였다. 889년(진성왕 3)에 범일국사가 입적하자 행적(行寂) 스님과 함께 사굴산문을 이끌다가, 알찬(閼粲) 민규(閔規)의 청을 받아 보현사로 와서 도로를 개통하고 법당과 탑을 새로 세웠다. 그리고 913년(신덕왕 2)에는 보현사에다 지장선원을 열었다. 전국의 승려들이 선을 지도받고자 사방에서 모여들었고, 경애왕은 사신을 보내 국사로 모시는 예를 표하였다. 그러나 스님은 세간의 명성에 관심이 없었다. 마지막 순간까지 깊은 산중사찰 보현사에서 후학들의 지도에 몰두하다가 930년(경순왕 1) 법당에서 앉은 채 입적하였다.

■성보문화재

경내로 들어가는 입구인 금강루(金剛樓)를 오르면 대웅전이 마주보이고, 그 좌우로 보현당과 만월당 두 요사가 서로 마주하고 있다.

대웅전 앞 마당에는 대웅전 계단 바로 앞에 일부 부재가 없어진 석탑이 놓여 있고, 그 부근에 석조 사자상(獅子像)이 있다. 이 사자상은 아마도 석등의 간주석으로 사용되었던 것으로 보인다.

대웅전 왼쪽에는 영산전이 자리하고, 다시 그 왼쪽에 삼성각이 배치되어 있다. 삼성각 옆에는 산으로 올라가는 문이 있는데 이 길을 따라 몇 분을 걸으면 국보 제191호로 지정된 낭원대사오진탑비가 있다.

종무소와 식당 등을 겸하는 만월당 앞에는 자그마한 규모의 종각이 있는데, 여느 종각과는 달리 '동정각(動靜閣)' 이라는 편액이 걸려 있다.

금강루 아래로 해서 내려가면 종각 밑에 국보 제192호로 지정된 낭원대

대웅전 앞 사자상

사오진탑비가 서 있다. 통일신라시대에 보현사를 중창했던 낭원대사의 일대기를 기록한 비석인데, 귀부와 탑신, 그리고 머릿돌에 해당하는 이수(螭首)가 비교적 잘 갖추어져 있다.

한편 2005년 여름 강원도문화재연구소에서 보현사 경내를 발굴 조사하였는데 이때 대웅전 앞마당에서 다량의 고려시대 유물이 나왔다. 고려시대 풍탁 11점을 비롯하여, 용두(龍頭, 지붕 등에 쓰인 용머리 장식) 부속품 2점과 풍설(風舌, 풍탁 부속품인 추) 2점, 도깨비 무늬 기와 3점, 비천상을 넣은 암막새 등도 함께 나왔다. 특히 함께 나온 해무리굽 청자 조각과 청자 잔 뚜껑 등은 양식으로 보아 10~12세기 제작품이라는 점에서 보현사 역사의 일단을 알 수 있다.

• 대웅보전

조선 후기에 세운 건물로 규모는 앞면과 옆면 각 3칸씩의 팔작지붕 건물이다. 지붕 처마를 받치기 위해 장식하여 만든 공포는 기둥 위와 기둥 사이

대웅보전 삼존상

에도 있는 다포 양식으로 꾸몄다.

3단의 장대석(長臺石) 기단을 설치하고, 막돌 덤벙 초석에 기둥이 미끄러지지 않게 하기 위해 정교하게 '그랭이질'을 하여 세워진 둥근 기둥이 있다.

안에는 소조로 봉안한 삼존불상이 봉안되어 있고, 그 밖에 1822년에 조성한 후불탱과 1799년에 조성한 신중탱이 모셔져 있다

• 대웅보전 삼존상

대웅보전에는 아미타여래를 중심으로 좌우에 관음보살과 세지보살이 협시하고 있는 삼존상을 봉안하였다. 아미타여래는 손의 모습인 수인(手印)으로 보아서는 석가여래처럼 보이기도 하지만, 좌우 협시보살이 관음 · 세지이므로 아미타여래로 보아야 할 것이다.

본래 대웅전, 혹은 대웅보전에는 석가여래와 문수 · 세지보살이 협시하는 삼존상이 봉안되는 것이 원칙이지만 보현사 대웅보전에서는 아미타삼존상

으로 모셨다. 아마도 영산전에 석가삼존상을 봉안하고 있으므로 여기에는 아미타삼존상을 봉안한 것이 아닐까 생각된다. 아미타삼존상은 흙으로 빚은 소조상으로, 19세기 중반의 양식을 하고 있다.

• 영산전

대웅보전의 왼쪽에 있는 영산전은 앞면 3칸, 옆면 2칸의 맞배지붕으로서 1955년에 중건하였다고 한다.

안에는 석가여래 · 제화갈라보살 · 미륵보살로 이루어진 삼존불을 중심으로, 좌우에 16나한상이 봉안되어 있다. 비록 크지는 않지만 한 분 한 분의 조각은 매우 사실적이고 특징이 분명하다. 그리고 입구 문쪽에는 대웅보전의 신중자리에 앉아 있는 중국인 모습의 신상(神像)이 있으며, 또 다른 한쪽에는 두루마리 경전을 두 손으로 받치고 있는 관리 모습의 두 입상이 있다. 원래 이 입상은 양쪽으로 나누어 서 있기 마련인데, 한쪽에 신상을 배치하였기

영산전 삼존불

삼성각

때문에 한쪽으로 모아 놓은 듯하다. 보현사는 나한기도도량으로도 널리 알려져 있는데, 이 영산전에서 불공을 올리면 특히 영험이 있다고 한다.

• 삼성각

영산전 왼쪽에 있는 앞면 3칸, 옆면 2칸의 삼성각은 1955년에 신축한 건물로, 안에는 칠성 · 독성 · 산신탱화를 모셔 놓고 있다.

흔히 삼성각에는 칠성을 가운데 모시고 좌우에 독성과 산신을 모시기 마련인데, 이 건물에는 중앙에 독성을, 좌우에 칠성과 산신을 봉안하는 특이한 구조를 보이고 있다. 현재 봉안된 탱화는 1955년의 신축 때 그린 작품으로 보인다.

특히 주목되는 것은 독성탱화 앞에 있는 독성상이다. 긴 눈썹과 살짝 미소 지은 얼굴만 내어 놓고 흰색의 천으로 머리에서부터 온몸을 감싸고 있는 독성의 모습은 인상적이다.

그리고 칠성탱화는 치성광여래와 일광 · 월광보살을 중심에 두고 윗부분에는 토속적인 칠성을, 아랫부분에는 도교의 칠원성군(七元星君)을 그려 놓고 있다.

흔히 볼 수 있는 칠성탱화에서 7불이 빠지지 않는 것과는 달리 도교와 토속의 칠성만을 그려 놓았다는 점과, 일곱이 아닌 여섯의 불상만을 그려 정형에서 벗어난 것임을 알 수 있다.

• 만월당

이 절에서 가장 큰 건물인 만월당은 1986년에 세운 것으로, 한 건물 안에 큰방 · 요사 · 부엌 등이 모두 갖추어져 있다. 주목되는 것은 큰방 북쪽 벽에 봉안되어 있는 보현보살좌상이다. 화려한 보관에 매우 길고 큰 코, 수려한 얼굴, 좁은 어깨, 유연한 몸매, 아름다운 손가락 등에서 첫눈에 우리나라에서 조성한 불상이 아님을 느끼게 한다.

• 낭원대사 오진탑

보현사 경내에 낭원대사 개청(開淸) 스님의 사리탑이 있다. 낭원대사오진탑(朗圓大師悟眞塔)이 그것으로, 940년(태조 23)에 건립되었으며, 높이 2.5m, 현재 보물 제191호로 지정되어 있다.

부도의 형식은 팔각원당형(八角圓堂形)으로 일찍이 무너져 있던 것을 재건하였으나 이때 이미 기단부의 중대석이 결실되었다. 현존하는 지대석부터 기단부 · 탑신부 · 상륜부 등의 모든 부재가 한결같이 8각을 이루고 있다. 기단부의 하대석 8면에는 안상이 조각되어 있고 각 모서리에 우주를 사실적으로 묘사하였다. 중대석 받침은 구름 속에서 용이 여의주를 물고 있는 조각을 잔잔하게 묘사하였고, 그 위에 새로 추가한 중대석이 놓여 있으며, 상대석에는 이중의 잎을 가진 앙련이 조각되어 있다. 곧 연화대 위에 앉아 있는 부처처럼 입적한 낭원대사의 참된 몸이 어떠한 번뇌에도 물들지 않는

낭원대사 오진탑

경지에 있다는 것을 상징화시킨 것이다.

8각의 탑신석에는 특별한 조각이 없고, 오직 정면 한 면에만 문비형과 자물쇠를 조각하여 그 집 안에 낭원대사가 머물러 계신다는 것을 나타내었다. 탑신석 위의 지붕돌은 목조 지붕을 모방하지 않고 석탑형의 낙수면과 추녀, 전각부의 형태를 그대로 따르고 있다. 그러나 각 모서리 전각 위의 우동에 귀꽃이 조각되는 등 부도 옥개석의 특징을 지니고 있다.

현재 이 지붕돌에는 귀꽃이 모두 파손되어 하나도 남아 있지 않지만, 상륜부의 보개석에 귀꽃이 남아 있어 그 원래의 형태를 짐작할 수 있다. 그리고 지붕돌 위에는 복발 · 보개 · 보주의 순으로 구성된 상륜부가 남아 있다. 이 가운데 보개석은 탑신부 지붕돌을 축소한 형식이며, 보주는 화염보주의 형태를 취하고 있다.

이 부도는 건립연대가 알려진 고려시대의 부도 중 가장 앞서는 것으로, 우리나라 부도 연구에 있어 귀중한 문화재이지만 부분적인 파손이 아쉽다.

낭원대사 오진탑비

• 낭원대사 오진탑비

낭원대사 오진탑 옆에 탑비가 서 있다. 비신 높이 188cm, 두께 20cm이며, 현재 보물 제192호로 지정되어 있다.

비의 원명은 '고려국명주보현산지장신원낭원대사오진탑비'이며, 귀부·비신·이수가 모두 완벽하다. 귀두를 거북이 모양이 아니라 용머리같이 조각한 귀부는 고려시대 초기의 탑비 양식을 잘 보여 주고 있다. 이수의 네 마리 용은 중앙에 있는 보주를 다투듯 힘차게 투각되어 있고, 이수의 중앙에는 복발과 1단의 상륜 및 화염에 싸인 보주가 잘 남아 있다. 이 비의 이수 조각은 그야말로 일품이다. 낭원대사의 출생에서부터 경애왕이 대사의 덕을 기려 국사로 예우한 사실, 입적하기까지의 행적이 자세히 실려 있는데, 비의 석질이 좋아 글씨의 마멸이 거의 없다.

비는 낭원대사가 입적한 10년 뒤인 940년에 세워졌는데, 비문은 당대의

낭원대사 오진탑비 부분

문장가인 최언위(崔彦撝)가 짓고, 글씨는 명서예가인 구족달(九足達)이 썼다. 한 글자의 크기는 2cm정도이고, 글씨체는 해서이며, 필세가 웅경하고 예리하여 금석기(金石氣)가 넘친다.

• **기타**

부엌에는 조왕신의 탱화가 봉안되어 있고, '동정각(動靜閣)' 이라는 편액이 붙어 있는 범종각에는 1977년에 주조한 대종(大鍾)이 있다.

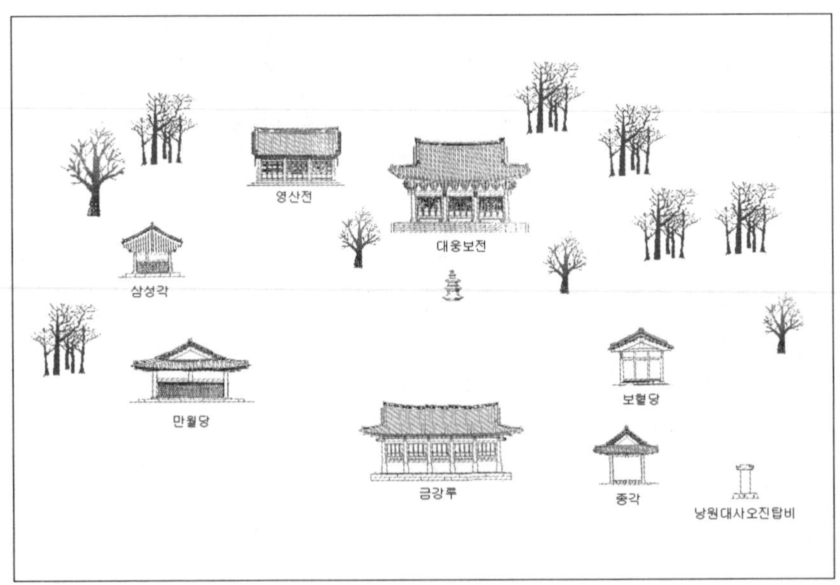

보현사의 가람배치

용연사

■위치와 창건

강릉시 사천면 사기막리 821번지 만월산(滿月山)에 자리한 용연사(龍淵寺)는 대한불교조계종 제4교구 본사 월정사의 말사이다.

강릉에서 속초 쪽으로 동해안을 따라 10km 가량 올라가면 사천면 마을이 나오고, 여기에서 좌측으로 10km 가량 들어가면 아늑한 산속에 남향한

용연사 내경

용연사가 모습을 드러낸다.

구전에 의하면 강원도에 많은 절을 지은 자장(慈藏)율사가 신라 선덕여왕 때 이 절을 창건하였다고 하지만, 한편에는 1670년(조선 현종 11)을 전후하여 왕장대사가 응봉산(鷹峯山) 동쪽인 이곳 용연동 만월산 자락에 건립한 것이 시초라는 말도 있다.

1721~1724년에 쓴 강릉의 읍지인 『임영지(臨瀛誌)』 사찰조에 의하면 순치연간(1644년~1661년 무렵)에 옥잠(玉岑) 스님이 처음 이 절을 세웠다고 하였다.

이후의 기록 역시 남아 있지 않아 자세한 내력을 알 수 없으나, 용연사 서남쪽에 조선시대의 부도 8기가 있는 것으로 보아 계속해서 법등을 이어왔던 것으로 보인다.

그러다가 1950년 6·25전쟁으로 인해 전부 불타버렸는데, 1953년 한 비구니 스님이 대웅전과 요사 1동을 지어 중건하였다. 1958년에 요사 1동을 다시 지었으며, 1967년에 삼층석탑을 건립하고 1983년에 원통보전과 삼성각을 새로 지었다.

2000년에는 대웅전의 왼쪽에 있던 콘크리트 구조의 삼성각을 오른쪽으로 옮겨 목조로 다시 지었으며, 요사로 사용하던 원통보전을 허물고 목우당을 신축하여 오늘에 이른다.

■성보문화재

주차장에서 나지막한 축대 사이로 나 있는 계단을 따라 오르면 제일 먼저 대웅전이 눈에 들어온다. 용연사의 전각은 동남향한 채 대웅전을 중심으로 오른쪽에 삼성각이, 왼쪽에 범종각이 있다. 범종각에는 '동정각(動靜閣)' 이라는 편액이 걸려 있다.

또 마당에는 1967년에 세운 높이 3.6m의 삼층석탑이 있는데, 본래부터 있던 기단부를 그대로 이용하여 만들었다.

용연사 대웅전 삼존상

대웅전의 축대 아래에는 요사인 목우당과 설선당이 서로 마주하고 있으며, 그 사이에 삼층석탑이 서 있다. 그리고 주차장에서 100m 정도 되는 지점의 언덕에는 8기의 석종형 부도가 서 있는 부도전이 자리하고 있다.

• 대웅전

안에는 석가모니불 · 문수보살 · 보현보살좌상이 봉안되어 있고 불상 뒤에는 목각 후불탱을 조성하였다.

• 삼성각

2000년에 새로 지은 앞면 3칸, 옆면 1칸 규모의 맞배지붕 건물이다. 편액과 주련은 모두 탄허 스님의 글씨다.

안에는 중앙에 1982년 조성한 칠성탱을 봉안하고 그 앞에 나무로 조성한 칠원성군상(七元星君像)을 봉안하였다. 좌우에는 1972년에 조성한 독성탱,

용연사 부도밭

1982년에 조성한 산신탱을 비롯하여 독성상과 산신상을 각각 봉안하였다.

• 목우당과 설선당

목우당(牧牛堂)은 앞면 5칸, 옆면 2칸 규모의 팔작지붕 건물로 현재 종무소와 강당으로 사용하고 있다. 안에는 근래에 조성한 지장보살좌상을 봉안하였다. 원래 이 자리는 1983년에 건립한 원통보전이 있었으나 퇴락되어 그 자리 위에 목우당을 지었다.

설선당(說禪堂)은 앞면 5칸, 옆면 2칸 규모의 팔작지붕 건물로 현재 요사로 사용하고 있다.

• 부도

용연사의 서남쪽 언덕에 자리한 부도밭에 8기의 석종형 부도가 나란히 서 있다. 부도는 왼쪽에서 오른쪽으로 성곡당대사(城谷堂大師), 정암당(淨

巖堂), 월화당(月華堂), 계월당대사(桂月堂大師), 계암당(繼巖堂), 완파당대선사위(阮波堂大禪師位), 부암당(浮巖堂), 주파당(州坡堂) 등의 순이다.

이들 부도는 모두 조선시대 후기의 양식을 띠고 있어, 그 당시에는 이 절에 많은 수도승들이 머물러 있었음을 짐작할 수 있다.

울창한 송림으로 덮혀 있는 절 주변은 송이버섯 산지로도 이름이 높다.

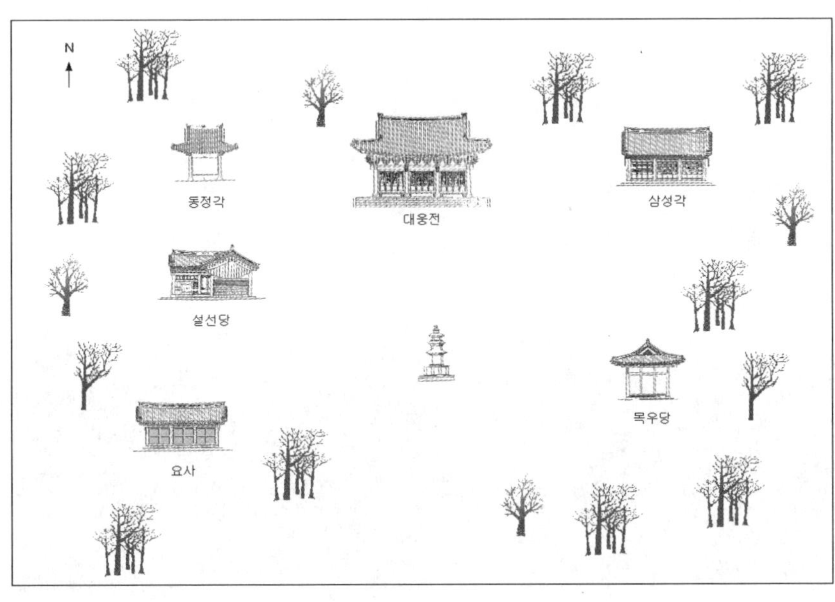

용연사의 가람배치

굴산사지

■위치와 창건

굴산사지(堀山寺址)는 강릉시 구정면 학산리에 자리한다. 신복사지에서 내곡동사무소 앞을 거쳐 남쪽으로 6km 정도 나아가면 학산리라는 마을에 도착할 수 있다. 이 마을 일대 전체가 신라 말 선문구산(禪門九山)의 하나인 사굴산문(闍堀山門)의 총본산 굴산사의 옛터로, 현재 강원도기념물 제11호로

굴산사지 전경

지정되어 있다.

굴산사는 범일국사(梵日國師, 810~889)가 창건했다고 알려져 있다. 계림(鷄林), 곧 지금의 경주가 고향인 스님은 명주(溟洲, 강원도) 도독을 지낸 김술원(金述元)의 아들로 태어나 15세에 출가하였고, 21세인 831년(흥덕왕 6) 2월에 왕자 김의종(金義宗)과 함께 당나라로 갔다. 스님은 중국의 여러 고승들을 찾아다니며 도를 구하다가 제안(齊安)선사를 만나 '성불(成佛)하는 법'을 물었다. 제안 선사는 답하였다.

"도는 닦는 것이 아니라 더럽히지 않는 것이며, 부처나 보살에 대한 소견을 내지 않는 평상의 마음이 곧 도이다(平常心是道)."

이 말을 듣는 순간 대오(大悟)한 스님은 제안선사 밑에서 6년 동안 수도하다가, 약산의 유엄(惟儼)선사를 찾아가서 선문답을 나누고 인가를 받았다. 844년 중국의 무종(武宗) 황제가 불교를 박해하는 법난(法難)을 일으키자 상산(商山)의 산속에 숨어서 반 년 가량 지내다가 소주(韶州)로 가서 육조 혜능(慧能)대사의 부도를 참배하고 847년(문성왕 9)에 귀국하였다. 귀국 후 851년까지 백달산에 머무르면서 홀로 정진하다가 명주 도독의 청으로 고향 땅에 돌아와서 굴산사를 창건한 것이다.

그 뒤 스님은 40여 년을 이 절에 머물면서 후학들을 교화하는 일에만 전념하였다. 그때 경문왕 · 헌강왕 · 정강왕이 차례로 국사(國師)로 받들어서 스님을 계림으로 모시고자 하였으나 모두 사양하였다. 스님은 그를 따르는 수행자에게 언제나 강조하였다.

"참되이 도를 닦고자 하면 부처의 뒤를 따르지도 말고, 다른 사람의 깨달음도 따르지 말라. 앞뒤 사람을 바라보고 돌아볼 것도, 더 이상 닦고 얻을 바도 없는 본래의 부처가 자기의 본분임을 철두철미하게 자각하는 것을 수행의 목표로 삼아라."

조그마한 명리(名利)에도 관심을 기울이지 않고 평생을 보낸 스님은 제자들에게 '스스로의 마음을 지켜 큰 뜻을 깨뜨리지 말 것'을 당부하고 조용히

굴산사지 석조 비로자나불좌상

입적하였다. 나라에서는 통효(通曉)대사라는 시호와 연휘(延徽)라는 탑호(塔號)를 내렸다. 범일 스님의 입적 이후에도 굴산사를 중심으로 한 사굴산문에서는 수많은 고승들이 배출되어 고려시대 후기까지 뚜렷한 명맥을 이어왔다. 고려 제일의 고승으로 추앙받고 있는 보조(普照)국사도 사굴산문 출신이다.

그러나 이 굴산사의 역사 및 폐사연대는 전해지지 않고 있다. 다만 전성기에는 사찰의 반경이 300m에 이르렀고, 승려의 수도 200명이 넘었으며, 쌀 씻은 뜨물이 동해까지 흘렀다고 전해질 뿐이다.

폐사가 된 후 이름까지 잊혔으나 1936년 홍수로 6개의 주춧돌이 노출되었고, 이때 '闍崛山寺'라는 글씨가 새겨진 기와를 발견함으로써 현재의 절터가 옛 굴산사지임이 밝혀졌다.

현재의 굴산사지에는 범일 스님의 것으로 믿어지는 부도(浮屠, 보물 제85호)와 당간지주(幢竿支柱, 보물 제86호), 석조비로자나불좌상 4위 등이 있다.

또한 당간지주는 현재 우리나라에서 규모가 가장 큰 것으로 알려져 있으며, 석불 4위는 이 당간지주를 중심으로 서 · 남 · 북 각 500m 지점과 마을 우물가에 있었다. 이 가운데 서쪽과 남쪽의 석불은 1968년 12월에 불당을 지어 함께 모셔 놓았다. 홍천군의 산중 암자에서 기도하던 이묘련화(李妙蓮花) 보살의 꿈에 굴산사지의 노천석불이 나타나, "비바람을 막아 줄 자가 없어서 안타깝구나."하는 말을 듣고 조그마한 절을 지어 모셨다고 한다.

높이가 1.5m인 동남쪽 비로자나불좌상도 현재 조그마한 집 속에 모셔져 있는데, 얼굴의 오른쪽 일부가 파손되었고 머리에는 큰 관모를 쓰고 있다. 이 석불의 얼굴 파손에 대해서는 신빙성 없는 실화가 전해지고 있다. 굴산사의 한 승려가 들에서 풀을 뜯어먹고 있는 소를 잡아먹다가 벼락을 맞아 죽었는데, 그 뒤 이 석불을 세우자 석불도 벼락을 맞아 현재와 같이 파손되었다는 것이다. 그러나 이는 옛날이야기의 틀에 항상 깃들어 있는 인과응보의 법칙에 조차 맞지 않는 낭설에 불과하다. 한 파괴승의 행위로 인해 새로 조성한 부처님이 벼락을 맞아야 한다는 말을 그 누가 믿을 것인가?

그리고 나머지 1위의 비로자나불이 있는 마을의 공동우물은 석천(石泉)이라고 불리어지는데, 범일국사의 탄생설화가 전해지고 있다.

■굴산사의 개조, 범일국사의 탄생

이 마을에 살던 한 처녀는 어느 날 석천의 물을 길러 갔다. 그날 따라 햇빛에 유난히 반짝거리는 샘물을 보고 처녀는 물 한 바가지를 퍼서 단숨에 들이켰다. 그 후 날이 갈수록 배가 불러오다가 14개월 만에 옥동자를 낳았다. 처녀의 몸으로 아기를 낳은 것이 집안의 체면을 손상시킨 일이라 하여 그 아이를 부근의 학바위 밑에 버렸으나, 모성애를 이기지 못하여 3일 만에 아이를 버린 곳으로 가 보았다. 아이는 곤히 잠들어 있었고, 여러 마리의 학들이 날개로 아이를 감싸 주고 입에 열매를 넣어 주는 것이 아닌가. 그로 인하여 범상한 아이가 아님을 깨닫고 다시 집으로 데려와 키웠다고 한다. 그가 자라 범일국사가 되었고 굴산사의 개산조가 되었다는 것이다. 지금도 마을 북쪽 뒷산의 송림 속에는 이 학바위가 있다.

■성보문화재

• 굴산사지 당간지주

통일신라시대 후기에 만든 것으로, 양쪽 지주 모두 하나의 돌로 된 거대한 석재를 사용하여 조성하였는데, 현재 하부가 묻혀 있어서 당간을 세워 놓았던 지대석 등의 구조를 알 수 없다.

대부분의 당간지주에는 측면 등 외부 각 면에 굵은 선문(線文)이나 음각의 홈을 파 놓았는데, 이 지주는 가공도 매우 소박하며 형식상으로도 다소 차이를 보이고 있다. 곧 4면은 아무런 조각이 없는 평면이며, 하부는 돌을 다룰 때 생긴 거친 자리가 남아 있다.

서로 상대되는 내면과 외측면은 수직을 이루게 하고 전후 양면은 거의

굴산사지 당간지주

상부까지 수직의 평면을 이루었다. 그러나 상단에 이르러서는 그 정상부를 양측에서부터 차츰 둥글게 깎아 곡선을 이루고 있다. 정상 부분은 삼각형의 끝처럼 첨형(尖形)을 이루고 있는데, 현재 남측 지주 끝부분이 약간 파손되었다.

당간을 고정시키는 간(杆, 기둥)은 상하 두 군데에 마련하였다. 상부에는 상단 가까이 둥근 구멍을 파서 간을 시설하였고, 하부는 3분의 1쯤 되는 곳에 둥근 구멍을 관통시켜 간을 끼우게 하였다. 높이 5.4m이며, 현재 보물 제86호로 지정되어 있다.

• 굴산사지 부도

고려 초기에 세운 부도로, 학산리 석천에서 조금 떨어진 곳에 있다. 처음부터 현재의 위치에 있었으며, 팔각원당(八角圓堂)의 형식을 기본으로 삼았으나 몇 곳에서 새로운 수법이 가미되었음을 볼 수 있다. 그중 지대석의 양식이 특이하다. 이 지대석은 8각의 돌 하나로 되었는데, 넓은 석재 위에 이중의 몰딩을 조각하고 그 중심에서 갑자기 줄어든 높은 굽을 만들어 하대석을 받게 하였고, 밑에 잘룩한 목을 만들어 마치 접시 모양을 이루었다.

하대석은 원래 2단으로 되어 있었던 듯 하나 현재에는 윗부분만 남아 있다. 현재 남아 있는 하대석은 밑에 8각의 굄이 있으나, 위는 원형으로서 화려하게 구름무늬가 장식되어 있다. 이 부도 주인공의 수행의 경지가 이미 구름 위의 하늘나라에 있음을 상징적으로 나타낸 것이다. 그리고 하대석의 상면 중앙에는 중대석 굄이 마련되었으며, 그 주위에 수구(水溝) 같은 홈이 패어 있다. 이러한 수구형의 수법은 고려시대 부도에서 흔히 볼 수 있는 것이다.

중대석도 둥근 모양인데, 구름 모양의 무늬로 된 3단의 문양으로 여덟 개의 주형(柱形)을 세운 사이마다 피리 · 비파 · 장구 등을 연주하는 천인상(天人像)이 조각되어 있다. 조각의 섬세함에 감탄을 금하지 않을 수 없는 여덟

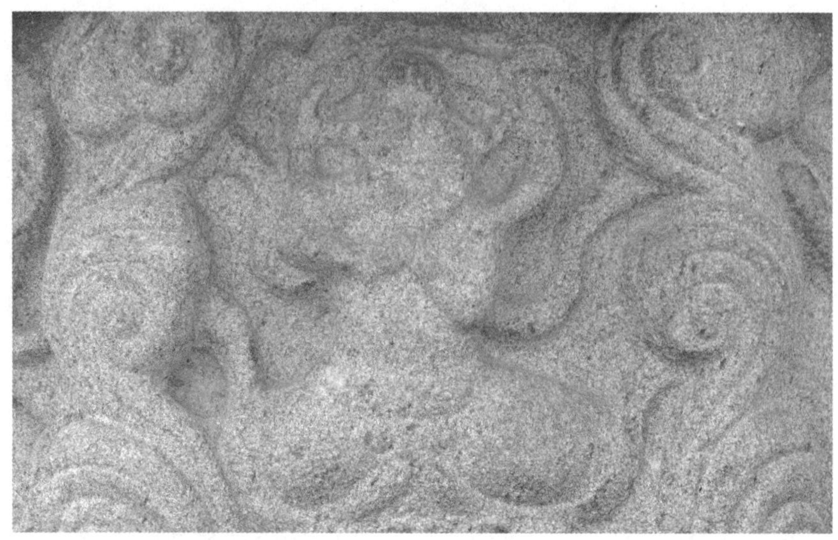

굴산사지 부도에 새겨진 피리 부는 천인상

천인상의 아래쪽 하대석에 구름대를 형성함으로써 주악천인상의 이미지를 더욱 부각시켜 주고 있다.

그 위의 상대석에는 여덟 판 연꽃 모양으로 앙련(仰蓮)을 조각하였는데, 판내(瓣內)에는 큼직한 화문(花紋)이 돋을새김되었고, 밑바닥면에는 받침이, 윗면에는 탑신 굄이 1단씩 있다.

탑신은 8각이지만 표면에는 아무런 조식이 없고, 크기는 작은 편이다. 지붕들도 8각으로 아랫면에는 특별한 조각이 없으며, 낙수면의 경사는 급하고 우동(隅棟)은 뚜렷하지만 전각(轉角)에 장식은 없다. 정상에는 밑에 단판연화(單瓣蓮花)를 이중으로 돌린 보주(寶珠)가 얹혀 있는데, 조각이 일품이다. 전체적으로 볼 때 8각을 기본으로 삼으면서 기단 일부에 원형을 겸한 것이 주목된다. 높이 3.5m이며, 보물 제86호로 지정되어 있다.

이 부도는 굴산사의 창건자인 범일 스님의 사리탑이라고 전한다. 범일 스님은 889년에 입적하였으므로 구전대로라면 이 시기에 조성된 것으로 보아야 하겠으나, 이 부도 자체의 구조와 조각수법으로 보아 그보다는 조금 늦은 고려시대 초기의 것으로 추정하고 있다.

그리고 부도 주위에는 향로를 놓았던 향로대와 배례석(拜禮石)의 석재들이 흩어져 있다.

신복사지

■위치와 창건

강릉시외버스터미널에서 남쪽으로 빠져 나오면 남대천(南大川)이 흐르고, 그 위로 놓인 내곡교를 건너 오른쪽으로 접어들면 내곡동사무소가 있다. 이 동사무소에서 마주 보이는 쪽으로 150m 가량 떨어진 곳, 강릉시 내곡동 403번지에 신복사지(神福寺址)가 자리한다.

신복사지 전경

신복사는 신라 말의 선문구산(禪門九山) 중 사굴산문(闍崛山門)을 개산한 범일(梵日)국사가 창건한 사찰이다. 강릉 출신이었던 범일국사는 중국에 가서 선법(禪法)을 이어받고 847년(문성왕 9)에 귀국하였는데, 851년 그가 최초로 지은 절이 굴산사이고 그 다음으로 신복사를 창건하였다고 한다. 따라서 신복사의 창건 연대는 850년대로 잡고 있다.

창건 이후의 역사 및 폐사 시기는 전혀 알려져 있지 않을 뿐 아니라, 절 이름조차 '심복(尋福)' 또는 '신복(神伏)'으로 알려져 왔었다. 다행히 1936년과 1937년에 여기에서 발견된 '神福'이라고 쓴 기와가 감정 결과 880년 전후의 것으로 분석되었다.

이 신복사지에는 한국 불교미술사에서 매우 중요한 자리를 차지하는 소중한 문화재가 있다. 보물 제84호로 지정된 석조보살좌상과 보물 제87호인 삼층석탑이 그것이다. 특히 이 탑 앞에 있는 보살상은 현재 평창 월정사 성보박물관에 보관된, 향을 쥐고 자신의 두 팔을 태우며 공양을 올리는 약왕(藥王)보살상과 맥락을 같이하고 있어 그 가치가 배가되고 있다.

■ 성보문화재

• 신복사지 삼층석탑

화강암제의 이 석탑은 일반형 석탑과 같이 2층기단 위에 탑신을 세우고 그 위에 상륜부를 올려놓은 형식으로, 각부의 가구수법에 있어서 특이한 점을 보이고 있다. 높이 4.55m이며, 현재 보물 제87호로 지정되어 있다.

기단부는 지대석 위에 놓였으며, 지대석은 1매의 판석으로 조성되었는데, 상면에는 쌍잎의 복판(伏瓣)이 조각된 연화대(蓮華臺)가 마련되었고, 다시 1단의 각형굄을 만들어 기단부를 받고 있다. 이 지대석의 연화문은 1변에 6판씩 모두 24엽이 조식되었는데 판내에 별다른 장식이 없으며, 다만 네 귀에 귀꽃 문양이 조각되어 화사한 의장을 엿보이고 있다.

하층기단은 낮은 면석 각 면에 3구씩의 안상을 음각하고, 그 위에 1매의

신복사지 삼층석탑과 보살상

판석으로 널찍한 갑석을 덮었다. 판석의 상면에는 약간의 경사가 있으므로 네 귀퉁이의 합각선(合角線)이 뚜렷해졌다. 그리고 내면에 낮은 각형과 높직한 호형(弧形), 낮은 1단의 각형 등 3단의 굄대를 마련하여 상층기단을 받고 있다.

상층기단은 면석이 그대로 하층기단 갑석 위에 놓인 것이 아니라 하층의 고임석 위에 구성되었고, 이 고임석은 하층기단 갑석과 상층기단 면석 사이에 끼워져 있다. 상층기단 갑석의 하면에는 상층기단 굄석과 같이 완만한 곡선의 부연형이 모각되었고, 상면은 2단의 각형과 1단의 호형이 있는 굄대로써 탑신부를 받게 되었으나, 이 갑석과 탑신부 사이에는 한층의 굄석이 끼워져 있어 주목된다. 이 고임석은 2매의 판석으로 되었는데, 하면에는 곡선을 이룬 부연형이 모각되고 상면에는 약간의 경사가 있어 네 귀의 합각이 뚜렷하며 중아부에 각형 2단의 굄대를 마련하여 탑을 받고 있다.

탑신부는 옥신과 옥개석이 각기 1석씩이고 2, 3층에서는 옥개석 정상에 1매의 사각형 판석을 고임석으로 놓아, 그 위에 위층의 옥신석을 받도록 되

삼층석탑 상륜부

었는데 이 고임석은 그 윗부분의 옥신석만큼이나 중후하다.

이와 같이 탑의 모든 층마다 고임대를 마련한 것은 당시의 목조건물 양식 변천과 깊은 관계가 있을 것으로 추정된다. 그리고 초층 옥신은 양쪽에 우주가 있고 2, 3층도 같은 형식인데, 초층만은 한쪽 면에 직사각형의 감실이 음각되었다. 이 감실 속으로 들어가면 부처님이 있음을 상징적으로 표현한 것이다. 그리고 초층 옥신석의 높이는 높직하나 2층부터는 급격히 줄어서 매우 낮고 평박한 모습을 보이고 있다.

옥개석도 또한 평박한 편으로 3층이 모두 같은 형태인데, 하면에는 3단의 각형받침이 마련되었다. 낙수면의 경사는 급한 편이 아니나 네 귀의 합각선은 예리하다. 추녀는 수평으로 전개되고 네 귀 전각의 반전도 경쾌하다. 이러한 옥개석의 형태는 전형적인 신라시대 석탑의 탑신부를 연상하게 한다.

상륜부는 전부재가 완전히 남아 있어서 3층 옥개석 위에 각기 1석씩으로 조성된 노반(露盤)·복발(覆鉢)·앙화(仰花)·보륜(寶輪)·보주(寶珠) 등의

신복사지 석조 보살상

부재가 순서대로 놓였는데, 어느 부분이나 평박하며 앙화석에는 장식이 있는 연화문이 조각되어 있다.

이 석탑의 각 부재는 높이에 비하여 너비가 넓어서 안정감을 주며, 층마다 끼어 있는 별개의 고임석으로 인하여 전체의 균형이 잘 잡혀 있다. 이와 같이 별도의 판석을 끼우는 수법은 고려시대 석탑에서 많이 볼 수 있어 이 시대 석탑의 하나의 특징이 된다. 그러나 이와 같이 각 층마다 고임판석이 끼워진 유례는 드문 일로서 목조건축에서 볼 수 있는 난간의 퇴화된 형식으로 해석할 수 있다.

• 신복사지 석조 보살상

삼층석탑 앞에 무릎 꿇고 공양하는 자세로 앉아 있으며 높이가 181cm이다.

현재 보물 제84호로 지정된 이 보살상은 한송사 석조보살좌상(국보 제124호)과 월정사 석조보살좌상(보물 제139호)처럼 원통형의 높은 관을 쓰고 있으며, 관 위에는 비바람을 피하도록 하기 위해 후대의 누군가에 의해

석조 보살상 대좌부분

석등(石燈)의 부재가 올려져 있어 마치 모자를 쓴 듯한 착각을 불러일으킨다. 원래의 관 표면에는 아래위로 여러 개의 커다란 구멍들이 있는데, 이는 보살 보관(寶冠)의 금속장식을 달기 위하여 뚫었던 구멍이다.

부드럽고 복스러운 얼굴에는 웃음을 머금었고, 입은 안으로 꼭 다물어 천진한 모습을 만들어 보이고 있다. 눈썹은 초승달 같은 곡선을 이루고, 어깨까지 내려오는 긴 귀에는 양끝에 구멍이 뚫려 있어 금속제 귀걸이를 끼웠음을 알 수 있다.

삼도(三道)는 편평한 목 위에 선각으로 층을 이루며 새겨졌고 무늬 없는 목걸이와 팔찌를 두르고 있으며 두꺼운 천의가 어깨와 가슴에 걸쳐졌다. 왼팔을 무릎 위에 올리고 모아쥔 두 손은 가슴에 꼭 붙이고 있으며, 손에 뚫린 큰 구멍에는 지물(持物)의 손잡이였던 금속주(金屬柱)가 아직도 남아 있다. 희견보살의 공양과 관련하여 틀림없이 손잡이 있는 향로가 꽂혀 있었을 것이다.

그리고 이 보살상은 원형의 대좌받침이 있어 이것을 안이 움푹한 원래의 연화대좌에 끼워넣게 되어 있는데 현재 대좌받침의 앞부분이 없어졌다. 대좌 위에는 두 개의 금속주가 있으나 원래는 대좌받침측 속으로 들어갈 수 있도록 제작되었던 것으로 보이며, 지금의 대좌는 정확히 맞추어져 있지 않아서 밖으로 돌출되어 있다.

연화좌 밑에는 폭이 좁은 중대석이 있고 거기에 안상(眼象)이 새겨져 있다. 그 아래로 넓은 팔각형의 지대석이 묻혀 있으며, 복련(覆蓮)의 하대가 있었을 것이지만 전하지 않는다.

이 상은 전체적으로 풍만한 신체나 다정한 얼굴에서 상당히 인간적인 분위기를 느끼게 하며, 특히 보살의 뒷모습, 그리고 엉덩이 부분의 선은 너무나 아름답다.

한편 둥글게 반타원형으로 조각된 보발(寶髮)이나 규칙적인 간격으로 나

신복사지 석조보살상

누어 진 옷주름 등에서 약간 형식화된 점이 발견된다. 따라서 같은 강원도 명주지방에서 제작된 한송사 석조보살좌상이 보여 주는 신라적인 요소가 차츰 사라지고 양식화가 진행되었다는 것을 알 수 있으며, 고려 초기 10세기 후반경의 작품으로 추정되고 있다. 인근의 한송사 석보살좌상 및 월정사 석조보살좌상과 함께 고려 초기에 강원도 명주지방, 곧 지금의 강릉 지역에서 유행하던 불상 양식을 보여 주는 중요한 작품이다.

3. 동해시 · 삼척시의 전통사찰

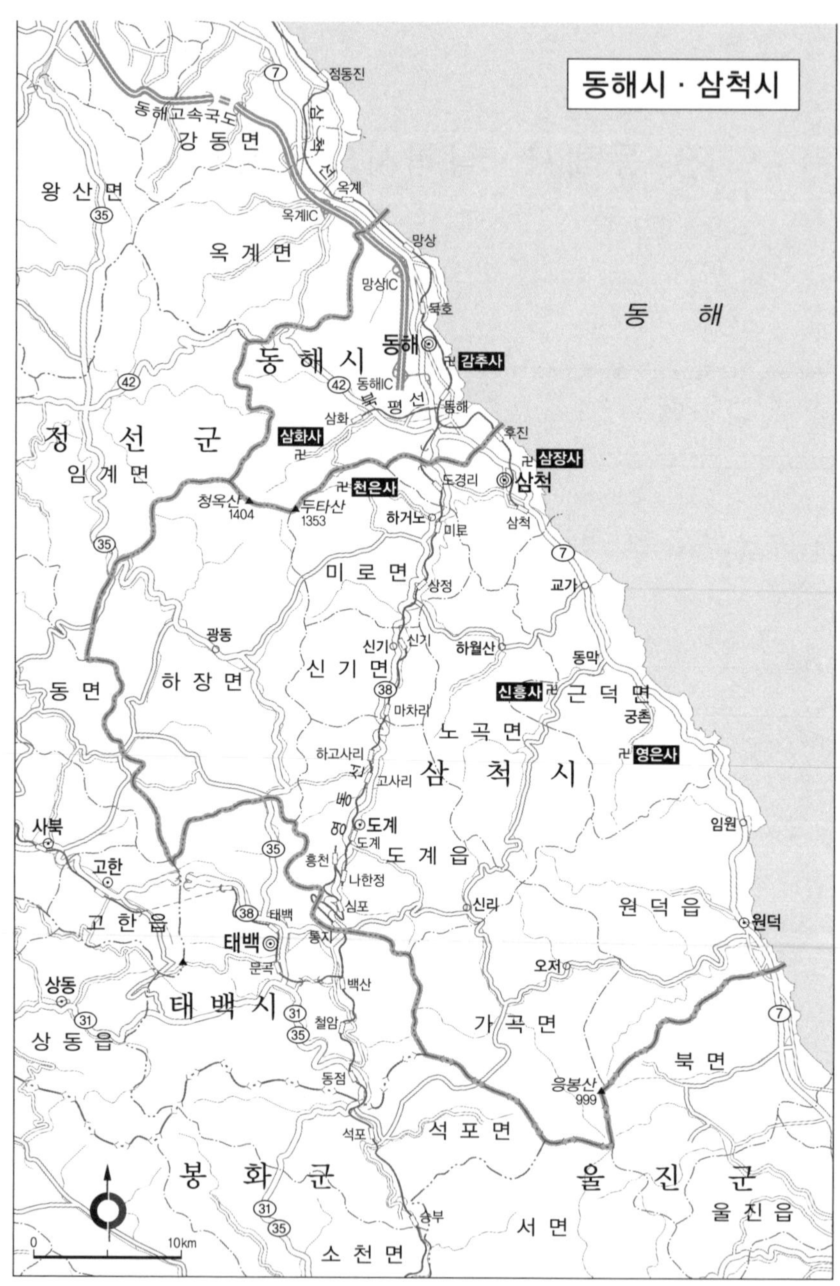
동해시 · 삼척시
정동진
동해고속국도
강 동 면
왕 산 면
옥계
옥계IC
망상
옥 계 면
망상IC
묵호
동 해
동해
동 해 시
감추사
동해IC
삼화
영동선
동해
후진
정 선 군
삼화사
삼장사
임 계 면
천은사
도경리
삼척
청옥산 1404
두타산 1353
하거노
미로
삼척
미 로 면
상정
교가
광동
신기
신기
하월산
동막
하 장 면
신 기 면
동 면
신흥사
근 덕 면
마차리
궁촌
노 곡 면
하고사리
영은사
고사리
삼 척 시
사북
도계
임원
도계
고한
흥천
도 계 읍
나한정
심포
신리
고 한 읍
태백
원 덕 읍
원덕
태백
통리
문곡
오저
상동
백산
태 백 시
철암
가 곡 면
상 동 읍
북 면
동점
응봉산 999
석포
석 포 면
봉 화 군
울 진 군
승부
울 진 읍
서 면
소 천 면
0
10km

동해시 · 삼척시의 역사와 문화

동해시(東海市)는 강원도 중남부에 위치한다. 동쪽은 바다에 면하며 서쪽은 정선군, 남쪽은 삼척시, 북쪽은 강릉시와 접한다. 인구는 2006년 현재 9만7,910명, 행정구역은 10동으로 이루어져 있다.

시의 서쪽 경계에는 태백산맥의 분수령인 청옥산(靑玉山, 1,404m) · 두타산(頭陀山, 1,353m) · 상월산(上月山, 970m) 등이 솟아 있어 높고 험하다. 하천은 북부의 마상천(馬上川)과 남부의 전천(箭川)이 짧은 급류를 이루며 동류하여 동해로 흘러들어가고, 형제봉(兄弟峰, 483m) 동쪽에서 발원한 마상천은 만우동을 지나 괴란동에 이르러 작은 하천들을 합류해 동류하면서 심곡동 · 망상동을 거쳐 동해로 흘러든다.

동해지역의 선사문화의 기원은 수만 년 전의 구석기시대로 올라간다. 1992년 구호동유적에서 중기 구석기시대의 주먹도끼 · 찍개 · 찌르개 · 사냥돌 등의 뗀석기가 출토되었고, 1995년 발한동에서도 구석기 유적이, 1999년 구호동 유적과 인접한 구미동 구릉지에서 중기 구석기부터 후기 구석기에 이르기까지 관련 문화층이 확인되었다. 신석기시대 유적은 하천유역의 모래언덕에 분포하고 있는 것으로 밝혀졌다. 또 청동기시대 유적으로 송정동 · 부곡동 · 이로동 지역의 지석묘와 마상천과 남부의 전천유역의 주변 구릉지에 유물산포지가 있다.

이 지역은 삼한시대에는 실직국(悉直國)이었다가 102년(파사왕 23)에 신라에 병합되었고, 757년(경덕왕 16) 삼척군으로 개칭하였다. 따라서 이 지역은 고구려의 남하정책과 신라의 북진정책이 충돌한 곳이라고 할 수 있다. 당시 삼척군은 죽령(竹嶺) · 만경(滿卿) · 우계(羽溪) · 해리(海利)의 4개 현을 영현(領縣)으로 두었다. 현대에 들어와 1980년 4월 1일 삼척군 북평읍 일원과 명주군 묵호읍 일원을 통합, 동해시가 되었다. 동해시는 환동해권 중심도시로 동해항 항만시설 확충 등을 통해 항만산업도시로 성장하고 있다.

삼척시(三陟市)는 강원도 최남단에 위치한다. 동쪽은 동해안 해안선과 북쪽은 동해시, 서쪽은 정선군과 태백시, 남쪽은 경상북도 울진군과 접한다. 인구는 2005년 현재 7만 3,434명, 행정구역은 2읍 4면 4동이다.

태백산맥의 동편에 위치한 지역으로 해안선과 병행하여 남으로 뻗어 있는 지형지세를 나타내고 있으며, 대부분 고지대 산간지역으로 형성되어 있다.

삼척시의 역사는 동해시 및 강릉시와 상당부분 겹친다. 고려시대에 들어와 995년(성종 14) 척주(陟州)로 승격되었다. 1308년(충렬왕 34) 강릉부(江陵府)로, 1389년(공양왕 1)에 대도호부가 되어 조선으로 이어졌다. 1895년 전국이 23개 부로 개편될 때 삼척도호부는 강릉부 관할 삼척군으로 편제되었다가 이듬해 다시 지방관제가 개편되자 강원도 관할로 바뀌었다. 1938년 삼척면이 읍으로, 1945년 북삼면이 북평읍으로, 1960년 상장면이 장성읍으로 개칭 · 승격되었고, 1963년 소달면이 도계읍으로, 1973년 황지출장소가 황지읍으로, 1980년 원덕면이 읍으로 승격되었다. 1981년 장성읍과 황지읍을 통합해 태백시가 설치되었으며, 1986년 삼척읍이 삼척시로 승격되면서 삼척군에서 분리되었다. 1995년 삼척시와 삼척군이 통합되어 새로운 삼척시가 되었다.

삼척시는 험준한 태백산맥과 넓고 긴 해안선, 그리고 많은 항구와 포구를 가지고 있어 깨끗한 백사장과 천혜의 자연경관으로 빼어난 천연 해수욕장, 그리고 수많은 계곡, 명산과 더불어 동굴관광의 고장, 삼척의 아름다움을 더 한층 빛내 주고 있다.

감추사

■위치와 창건

감추사(甘湫寺)는 동해시 송정동 산12-1번지에 자리한 한국불교태고종 사찰이다.

동해시에서 삼척시 쪽으로 해변 옆의 도로를 따라 약 4km가량 가다 보면 왼쪽에 간이 주차장이 있고, 그 아래쪽 바닷가에 감추사가 자리 잡고 있다.

감추사 전경

이 절의 자세한 역사는 전해지지 않는다. 다만 절의 창건과 관련된 선화공주(善花公主)의 설화가 전해지고 있다.

신라 진평왕의 셋째 딸인 선화공주는 백제의 무왕(武王)과 결혼을 한 다음 백풍병이 들었다. 백약이 무효해지자 그녀는 용화산 사자사(獅子寺) 지명법사(知命法師)의 가르침에 따라 동해안의 감추(甘湫)로 찾아왔다. 그녀는 두 칸 규모의 천연석굴에다 불상을 모시고 매일 낙산 용소(龍沼)에서 목욕재계하며 3년 동안 기도를 드렸다. 마침내 기도의 감응이 있어 병을 완치한 공주는 부처님의 은덕을 기리기 위해 이곳에 절을 지었다고 한다. 그러나 창건 당시의 절터 흔적은 찾아볼 길이 없고, 선화공주가 기도를 드렸다는 석굴만이 현재의 감추사 입구에 남아 있을 뿐이다.

그 뒤 오랫동안 폐사가 되었던 이곳에 1902년 절을 다시 세우고 신건암(新建庵) 또는 대은사분암(大恩寺分庵)이라 하였다. 그러나 1959년의 해일로 인해 석실(石室)과 불상이 유실되었다. 그 뒤 지방인들의 기도처로 전승

감추사 표지석

되어 오다가 1965년 인학(仁學) 스님이 주지로 취임하여 법당을 중건하고 요사를 세웠다. 최근 법당을 증축하는 불사를 진행하고 있다.

감추사는 바닷가에 바로 인접하여 동해안을 관광하러 오는 사람들이 들러보며 잠시나마 사찰의 고요하고 경건한 분위기를 맛볼 수 있는 곳이다. 그리고 이 절은 관음기도도량으로 널리 알려져 있으며, 특히 병든 이가 기도를 하면 쾌차한다고 하여 많은 사람들이 이 법당을 찾는다고 한다.

바닷가의 약간 높은 절벽 위에 위치한 이 절은 경치가 매우 아름답고, 여름에는 해수욕을 즐길 수 있어 많은 사람이 찾고 있으며, 감로수(甘露水)로 이름 붙여진 약수 또한 좋다.

■성보문화재

감추사는 법당과 삼성각, 용왕각, 요사 등으로 이루어져 있다.

• 관음전

법당으로 2007년에 새로 지은 관음전이 있다.

법당 중앙에는 관세음보살좌상과 함께 아미타불탱이 봉안되어 있고, 불단을 향하여 왼쪽에는 지장보살좌상과 지장명부시왕도(地藏冥府十王圖)가 봉안되어 있으며, 오른쪽에는 신중탱화를 모신 신중단(神衆壇)이 있다.

• 삼성각과 오층석탑

삼성각은 산신 · 칠성 · 독성탱화를 모신 앞면과 옆면 각 1칸짜리 건물로서 1965년에 지었다고 한다

이 밖에 특기할 만한 문화재는 없지만, 절 입구 계단 옆에는 1979년 3월에 세운 특이한 형태의 오층석탑이 있다. 감추사를 즐겨 찾았던 어느 여자 신도가 임종할 때 아들 박복수(朴福壽)에게 이 절에 석탑을 세울 것을 유언

하였고, 그녀의 아들은 어머니의 소원을 풀어 주고자 탑을 세웠다고 한다.

감추사의 가람배치

삼화사

■위치와 창건

동해시 삼화동 172번지 두타산(頭陀山)에 자리한 삼화사(三和寺)는 대한불교조계종 제4교구 본사 월정사의 말사이다.

동해시에서 서쪽으로 20km 가량 떨어져 있는 두타산은 강원도 국민관광지 제1호로 지정되어 있는 무릉계곡(武陵溪谷)을 안고 있는 명승지다. 일명

삼화사 내경

무릉도원이라 불리는 무릉계곡은 두타산과 청옥산을 배경으로 형성된 길이 14km의 비경(秘境)으로, 예부터 시인 · 묵객 · 고승 · 수도인들의 발길이 끊이지 않았던 곳이다. 이 계곡의 초입에 펼쳐져 있는 거대한 무릉반석(武陵盤石) 조금 윗쪽에 동해시 최대의 사찰 삼화사가 자리잡고 있다.

예전에는 이 절을 삼공사(三公寺) 또는 흑련대(黑蓮臺)라 하였다고 전하며, 현재의 삼화사에는 세 가지 창건설이 전해지고 있다. 먼저 고려말의 식영암(息影庵) 스님의 기록에 이런 말이 보인다.

"신라 말의 어느 날, 각각 많은 무리를 거느린 세 사람의 신인(神人)이 이곳으로 와서 무엇인가를 열심히 논의하였다. 그들이 가버리자 지방 사람들은 그곳을 '삼공(三公)'이라 이름지었으며, 얼마 뒤 사굴산문(闍堀山門)의 개산조(開山祖)인 범일국사(梵日國師)가 이곳에 들러 절을 창건하고 삼공사라 하였다."

이 설을 뒷받침이나 하듯, 오랜 세월이 지난 뒤 조선의 태조는 칙령을 내려 이 절의 이름을 기록하여 후사(後嗣)에 전하게 하였다. 그리고 '신인(神人)이 절터를 알려 준 것이니 신기한 일'이라 하면서, "그 옛날 신성한 왕이 삼국을 통일한 것은 부처님 영험의 덕택이었으므로, 그 사실을 기리기 위하여 절 이름을 삼화사(三和寺)로 하라."고 했다는 것이다. 곧 고려의 태조 왕건이 불력(佛力)에 의해 후삼국을 화합하여 통일하였다는 것을 나타낸 것이다.

한편 읍지(邑誌)에는, "옛 사적(史蹟)에 이르기를 자장(慈藏)율사가 당나라에서 돌아와 오대산을 두루 돌면서 성적(聖蹟)을 유력(遊歷)하다가 두타산에 와서 흑련대를 창건하였는데 이것이 지금의 삼화사이다. 신라 제 27대 선덕여왕11년(642)의 일이다."라고 적혀 있다. 이는 자장율사를 삼화사의 창건주로 본 것이다.

또 고적(古蹟)에 의하면, 약사삼불(藥師三佛) 인 백(伯) · 중(仲) · 계(季) 삼

천왕문

형제가 서역에서 돌배를 타고 유력하다가 우리나라 동해에 이르렀고 그들은 타고 온 돌배를 용으로 변화시켜 두타산에 와서 첫째는 검은 색 연꽃을 가지고 흑련대(黑蓮臺)에, 둘째는 푸른 연꽃을 가지고 청련대(靑蓮臺)에, 막내는 금색 연꽃을 가지고 금련대(金蓮臺)에 각각 머물렀다. 이곳이 지금의 삼화사 · 지상사(池上寺) · 영은사(靈隱寺)라고 전한다. 1979년 삼화사가 현재의 위치로 이전하기 직전까지만 하여도 이 창건설을 입증하듯 약사삼불이 타고 왔다는 용이 변하여 생겨났다는 바위와 함께 약사삼불이 앉았던 자리가 완연한 형태로 남아 있었다고 한다. 그러나 그 자취는 시멘트공장이 들어서면서 완전히 사라져 버렸다

이상과 같은 여러 가지 창건설을 간직한 삼화사는 조선 중기의 임진왜란 때 왜군들의 방화로 소실되었다가 중건되었다. 1898년에 쓴 『삼화사중건기』에 의하면 1747년(영조 23)에 홍수와 산사태로 인하여 무너져 버렸다. 이에 옛터에서 조금 위로 옮겨 중창하였으며, 1820년(순조 20)에 불타 버리자 1824년에 중건하였다. 1829년 다시 화재로 소실되자 정원용(鄭元容) ·

이기연(李紀淵) · 이광도(李廣度) · 윤청(尹晴) 등이 협력하여 중건하였고, 1869년(고종 6) 화운(華雲)과 덕추(德秋) 스님이 단청하였다. 1873년에는 참선수행처인 선당(禪堂)을 세웠으며, 1896년에는 학송(鶴松) · 창명(彰明) · 의경(誼鏡) 스님이 승당(僧堂)을 건립하였다.

1905년 을사조약이 체결되자 나라의 주권을 잃게 된 데 분노한 삼척 지방의 의병들이 봉기하여 삼화사를 거점으로 삼자, 1907년 왜병들이 대웅전 · 선당 등 200여 칸에 달했던 사찰건물을 모두 불 지르는 만행을 저질렀다. 이듬해인 1908년에 승려와 마을사람들이 합심하여 다시 대웅전 · 칠성당 · 요사 등을 새롭게 세웠다. 현재의 삼화사는 1977년 쌍용양회 동해공장의 채광권에 속하게 되어 지금의 위치로 옮겨졌는데, 1908년에 중건된 건물들을 모두 그대로 옮겨왔을 뿐만 아니라 옛 전성기 때의 모습을 되찾기 위해 계속 불사를 해나가고 있다.

■ 성보문화재

삼화사는 1977년에 절을 현재의 터로 이전하면서 새롭게 정비되었다. 현재의 가람은 무릉계곡을 바라보고 정남향하여 자리하고 있는데, 적광전을 중심으로 여러 전각들이 위치하고 있는 영역과 삼층석탑을 중심으로 한 영역, 그리고 비로전 영역으로 구분된다.

우선 천왕문(天王門)을 통해 경내에 들어서면 앞마당의 중심에 삼층석탑이 서 있고, 그 좌우로 공수실(供需室)과 육화료(六和寮)가 서로 마주보고 위치해 있으며, 천왕문 좌우로 무향각(無香閣)과 범종각이 각각 자리하고 있다. 삼화사의 중심법당인 적광전은 천왕문 · 삼층석탑과 이어지는 축선상에 위치하고 있는데 높게 2단으로 쌓아 올린 석축 위에 자리 잡고 있다. 적광전의 왼편에는 극락전과 칠성당이 적광전을 바라보며 동향해 있고, 오른편에는 약사전이 서향한 채 적광전을 바라보고 있으며, 그 사이에 지장보살상이 서 있다. 이 밖에 비로전은 적광전과 칠성당 사이로 난 길을 따라 조금

무릉계곡

올라간 언덕 위에 자리하고 있다. 한편 천왕문 밖으로 계곡을 따라 조금 내려가면 일주문과 동해불교대학 건물이 있고, 천왕문 위쪽으로는 두타선원(頭陀禪院)이 자리하고 있으며, 부도밭은 동해불교대학 뒤편 숲 속에 자리하고 있다.

• 적광전

앞면 5칸, 옆면 3칸의 다포계 팔작지붕건물인 대웅전은 삼화사의 중심 법당이다. 1907년의 방화로 불타 1908년에 다시 세운 것으로, 1977년 이전할 때 그대로 옮겨 세웠다.

얼마 전까지 대웅전으로 사용되다가 보물 제1292호로 지정된 철조 노사나불좌상을 봉안하면서 적광전으로 바꾸었다. 특히 주목되는 것은 화려하게 단청이 된 대웅전의 외형이다. 중앙 문 좌우에는 청룡과 황룡이 밖으로 고개를 내밀며 법당을 지키고 있고, 포(包)와 포 사이에는 화불(化佛)을 그려 놓았다. 그리고 모서리 부분에서 보면, 외부로 돌출한 공포는 한 송이 연꽃을 연상시켜 주고 있다. 1908년 당시 이 법당을 만드는 데 얼마나 공을 들였는지를 잘 알 수 있게 한다.

법당의 내부 벽에는 달마도강도(達磨渡江圖) 등의 그림과 함께 여러 가지 자세를 취하고 있는 고승들의 모습이 묘사되어 있다.

법당의 중심 불단에는 노사나불 뒤로 후불탱이 모셔져 있다. 법당의 오른쪽 문 옆에 위치한 신중단에는 신중탱을 봉안하였고, 그 반대쪽 영단에는 감로탱이 봉안되어 있는데 이 세 점의 불화들은 모두 근래에 조성된 것이다. 이들 불화와 함께 법당 내부에는 1995년에 조성된 청동반자(青銅飯子)와 근래에 조성된 범종(梵鍾)이 같이 봉안되어 있다.

• 적광전 철조 노사나불좌상

적광전에 봉안된 이 불상은 처음에 약사전에 있다가 1997년 일부 파손된

적광전

적광전 철조 노사나불좌상

부분을 복원하고 지금의 자리로 이운했다.

머리는 작은 소라 모양의 머리칼을 붙여 놓은 듯하며, 나발과 육계는 뚜렷하지 않은 편이다. 통통한 얼굴에 가늘고 긴 눈, 오뚝한 코, 두툼한 입술 등 전체적으로 단정한 모습을 갖추어 통일신라시대의 불상 양식이 엿보인다. 좁고 긴 귀는 귓불이 훼손되어 최근 고리형으로 복원하였다. 법의는 통견이며, 양쪽 어깨를 감싸고 있는 옷은 도식적인 주름을 표현하였고, 복부까지 속이 드러나 허리띠와 밑으로 드리워진 매듭이 보인다.

허리는 길고 늘씬하며, 수인은 오른손을 들어 손바닥을 밖을 향하게 하고 왼손은 아래로 내려 손바닥을 밖으로 향한 통인(通印)을 취하도록 복원하였다. 복원과정 중 오른쪽 어깨 면에서 해서체로 양주(陽鑄)된 24×34cm의 명문이 발견되었는데, 약 10행 161자로 된 글 중에서 140여 자만 판독이 가능하다. 명문의 내용 중에서 '노사나불(盧舍那佛)'이라는 명칭이 2번 나옴으로써 이 불상의 존명을 알 수 있으며, 880년대에 활약한 결언(結言) 스님이 시주자의 부모를 위해 『화엄경』에 따라 불상을 조성했다는 기록이 있어 통일신라 말기에서 고려 초기에 조성되었음을 짐작할 수 있다. 명문에 10세기 이후까지 내려오는 이두가 사용되었고 한자를 한글 어순에 맞추어 배열한 점 등은 당시의 국어 연구에 중요한 자료로 평가되고 있다. 현재 보물 제1292호로 지정되어 있다.

• 극락전

앞면 3칸, 옆면 2칸 규모의 겹처마 맞배지붕 건물인 극락전은 적광전의 왼쪽에 동향으로 자리한다.

최근에 지어진 이 극락전은 옛 대웅전(현재의 적광전)에 모셨던 불상과 불화들을 그대로 옮겨 봉안하고 있다. 법당의 중앙에 모신 아미타삼존불상은 1908년에 대웅전 건립과 함께 봉안된 불상이며, 석조로 조성되었다.

내부 불단 중앙에는 아미타불을 중심으로 왼쪽에는 보관 위에 감로병을 새겨 놓은 대세지보살좌상이 있고, 오른쪽에는 보관 위에 화불(化佛)을 새겨 놓지 않은 보살상이 있다. 비록 화불이 없고 손에 감로병을 들고 있지 않지만 왼쪽의 대세지보살과 언제나 짝을 이루는 관세음보살로 보인다. 그러나 양 보살이 쥐고 있는 연꽃이 바깥쪽이 아니라 부처님을 향하고 있고, 원래 아미타불의 오른쪽에 있어야 하는 대세지보살이 왼쪽에 있는 점 등으로 보아 이전 시에 양 보살상의 위치가 뒤바뀐 것으로 보여진다. 이 삼존불은 조선 말기의 양식을 너무나 뚜렷이 보여 주고 있어, 1908년의 중건 때 조성하였음을 알 수 있다. 그리고 삼존불 뒤의 후불탱화 역시 부처님 바로 옆 좌우에 관세음보살과 대세지보살이 서 있어 극락회상도라는 것을 쉽게 알 수 있다.

불단을 향하여 오른쪽 벽쪽에는 1m 가량의 관세음보살좌상이 봉안되어 있다. 머리 위의 보관에는 아미타불을 새겼고, 왼손은 시무외인(施無畏印), 오른손은 무릎 위에 얹어 여원인(與願印)을 취하고 있다. 매우 단아한 상호 머리 장식, 불룩 나온 아랫배 등이 조선 중기 이전의 보살상의 특징을 잘 간직하고 있어, 그 가치가 주목된다.

또한 법당의 오른쪽 문 옆에는 1979년에 그린 신중탱이 있다. 이 탱화의 중앙에는 부동명왕(不動明王)이 서 있고, 전통 신중탱에서 중심을 이루는 동진보살(童眞菩薩)은 한쪽 옆으로 물러나 있어 아쉬움이 크다. 그리고 법당의 왼쪽 문 옆에는 감로탱화(甘露幀畵)를 모셔 놓은 영단(靈壇)이 있으며, 또 한쪽 옆에는 1979년에 만든 금고(金鼓)가 놓여 있다.

• 약사전

1997년에 지은 약사전은 적광전 오른쪽에 서향으로 자리하고 있으며 앞면 3칸, 옆면 3칸 규모의 맞배지붕 건물이다.

내부는 중앙에 약사삼존불을 봉안하고, 좌우에는 소형의 원불(願佛)들을 배치하였다. 중앙의 약사삼존불상과 후불탱화는 모두 최근에 조성하여 봉안한 것이다.

극락전 삼존불상

본존 약사여래는 왼손에 약함(藥函)을 들고 있으며, 본존불 좌우로 일광보살(日光菩薩)과 월광보살(月光菩薩)이 협시하고 있다. 또한 후불탱화 역시 삼존불상과 같은 도상으로 약사여래를 비롯하여 일광 · 월광보살을 중심에 배치하고 있다. 이 밖에 법당 왼편으로는 1989년에 조성된 신중탱 한 점이 걸려 있다.

• 비로전

비로전은 삼화사 경내의 가장 높은 곳에 위치하고 있어 삼화사의 풍경이 한눈에 내려다보인다. 건물은 앞면 3칸, 옆면 1칸 규모의 아담한 맞배지붕 건물로 최근에 건립되었다. 법당의 내부에는 중앙에 불단을 마련하여 목조로 조성된 비로자나불좌상과 함께 비로자나후불탱을 봉안하고 있으며, 불단 옆에는 소종(小鍾)이 하나 있다.

• 칠성당

대웅전을 향하여 왼쪽에 있는 앞면 3칸, 옆면 2칸의 맞배지붕 건물이다. 1908년 중건 당시에 건립되었고, 1977년 삼화사가 이건될 때 건물을 그대로 옮겨왔다.

안에는 칠성 · 독성 · 산신 등 3점의 불화를 봉안하고 있다. 이 가운데 연대가 가장 빠른 산신탱화는 1924년에 그린 것으로, 이 불화를 그린 금어(金魚)는 운곡(雲曲) 스님이고 당시의 화주(化主)는 영월(影月) 스님이었다. 칠성탱 · 독성탱은 모두 1981년에 그려진 것이다. 칠성탱은 치성광여래(熾盛光如來)를 중심으로 상단 좌우에 일광(日光) · 월광보살(月光菩薩), 그리고 그 주위를 관모와 곤복을 쓴 칠원성군(七元星君)과 남극성(南極星)이 둘러싸고 있는 가장 간략한 구조를 갖추고 있다.

독성탱의 구도는 천태산(天台山) 바위 위에 주장자를 짚고 한가로이 앉아 있는 나반존자(那畔尊者)가 있고, 그 아랫쪽에는 차를 끓이는 동자가 있다.

칠성각 산신탱

그리고 왼쪽 산신탱화 속의 산신은 왼손에 파초선을, 오른손에 불경을 들었으며, 머리 위에는 복건(福巾)을 쓰고 있다. 흔히 산신탱화는 유교적 · 도교적 · 불교적 산신탱화로 분류되는데, 이 탱화는 유교적 복건에 도교적 파초선, 불교적 불경을 함께 취한 복합형 산신탱화이다. 뚜렷한 특색보다는 여러 가지 요소를 합하여 영험을 꾀한 후세인들의 마음을 읽을 수 있게 한다.

• 일주문

경내로 들어서면 처음으로 마주치는 일주문은 삼화사의 이전과 함께 1980년에 건립된 것이다. '두타산삼화사(頭陀山三和寺)' 라는 편액이 걸려 있다. 편액 글씨는 탄허(呑虛, 1913~1983) 스님의 필적이다.

• 천왕문

앞면 3칸, 옆면 2칸의 맞배지붕 건물인 천왕문은 1980년에 건립되었고,

삼화사 삼층석탑

2000년에 중수되었다. 편액은 탄허 스님의 글씨이며, 안에는 사천왕탱이 있다.

• 삼층석탑

범종각 앞에 고색창연한 삼층석탑이 있다. 사찰에서는 644년(선덕왕 13)에 축조한 것이라고 하나, 양식상으로 볼 때 철조노사나여래좌상과 함께 신라 말 고려 초기에 세운 것으로 보인다. 현재 보물 제1277호로 지정되어 있다.

높이 4.9m인 이 석탑은 지대석 위에 비교적 높은 하층기단 면석이 놓였으며, 하층기단 갑석의 일부는 파손되었다. 상층 기단부의 면석에는 중앙에 탱주(撑柱)를 새겨 여덟 면을 나타내었고, 그 위로 약간의 경사면을 이룬 갑석을 올려놓았다. 탑신부는 1층 옥신(屋身)이 2층과 3층 옥신에 비해 다소 크고 높게 묘사되었으며, 지붕돌은 낙수면의 경사가 급하게 내려오다가 추녀 부분에서 갑자기 완만한 경사를 이루었다. 지붕돌의 끝부분은 매우 얇으며, 처마 아래선은 수평에 가깝고, 지붕돌 받침은 4단이다.

현재 찰주(擦柱)가 남아 있는 상륜부는 노반(露盤)과 복발(覆鉢), 보주(寶珠) 하나가 남아 있다. 비록 많이 파손되기는 하였으나 전체적으로 볼 때 안정감을 보여 준다.

사찰의 이전과 함께 1979년에 대웅전 오른쪽 하단으로 옮겼으나 계속 균열이 생기고 가람배치와 맞지 않아 1997년에 현재의 위치로 다시 이전하기 위해 석탑을 해체하는 과정에서 상층기단 중심부에서 목함(木函)이 발견되었다. 이 안에서 납석제 소형탑 25기, 청동제 불상대좌편(佛像臺座片) 2점, 철편 6점 등이 발견되었고, 종이에 묵서(墨書)한 기록 1매가 함께 들어 있었다. 소형탑은 완형이 거의 없이 대부분 파손된 것이었으며, 묵서 내용은 1979년 이전의 것이었다. 탑의 구성은 아래로부터 지대석(地臺石) · 기단부(基壇部) · 탑신부(塔身部) · 상륜부(相輪部)의 순서로 이루어져 있으며, 4매의 장대석으로 짠 지대석 위에 비교적 높은 하층기단을 올렸다.

이 삼층석탑 주위에는 1979년에 세운 삼층석탑 1기와 석등(石燈) 2기가 있다.

• 부도

일주문을 들어서면 보이는 동해불교대학 뒤편으로 부도밭이 마련되어 있다. 현재 부도전에는 석종형 운암당상준대사(雲岩堂尙俊大師) 부도와 원곡대선사(元谷大禪師) 부도, 근래에 세운 만각당영해대화상(晩覺堂永海大和尙) 및 성암 큰스님의 부도 등이 있다.

■ 산내암자

• 관음암

삼화사의 산내암자로 관음암이 있다. 삼화사에서 1시간 거리에 있는 이 절은 918년(태조 1) 용비(龍飛)대사가 창건하여 오랫동안 지조암(指祖庵)이라 불렀다고 한다. 그 뒤의 역사는 전하지 않으며, 6 · 25전쟁 때 불타 없어졌으나 1960년 유해룡(柳海龍) 스님이 삼화사 주지로 취임한 다음, 부인신도회(婦人信徒會)를 만들어서 시주를 얻어 중건한 뒤 관음암으로 고쳐 부르게 되었다.

현존하는 건물로는 인법당과 요사가 있으며, 인법당 안에는 영험있는 관음보살상이 봉안되어 있다. 이곳 사람들은 이 관음암을 '드센 기도처' 라고 표현한다. 몸과 마음을 깨끗이 하지 않고 기도하려면 가지 않는 것만 못하다는 것이다. 한 여자 신도가 고기를 먹고 이곳에 갔다가 고생만 했다는 일화가 있다. 이에 비해 몸과 마음을 정결히 하고 기도하면, 그만큼 감응이 깊다고 한다.

관음암 주변에는 소나무와 암벽, 폭포 등이 함께 어우러져서 경관이 매우 아름다우며, 이곳에서 1km 쯤에 두타산성이 있다.

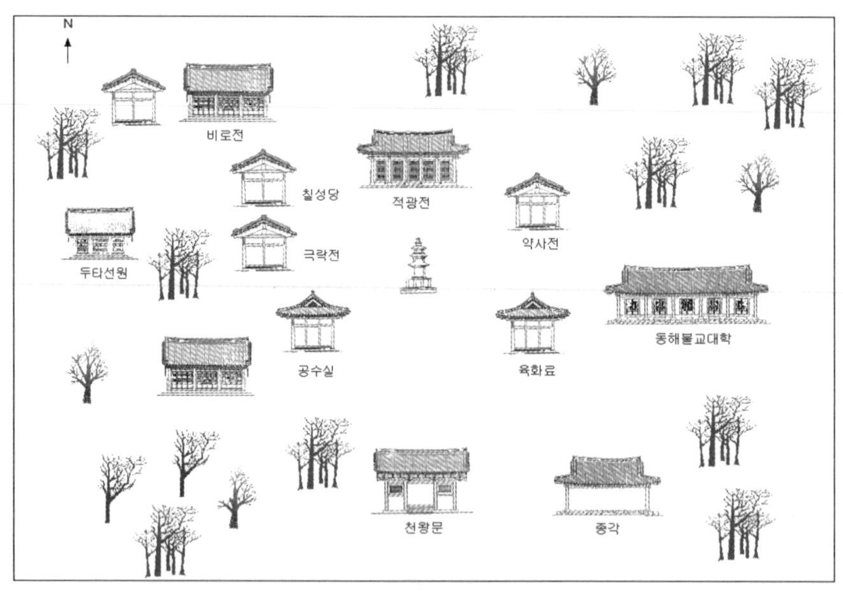

삼화사의 가람배치

삼장사

■위치와 창건

삼척시 성내동 811번지에 자리한 삼장사(三藏寺)는 대한불교조계종 제4교구 본사 월정사의 말사이다.

관동팔경(關東八景) 중 하나인 삼척 죽서루(竹西樓)의 북쪽에 있는 이 절의 역사는 잘 알려져 있지 않다. 신라말 범일(梵日, 810~889)국사가 죽서

삼장사 대웅전

대웅전 삼존불상

루 동쪽에 창건하여 죽장사(竹藏寺)라 하였고, 고려시대에 절 이름을 관음사(觀音寺)로 바꾸었다고 한다. 조선 중기에 지은 『신증동국여지승람』에 고려 공민왕 때 강릉도 안겸사를 지낸 정추(鄭樞)가 죽서루에서 조망하며 지은 시가 실려 있어 고려시대 관음사가 법등을 이어왔음을 알 수 있게 한다.

두타산이 높아 어렴풋하고
관음사는 오래되어 초목이 무성하다.
담담한 긴 하늘엔 새가 오가고
잔물결 일렁이니 고기는 떴다 잠긴다.

그러나 조선 초기 죽서루 동쪽에 관청을 설치하면서 절이 폐사되었다. 그 뒤 영우(靈愚) 스님이 1925년 4월 25일에 죽서루 북쪽의 현위치에 절을 중창하여 삼장사라 하였다. 1969년 재덕(在德) 스님이 대웅전을 중수하고, 1972년 요사를 지었으며, 1987년 2층의 콘크리트 건물을 지어 불교회관과

유치원 건물로 사용하고 있다.

■성보문화재

현존하는 이 절의 건물로는 앞면 5칸, 옆면 3칸의 대웅전과 2층의 불교회관, 요사 2동 등이 있다.

대웅전 안에는 석가모니불 · 문수보살 · 보현보살로 구성된 석가여래삼존불과 지장보살좌상이 봉안되어 있는데, 이는 1948년 천은사(天恩寺)에서 모셔온 불상이라고 한다. 탱화로는 후불탱인 영산회상도, 신중탱 등이 있다.

이 절에서 운영하고 있는 중앙유치원에서 100여 명의 아동들을 지도하고 있다. 비록 오래된 문화재는 없으나 현재 이 절은 삼척시의 불교포교에 있어 중요한 역할을 담당하고 있다.

삼장사의 가람배치

신흥사

■위치와 창건

신흥사(新興寺)는 삼척시 근덕면 동막리 1332번지 태백산(太白山)에 자리한 대한불교조계종 제4교구 본사 월정사의 말사다.

삼척시에서 동해고속도로를 타고 한참 내려가면 근덕해수욕장을 지나 동막(東幕)이라는 큰 마을에 다다른다. 여기서 다리를 건너 오른쪽으로 꺾어

신흥사 대웅전

계곡을 따라 4km 가량 올라가면 양평중학교가 있다. 이곳이 신흥사 입구다. 여기서 다시 다리를 건너 울창한 숲이 덮인 골짜기로 들어가면 산문이 보이고, 조금 더 나아가면 오래되지 않은 사적비와 이 절의 역사를 대변하는 부도와 탑비가 나란히 서 있다. 그곳 건너 산으로 둘러싸인 아득한 곳에 신흥사가 있다.

이 절은 838년(민애왕 1) 범일(梵日)국사가 창건하였다. 당시 범일국사는 현재 동해시 관내인 북평읍 지흥리에 절을 짓고 지흥사(地興寺, 또는 智興寺)라 했다고 한다. 그 뒤 여러 차례의 중건 · 중수를 거쳐 내려오다가 1674년(현종 15)에 현위치로 옮겨 중창하고 광운사(廣雲寺)라 하였고, 후에 다시 운흥사(雲興寺)로 고쳐 불렀다. 그러나 1770년(영조 46)의 화재로 모든 건물이 불타 버렸고, 이듬해 영담대사(影潭大師)가 지방민의 시주를 얻어 중건하였다. 50년이 지난 1821년(순조 21)에 삼척 부사 이헌규(李憲圭)가 많은 시주를 하여 중창토록 했는데, 이때 신흥사로 이름을 바꾸었다. 그 뒤 신흥사는 1863년(철종 14)에 중수하였는데, 이때 이헌규 부사의 은덕을 기리기 위해 은중각(恩重閣)이라는 이름의 사당을 짓고 1년에 한 번씩 제사를 지냈다고 한다. 현재 신흥사의 대부분 건물들은 이때 중수한 것이며, 1983년 주지 재황(載璜) 스님이 학서루(鶴棲樓)를 세워 오늘에 이르고 있다.

■ 성보문화재

양평중학교 근처부터 사역이 시작된다. 여기에서 다리를 건너 울창한 숲이 덮인 골짜기로 들어가면 산문이 보이고, 조금 더 나아가면 사적비와 이 절의 역사를 상징하는 부도와 탑비가 나란히 서 있다. 그곳 건너 산으로 둘러싸인 아늑한 곳에 신흥사가 있다.

신흥사의 현존 건물로는 대웅전을 중심으로 산신각 · 심검당 · 설선당 · 학서루 · 산문 · 요사 등이 있다.

대웅전 삼존불상

• **대웅전**

앞면 3칸, 옆면 2칸의 다포계 팔작지붕 건물로서 높이 세운 축대 위에 단아한 모습으로 우뚝 서 있다. 1771년의 중건 때 세웠다는 이 건물의 내부 중앙에는 석가여래삼존불과 지장보살상이 봉안되어 있다. 항마촉지인을 취한 석가여래와 문수보살 · 보현보살로 구성된 삼존불은 전형적인 조선 후기의 불상이다. 다만 좌우의 문수 · 보현보살이 바깥쪽 손을 들지 않고 두 손 모두 무릎 위에 올려 놓고 있어 특이하다. 하체보다는 몸체가, 몸체보다는 머리 부분이 유난히 큰 이 삼존불은 조선 후기의 모습을 그대로 간직하고 있다.

그리고 예전에는 역사가 매우 오래된 삼존불 후불탱이 있었는데 지금은 월정사 성보박물관에 이운되어 있다. 전통기법이 잘 보존되어 있다. 부처님을 중심으로 좌우에 관세음보살과 대세지보살이 협시하여 서 있고, 그 옆으로 6대보살이 있다. 그리고 중단과 상단에는 부처의 10대제자상과 화불, 천

심검당

설선당

인 · 팔부신중 · 사천왕 등이 에워싸고 있다. 지금은 최근에 조성한 후불탱이 걸려 있다. 본래 이 법당에는 건륭연간(乾隆年間, 1736~1795)에 그린 탱화 5점과 1861년(철종 1)에 그린 탱화 1점이 봉안되어 있었는데, 현재 오래된 탱화로는 이 탱화만이 남아 있다.

그 밖에 최근에 봉안한 금동지장보살상이 있고, 또 역시 최근에 조성한 지장탱과 신중탱이 봉안되어 있다.

• 삼성각

대웅전 옆의 삼성각은 앞면과 옆면 각 1칸씩의 맞배지붕 건물이다. 본래 1868년 이헌규 부사를 위해 지은 은중각 건물이었다가 삼성각으로 바뀌었다. 현재 이곳에는 최근에 그린 칠성탱 · 독성탱 · 산신탱이 봉안되어 있다.

• **심검당 · 설선당**

대웅전 아래쪽 마당 좌우에 있는 심검당과 설선당은 이 절의 역사를 말해준다. 1821년에 짓고 1863년에 중수한 것으로, 현재 강원도문화재자료 제108호로 지정되어 있다.

심검당은 법당 쪽으로 볼 때 오른쪽에 있는 건물로서 선원으로 사용되었다. 지혜의 칼을 찾는 집이라 하여 심검당이라 하는데, 심검당의 '검'은 마지막 무명(無明)의 머리카락까지 단절하여 부처의 혜명(慧明)을 증득하게 하는 취모리검(吹毛利劍)을 상징한다. 원래 이 건물 안에는 종파당(宗波堂) · 침파당(枕波堂) · 몽은당(夢隱堂) · 해운당(海雲堂) · 벽파당(碧波堂) 등 10점의 고승 진영이 봉안되어 있었다고 한다.

이 심검당과 마주보고 있는 설선당은 심검당과 같은 시기에 지어진 것으로 보인다. 이 절의 큰스님이 설법을 할 때 이용된 건물이며, 현재도 요사로 사용된다.

부도밭

• **부도와 비석**

절 입구에 있는 부도밭에는 4기의 석종형 부도와 2기의 비가 서 있다.

1771년(영조 47)에 세운 높이 1.62m의 화운당(華雲堂)의 부도를 비롯하여 높이 1.47m인 송파당(松波堂)의 부도, 높이 1.6m인 주운당(珠雲堂)의 부도, 그리고 이름을 알 수 없는 높이 1.27m의 부도 1기 등이며, 비는 1771년에 세운 화운당대사비와 이 절의 중창주 영담대사비(影潭大師碑)이다.

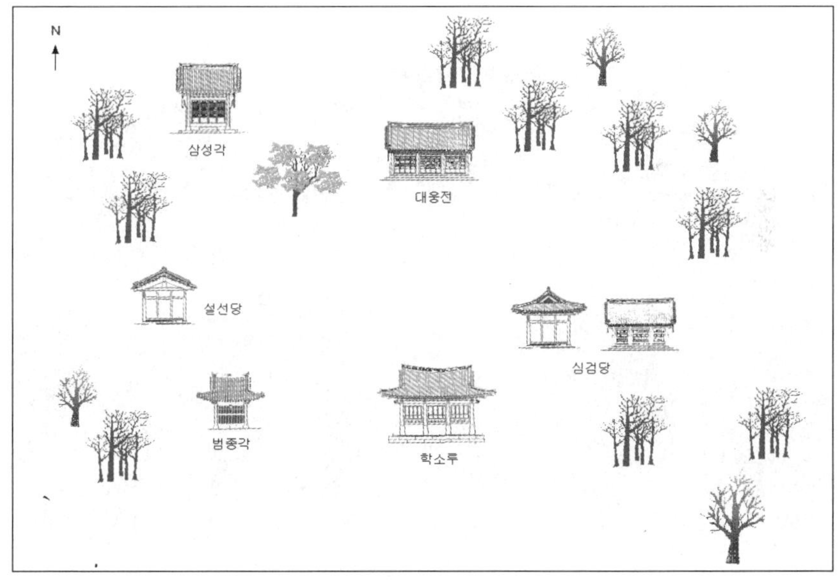

신흥사의 가람배치

영은사

■위치와 창건

영은사(靈恩寺)는 삼척시 근덕면 궁촌리 942번지 태백산(太白山)에 자리한 대한불교조계종 제4교구 본사 월정사의 말사이다.

서울에서 갈 경우 경부, 영동, 동해 고속도로를 차례로 이용하여 동해 I.C로 나온다. 여기에서 7번 국도를 이용하여 동해, 삼척을 지나 교가(근덕면),

영은사 대웅보전

동막으로 가는데 궁촌삼거리에 이르러서 우회전한다. 여기까지 대략 40km, 시간은 50분 정도가 소요된다.

삼척에서 울진으로 가는 해변 국도를 따라 한참 가다 보면 태백산 영은사로 들어가는 길을 알리는 안내판이 나타난다. 이곳에서 궁촌리 양지동 쪽으로 들어가 궁촌삼거리에서 매원, 양지마을을 거쳐 영은사에 도착한다.

절의 창건설화를 보면 약사신앙과 특별한 관계가 있는 것으로 생각된다(창건설화 참조). 그런데 역사적으로 본다면 891년(진성왕 5) 범일(梵日)국사가 궁방산(宮房山) 밑 마전평(麻田坪)에 절을 창건하고 궁방사(宮房寺)라 한 것을 창건으로 잡을 수 있다. 『척주지(陟州誌)』에 있는 다음과 같은 기록은 영은사의 역사를 알 수 있는 자료가 된다.

"궁방사 밑에는 쌍석돌들이 있는데, 이는 옛 부도들이다. 하나는 선혜(善惠)의 사리를 넣어 두었고, 또 하나는 어느 사미(沙彌)가 죽은 뒤 화장하여 두골을 간직한 것이라 한다. 후에 요사스러운 기운이 있어 부도를 헐어 없앴으며, 현재 돌독만 남아 있다."

이 기록은 억불정책을 편 조선시대 기록으로 궁방사의 폐사와 직접적인 관련이 있을 것으로 보인다.

1567년(명종 22)에 사명대사는 궁방사와 다소 먼 거리에 있는 현위치로 절을 옮겨 중창하고 운망사(雲望寺)라 하였다. 그러나 임진왜란의 병화로 절이 완전히 불타 버리자 1641년(인조 19) 벽봉(碧峰) 스님이 중건하고 절 이름을 영은사(靈隱寺)로 바꾸었다. 그 후 1804년(순조 4) 봄에 또다시 대웅보전 등 10여 동의 건물이 화재로 소실되었다. 이듬해 10월 서곡(西谷) 스님은 당시의 삼척 부사 심공저(沈公著)의 지원을 받아 재건하였고, 1810년에는 학송(鶴松) 스님이 석가여래삼존불을 봉안하였으며, 1855년(철종 6) 서암(西巖) 스님이 괘불을 조성하였다. 그 뒤 1864년(고종 1)에는 심검당(尋劍

堂)을 지어 오늘에 이르고 있다.

강원도 일원에서는 옛 모습이 비교적 잘 남아 있는 이 절의 온전한 보전을 위해 많은 이들이 깊은 관심을 가져야 할 것이다.

■창건설화

이 절에는 동해시 삼화사(三和寺)와 함께 약사삼불(藥師三佛)의 창건설화가 전해지고 있다.

약사삼불인 백(伯)·중(仲)·계(季) 삼형제가 서역에서 돌배를 타고 유력하다가 우리나라 동해안에 이르러 맏형은 지금의 삼화사인 흑련대(黑蓮臺)에 머물렀고, 둘째는 지상사(池上寺)가 있었던 청련대(淸蓮臺)에, 막내는 금색 연꽃을 가지고 이곳에 머물러 금련대(金蓮臺)를 창건하였다는 전설이 전한다.

■성보문화재

멀리 일주문에서 10여 분 올라가면 왼쪽으로 널따란 주차장이 있고 경내로 올라가는 계단이 있다. 계단 오른쪽에는 부도와 비가 늘어서 있고, 계단을 올라가 축대를 넘어서면 곧이어 경내가 시작된다. 한가운데 위쪽으로 금당인 대웅보전이 자리하고, 그 앞쪽 좌우에 요사인 심검당과 설선당이 있으며, 심검당 뒤쪽에는 해우소가 있다. 대웅전 뒤 오른쪽에는 자그마한 종각이 있는데, 이렇게 종각이 뒤쪽에 있는 경우는 드물다. 대웅보전 뒤 야트막한 언덕 왼쪽에는 팔상전과 칠성각이 나란히 자리한다.

영은사의 현존건물로는 대웅보전(강원도유형문화재 제76호)을 비롯하여 팔상전(강원도유형문화재 제77호), 대웅보전 앞쪽 좌우에 심검당과 설선당·칠성각·요사 등이 있으며, 괘불은 강원도유형문화재 제108호로 지정되어 있다.

영은사 일주문

• 대웅보전

앞면 3칸, 옆면 2칸의 대웅보전은 다포계 맞배지붕 건물로서, 가지런히 정돈된 축대 위에 단정한 모습으로 우뚝 서 있다. 일반적으로 한 사찰의 중심건물은 팔작지붕인 경우가 많은데, 영은사에서 맞배지붕의 대웅보전을 세운 것은 주변의 지형과 관련이 있는 듯하다. 1805년 10월에 중건한 이 건물의 내부에는 1810년에 봉안한 석가모니불 · 문수보살 · 보현보살의 삼존불이 봉안되어 있고, 불상과 함께 조성한 후불탱화 · 신중탱화 · 감로탱화 등 5종의 탱화가 봉안되어 있으며, 1941년에 주조된 신라양식의 범종이 있다.

• 팔상전

1990년대까지만 해도 영은사에서 가장 오래된 건물이었으나 최근에 새로 지었다. 팔상전은 1804년의 화재 때 유일하게 화재를 면한 건물로서, 1641년에 건립되었다고 한다.

지금의 건물은 앞면과 옆면 각 1칸씩의 맞배지붕을 하고 있다. 팔상전 내부에는 1760년(영조 36)에 그린 너비 1m, 길이 157.5cm 크기에 부처의 일생을 그린 팔상탱화 8점이 봉안되어 있었으며, 지금은 별도로 보관하고 있다. 비록 탱화의 규모는 크지 않지만, 강원도 사찰에서는 이 절에서만 유일하게 볼 수 있는 귀중한 문화재이다.

현재는 조선시대 후기에 그린 신중탱과 최근에 그린 석가여래탱이 봉안되어 있다.

• 칠성각

칠성각에는 1923년 조성한 칠성 · 산신 · 독성의 세 탱화와 함께, 이 절의 창건주인 범일 국사의 진영과 중창주인 사명 대사의 진영이 봉안되어 있다.

• 괘불탱

영은사의 괘불탱화는 오랜 세월이 지났는데도 상태가 매우 양호한 문화

영은사 칠성각

영은사 부도밭

재이다.

괘도처럼 말았다가 필요할 때 매달아서 사용하는 탱화라 하여 괘불(掛佛)탱이라 불르는 것으로, 이 괘불탱의 중심에는 수미좌대 위에 앉아 항마촉지인을 취한 석가모니불이 있다. 그리고 좌대 좌우로는 연꽃 위에 서서 연꽃을 들고 서 있는 문수보살과 보현보살이 있고, 그 바깥쪽으로 칼 · 탑 등을 들고 있는 사천왕이 그려져 있다. 또한 부처를 중심으로 가섭존자 등 10대 제자가 에워싸고 있으며, 그 바깥쪽으로 8대보살이 묘사되어 있다. 부처의 머리 좌우에는 천녀(天女)가 아래쪽을 굽어보며 머리를 내어밀고 있는가 하면 제석천과 대범천, 팔부신중의 모습도 있다.

이 탱화는 1855년 서암 스님이 조성한 것이라고 하는데, 괘불을 펼치면 비가 오고 바람이 분다는 전설이 전해지고 있다.

• **부도와 비**

절 입구에는 1770년(영조 46)에 건립한 높이 1.6m의 월파당선사부도(月波堂禪師浮屠) 등 3기의 부도와, 1830년(순조 30)에 건립한 높이 96cm, 너비 42cm의 사적비가 있다.

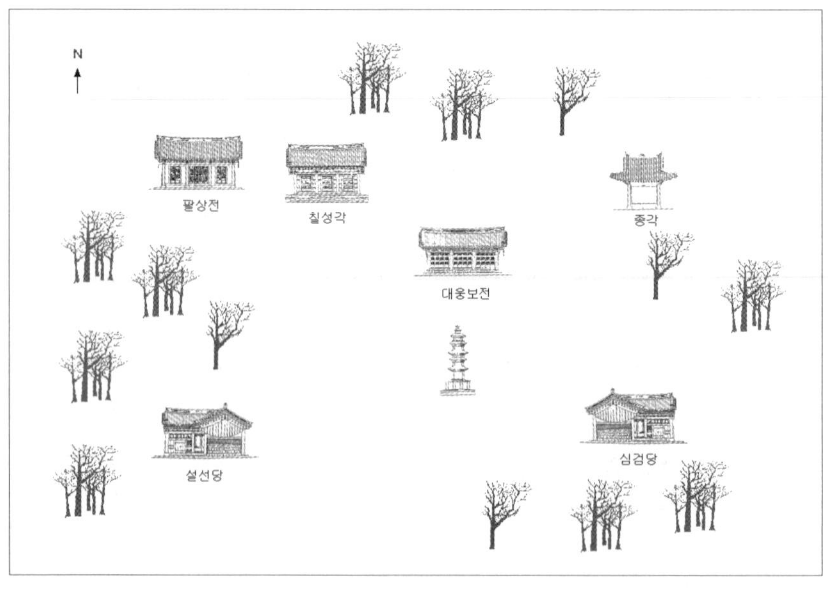

영은사의 가람배치

천은사

■위치와 창건

천은사(天恩寺)는 삼척시 미로면 내미로리 758번지 두타산(頭陀山)에 자리한 대한불교조계종 제4교구 본사 월정사의 말사이다.

두타산을 중심으로 북쪽 기슭에는 삼화사(三和寺)가 있고, 동쪽 기슭에는 천은사가 있다.

천은사 내경

이 절의 창건은 삼화사와 거의 맥을 같이하고 있다. 사찰에 전해 내려오는 이야기로는 758년(경덕왕 17)에 두타삼선(頭陀三仙)이 백련(白蓮)을 가지고 와서 절을 창건한 뒤 백련대(白蓮臺)라 하였다고 한다. 약사삼불 중 맏형이 와서 창건하였다고 한 삼화사와 비교하면 약사삼불이 두타삼선으로 바뀐 점이 다를 뿐이다.

그 뒤 839년(문성왕 1)에 범일(梵日)국사가 극락보전 등을 건립하여 규모 있는 사찰로 만들었으며, 고려 충렬왕 때는 『제왕운기(帝王韻紀)』를 지은 역사가이자 문장가인 이승휴(李承休, 1224~1300)가 이 절에 머물면서 천은사는 새로운 전기를 맞게 되었다. 이때가 대략 1287년 무렵이다. 『제왕운기』는 일종의 서사시이자 사서(史書)로서 『삼국유사』와 함께 우리 역사의 시원을 단군으로부터 잡고 있다는 점에서 주목되는 책이다.

처음 이승휴는 두타산 아래에 용안당(容安堂)이라는 별장을 짓고 10여 년 동안 삼화사의 대장경을 빌려 공부하였다. 그는 이 절의 용계(龍溪)에서 『제왕운기』를 저술했으며, 71세 되던 해인 1304년(충렬왕 30)에는 별장을 간장암(看藏庵)으로 바꾸고 전답을 시주하여 절의 재산으로 삼게 했다. 1322년(충숙왕 9)에는 이승휴의 맏아들 이임종(李林宗)과 둘째 아들인 담욱(曇昱) 스님이 허물어진 간장암을 중수하였다. 당시 조계종의 고승이었던 담욱은 그의 제자들과 함께 중수하였으며, 관동진무사 신후천(辛侯蕆)이 이를 도왔다. 공사는 1323년 가을에 완공되었으며, 이 해에 최해(崔瀣)가 『중영기(重營記)』를 썼다.

그런데 조선시대 이전의 역사와 관련하여 『삼척군지』에는 다음과 같은 기록이 있다.

"이 절은 세 차례나 다래 덤불 속에 들어갔고, 세 차례나 화재를 겪었으며, 세 차례 중건하였다고 한다. 첫째는 포수(砲手)가 사슴을 따라 숲속으로 들어갔는데 산척(山尺)을 이곳에서 얻어 절을 지었다. 산척과 총은 극락전

옛 천은사지

등보 위에 전해 왔으나 지금은 없어졌다. 둘째는 이승휴가 간장암을 지은 것이요, 셋째는 황색 비단가사(袈裟) 한 벌이 있었는데, 3~4인을 덮을 만한 가사로서 나옹조사의 것이라 하여 전해오던 것이 없어졌다.”

이 기록을 통하여 천은사에 대한 한 포수의 중창과 나옹 스님의 관련성 등을 짐작할 수 있다.

그 뒤 조선 선조 때인 1598년 금강산에서 이곳으로 온 서산(西山)대사가 절을 중건하고, 절의 서남쪽에 있는 봉우리가 검푸른 것을 보고 흑악사(黑岳寺)라 하였다. 1706년(숙종 32)의 화재로 소실되자 이듬해 중건했고, 1831년(순조 31)과 1897년에도 중수하였다.

1899년에는 조선 태조의 4대조인 목조(穆祖)의 능을 수축하고 이 절을 목조의 원당(願堂)으로 삼았으며, 이때부터 천은사로 고쳐 부르게 되었다.

그러나 6 · 25전쟁 때 천은사는 완전히 불타 버렸다. 겨우 명맥만을 유지해 오던 이 절은 1976년 1월 현재의 주지 문일봉(文一峰) 스님이 부임한 이래 끊임없는 불사를 이루어 오늘날과 같은 사세를 이루어 놓았다.

■성보문화재

천은사 경내는 그다지 넓은 편은 아니다. 하지만 누각 아래 지금 사적 제21호로 지정된 이승휴유적지 대부분이 본래 천은사의 경내 안이므로, 통일신라 말에서 고려시대에 이르는 동안 매우 커다란 사찰이었음을 알 수 있다.

금당인 극락보전이 위쪽에 자리하고, 그 왼쪽에는 아담한 규모의 약사전이 있는데 현재 천은사에서 가장 오래된 건물이기도 하다. 극락보전 오른쪽 조금 위로 삼성각이 있다. 누각은 극락보전 맞은편에 자리하는데, 2층 규모로 건물 안쪽에 '보광루(普光樓)' 라고 쓴 편액이 있다. 그런데 예전 기록에는 이 누각을 영월루(暎月樓)라고 한 곳도 있다. 보광루 옆에는 범종각이 있다.

천은사의 현존건물로는 중심법당인 극락보전을 중심으로 약사전 · 삼성

극락보전

극락보전 아미타삼존불좌상

각 · 영월루 · 종각 · 육화료 · 요사 등이 있다.

• 극락보전

앞면 3칸, 옆면 2칸의 팔작지붕인 극락보전 내부에는 아미타불좌상을 중심으로 왼쪽에 관세음보살이, 오른쪽에는 지장보살좌상이 봉안되어 있다. 아미타불의 좌우에는 관세음보살과 대세지보살이 있어야 하지만, 대세지보살에 대한 신앙이 강하지 못했던 우리나라에서는 조선시대에 이르러 대세지보살 대신 지장보살을 모시는 예가 많았다. 이 법당 안의 삼존불 또한 그 예를 따른 것이다. 조선 중기 이전에 조성된 것으로 보인다. 1976년 이 불상을 개금할 때 복장에서 '간장사(看藏寺)' 라고 쓴 『법화경』과 함께 '가경 3년 무오 4월 16일 개금(嘉慶三年戊午四月十六日改金)' 이라고 쓴 글이 발견되었다. 이로써 이 불상이 1779년(정조 3)에 개금된 사실과, 그 훨씬 이전에 조성하여 봉안하였음을 알 수 있게 되었다.

약사전 금동약사여래입상

• 약사전

대웅전 옆에 있는 건물로 맞배지붕에 앞면 3칸, 옆면 2칸의 규모를 하고 있다.

안에는 금동약사여래입상이 봉안되어 있다. 이 불상은 높이 약 7cm로, 복련(覆蓮)과 앙련(仰蓮)으로 이루어진 대좌 위에 양쪽 어깨로부터 통견의를 입고 서 있는 모습이다. 왼손에는 약사여래의 상징물인 약합(藥盒)이 있다. 얼굴이 다소 마모되었고 좌대의 한쪽이 크게 부식되었지만, 양식으로 보아 고려 후기의 불상으로 추정된다.

• 삼성각

극락보전 오른쪽 위에 삼성각이 자리한다. 맞배지붕에 앞면 3칸, 옆면 1칸의 규모로 근래에 지은 건물이다.

안에는 최근에 봉안한 독성상과 독성탱, 그리고 1962년에 그린 산신탱, 2003년에 그린 용왕탱 등이 봉안되어 있다.

• 기타

절 입구에 있는 천은사기실비(天恩寺記實碑)는 대강백 박한영(朴漢永) 스님이 글을 짓고, 단산거사(丹山居士) 심지황(沈之潢)이 글씨를 써서 1921년 3월에 세운 사적비이다.

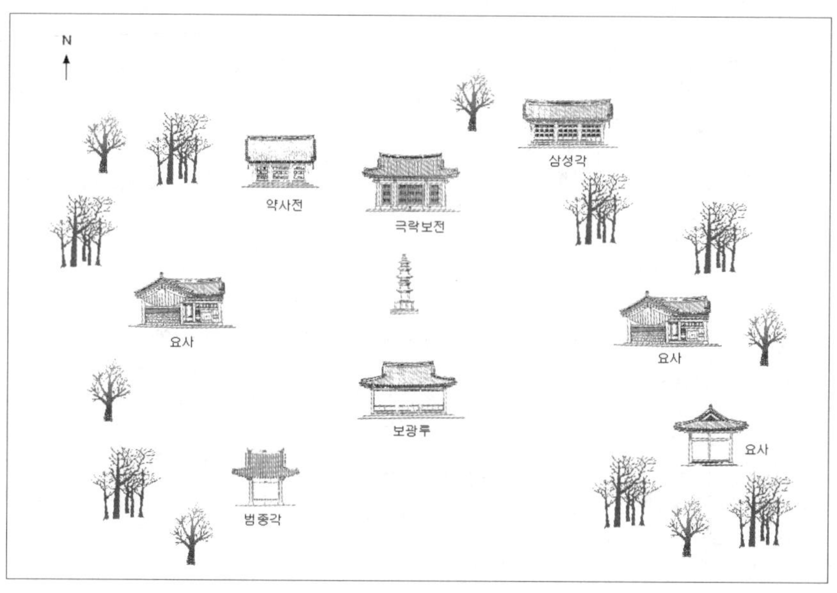

천은사의 가람배치

4. 원주시의 전통사찰

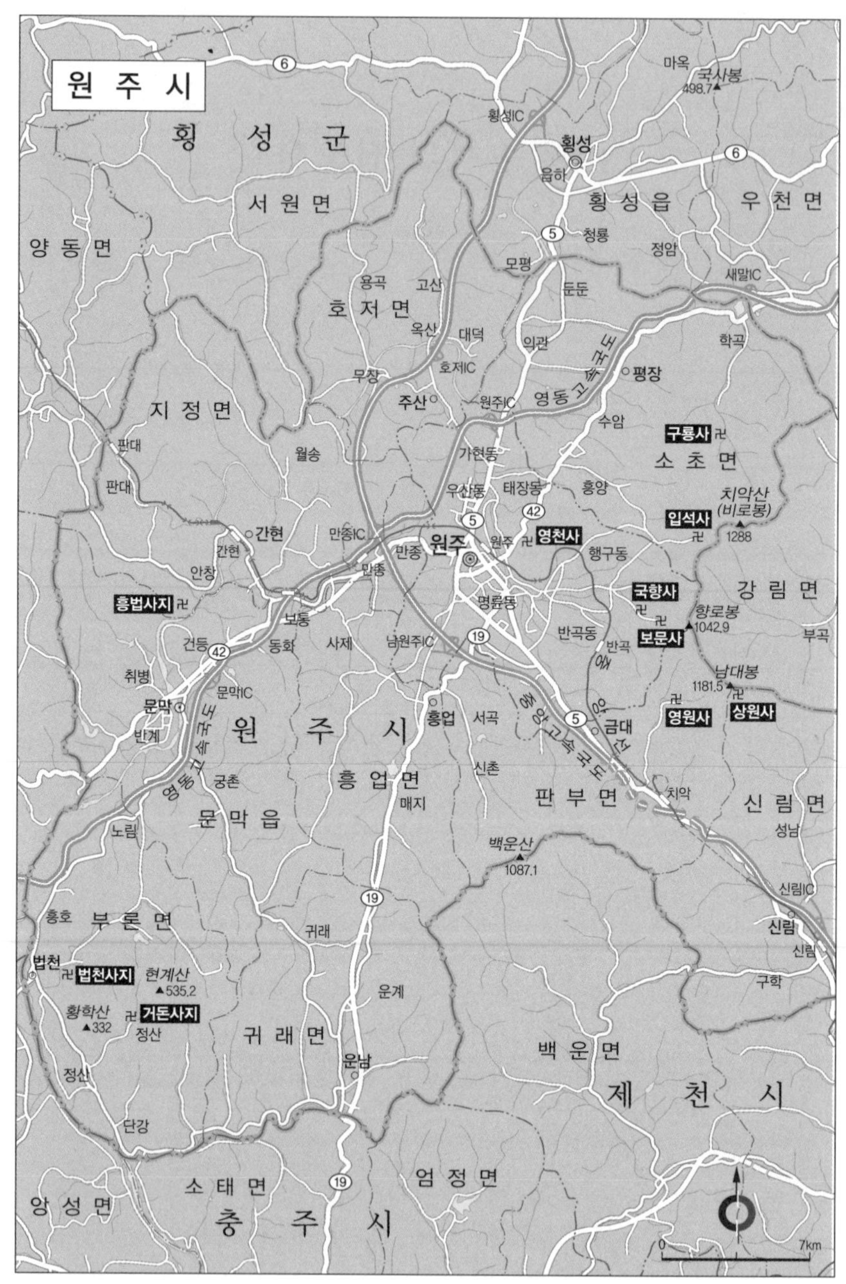
원 주 시
횡 성 군
6
마옥
국사봉
498.7
횡성IC
횡성
읍하
횡 성 읍
우 천 면
서 원 면
양 동 면
5
청룡
정암
모평
새말IC
둔둔
용곡
고산
호 저 면
옥산
대덕
의관
학곡
무창
호제IC
평장
영동고속국도
주산
원주IC
지 정 면
수암
구룡사
판대
월송
가현동
소 초 면
판대
우산동
태장동
흥양
치악산
(비로봉)
1288
42
입석사
간현
만종IC
원주
영천사
행구동
간현
만종
원주
만종
안창
강 림 면
흥법사지
국향사
명륜동
향로봉
1042.9
보통
보문사
반곡동
부곡
건등
동화
사제
남원주IC
19
반곡
취병
남대봉
1181.5
문막IC
문막
흥업
서곡
금대
영원사
상원사
중앙고속국도
반계
원 주 시
궁촌
신촌
흥 업 면
매지
판 부 면
치악
신 림 면
문 막 읍
노림
성남
백운산
1087.1
신림IC
19
홍호
부 론 면
귀래
신림
신림
법천
법천사지
현계산
535.2
구학
운계
황학산
332
거돈사지
정산
귀 래 면
백 운 면
운남
정산
제 천 시
단강
소 태 면
19
엄 정 면
앙 성 면
충 주 시
0
7km

원주시의 역사와 문화

원주시(原州市)는 강원도 내륙에 있으며, 태백산맥을 중심으로 서남쪽에 자리 잡고 있다. 동쪽은 영월군과 평창군, 서쪽은 경기도 양평군과 여주군, 남쪽은 충청북도 충주시와 제천시, 북쪽은 횡성군과 접한다. 영동고속도로와 중앙고속도로 개통으로 강원 남부지방뿐만 아니라 한반도 중부 내륙지역의 교통 요충지이다. 인구는 2005년 현재 29만 73명, 행정구역은 1읍 8면, 16개 동으로 이루어져 있다.

치악산 서쪽에 자리 잡은 원주시의 동남쪽에는 험준한 차령산맥이 뻗어 내리며, 비로봉(飛蘆峰, 1,288m)·삼봉(三峰, 1,073m)·향로봉(香爐峰, 1,043m)·남로봉(南蘆峰, 1,182m) 등이 있고, 서북부는 비교적 낮은 산맥들이 완만한 경사로 봉우리를 이루면서 덕고산(528m)·수래봉(壽來峰, 513m)·당산(541m)·관모산(冠帽山, 362m) 등이 있다. 남쪽에는 차령산맥의 줄기가 충청북도와 도계를 이루면서 서쪽으로 뻗어 구학산(九鶴山, 968m)·백운산(白雲山, 1,087m)·십자봉(985m)·갈미봉(898m) 등이 있다.

남대봉과 백운산에서 발원한 원주천은 지류인 흥양천(興陽川)·단계천(丹溪川)·영랑천(永郎川) 등을 합치면서 원주 시가지를 남에서 북서쪽으로 관류한다. 그리고 사방의 구릉지를 침식해 원주 분지를 형성하고 호저면 옥산리에서 섬강(蟾江)으로 유입되고 섬강은 다시 사제천과 합류하여 남서쪽으로 흐르다가 부론면 흥호리에서 남한강을 이룬다.

삼한시대에 마한(馬韓)의 영역에 속했으나 백제가 마한을 병합해 백제의 영토가 되었다. 그 후 고구려의 영토가 되어 469년(장수왕 57)에는 평원군(平原郡)이라 하였다. 통일신라에서는 757년(경덕왕 16) 북원경(北原京)이 되었다. 아울러 원주 인근에서 확인되는 폐사지와 불상 등의 유물을 통해 당시 성행했던 불교신앙의 모습을 알 수 있다.

고려시대에서는 940년(태조 23) 원주(原州)로 개칭되었고, 995년(성종 14) 전국이 10도 체제로 구획되면서 원주는 중원도(中原道)에 소속되었다. 그리고 1269년에는 정원도호부(靖原都護府)가 되었다가 1291년(충렬왕 17) 익흥도호부(益興都護府)가 되고, 1308년에 원주목이 되었다. 그리고 1310년(충선왕 2)에 성안부(成安府)로 되었다가 1353년(공민왕 2)에 다시금 원주목으로 되었다.

조선시대에 와서는 1395년(태조 4)에 강릉도와 교주도를 통합해 강원도가 되면서 원주목은 강원도에 이관되었다. 그런 다음 강원감영의 소재지가 되면서 행정의 중심지가 되었다. 1895년 8도제가 폐지되고 23부제가 실시되면서 원주는 충주부 소속의 원주군이 되었다. 다음 해 13도제의 실시로 충주관찰부에서 강원도 원주군이 되었고, 강원도청은 춘천으로 이전하였다.

1955년 원주읍이 원주시로 승격함에 따라 원주군은 횡성군으로 개칭되었다. 1989년 원성군을 원주군으로 개칭했고, 1995년 1월 1일 원주시와 원주군이 통합되어 원주시가 되었다. 같은 해 3월 2일에는 문막면이 읍으로 승격되었다.

구룡사

■위치와 찾아가는 길

구룡사(龜龍寺)는 원주시 소초면 학곡리 1029번지 치악산(雉岳山)에 자리한 대한불교조계종 제4교구 본사 월정사의 말사다.

구룡사 주변에 영동고속도로가 지나가고, 절도 치악산 국립공원 내에 위치해 있어 비교적 쉽게 찾아갈 수 있다. 영동고속도로의 새말 나들목을 나

구룡사 내경

와 우회전한 후 치악산국립공원으로 향하여 약 2km 정도 가면 학곡리 삼거리에 도착하게 되는데 여기에서 좌회전 해서 계곡을 따라 5km 정도 가면 치악산 국립공원 입구가 나온다.

대중교통을 이용할 경우 원주역 및 시외버스터미널에서 구룡사 입구까지 운행하는 시내버스를 타면 종점인 치악산국립공원 입구에 도착하게 된다.

■자연환경과 창건

영동고속도로 새말 인터체인지로 빠져 원주 동쪽에 남북으로 병풍을 두른 듯한 치악산 초입에 들어서면 울창한 숲과 계곡의 웅장함이 주위를 압도한다. 특히 조선시대 왕실 건축용으로 사용했던 황장목(黃腸木)이 유명하다. 그래서 나라에서 함부로 벌채를 금지하도록 하여 몇 곳에 황장금표(黃腸禁標)가 세워질 정도였는데, 구룡사 근처에 있는 황장금표는 전국에서 유일하게 남아 있는 것이다.

후삼국시대 양길(梁吉)과 궁예(弓裔)가 청운의 큰 뜻을 펼쳤고, 불사이군(不事二君)의 굳은 정절을 끝까지 간직한 고려 말 운곡(耘谷) 원천석(元天錫) 선생이 숨어 산 치악산은 우리나라 최초의 신문학소설가 이인직(李仁稙)이 그의 소설에 등장시킴으로써 더욱 유명해진 한국의 명산이다. 봄이면 진달래와 철쭉이 물들고 가을이면 단풍이, 겨울이면 설화(雪花)가 흩날리는 이 치악산의 북쪽 기슭에 원주 지역 최대의 사찰 구룡사가 자리 잡고 있다.

■창건과 역사

구룡사는 668년(문무왕 8)에 의상(義湘) 대사가 청건하였다. 창건 이후 신라 말의 도선(道詵)국사, 조선 초기의 무학(無學)대사, 조선 중기의 서산(西山)대사 등이 머물면서 많은 후학들을 배출하여 영서지방 수찰(首刹)의 지위를 지켜왔다.

그러나 현재 구룡사의 구체적인 역사는 전래되지 않는다. 다만 경내에서

구룡사 옛 대웅전

1706년(숙종 32)에 해당하는 연호가 적힌 와당이 출토되어서 이 해에 중건되었음을 알 수 있다. 따라서 현재 구룡사에 있는 오래된 건물들은 숙종 이후에 건립된 것으로 보아야 한다.

오늘날의 중수는 1966년 주지로 부임한 종영(宗泳) 스님에 의해 이루어졌다. 1966년 보광루를 해체복원하였고, 1968년에는 심검당과 요사를, 1971년에는 삼성각을, 1975년은 대웅전을 보수 단청하였으며, 1977년 치악산 주봉인 비로봉에서 호국기원대제를 베풀어 원주 지방의 연중행사로 정착시켰다. 2003년 화재로 대웅전이 불타 없어졌으나 이듬해에 옛 모습대로 복원했다.

구룡사 용소

■설화

• 창건 설화

구룡사 창건에 얽힌 설화가 다음과 같이 전해지고 있다.

본래 지금의 절터 일대는 깊은 소(沼)로서 거기에는 아홉 마리의 용이 살고 있었다. 의상 스님이 못을 메우고 절을 지으려 하자 용들은 이를 막기 위해 뇌성벽력과 함께 우박 같은 비를 내려 온 산을 물에 잠기게 만들었다. 그러나 스님은 비로봉과 천지봉을 밧줄로 연결하여 배를 매 놓고 배 위에서 낮잠을 즐겼다. 이제는 스님이 물에 잠겨 죽었을 것이라고 생각한 용들이 비를 멈추자, 잠에서 깨어난 스님은 부적 한 장을 그려 못 속에 넣었다. 얼마 안 있어 연못에서 더운 김이 무럭무럭 오르더니 물이 부글부글 끓기 시작하는 것이었다. 물속에서 뜨거움을 참다 못한 용들은 뛰쳐나와 한달음에 동해로 달아났고, 그 중 한 마리는 눈이 멀어 달아나지 못하고 절 위쪽의 구룡폭포 아래 용소(龍沼)에 머물렀다. 용들이 달아나자 의상대사는 못을 메우고 절을 창건하였다고 한다. 한편 뜨거운 물에 쫓겨 동해로 달아나던 용들은 얼마나 다급하였던지 구룡사 앞산을 여덟 개로 쪼개어 놓으며 도망했다고 하는데, 지금도 구룡사에서 동해로 향한 능선은 여덟 골짜기로 형성되어 있다.

이상의 창건설화는 이 절 주변의 지형 및 처음 이름이 구룡사(九龍寺)였던 것과 관련하여 이루어졌을 것이다.

• 구룡사 절 이름에 얽힌 설화

조선 중기 이후부터 구룡사의 사세(寺勢)는 차츰 기울어지기 시작했다. 그 까닭은 바로 승려들의 욕심 때문이라 하며, 그와 관련된 이야기가 오늘날에까지 전해지고 있다.

치악산에서 나는 산나물은 궁중의 진상품이었으며, 이를 관리하는 책임을 구룡사 주지가 맡았다고 한다. 따라서 인근 사람들은 나물 값을 제대로 받기 위해 주지스님께 뇌물을 받치기까지 하였다. 자연 구룡사는 물질적으로 풍성해졌고, 그에 따라 수행승보다는 놀고먹기를 좋아하는 이들이 모여들어 사찰의 재산을 축내었다. 그러던 어느 날 한 노인이 나타나 옛날과 같은 수도도량을 회복할 수 있는 비방이 있다며 일러 주었다.

"절 입구의 거북바위 때문에 구룡사의 기가 쇠약해졌으니 그 혈(穴)을 끊으시오."

그리하여 거북바위의 등에 구멍을 뚫고 혈을 끊었지만 계속 사세는 기울기만 하였고, 급기야는 절 문을 닫아야 할 처지에 이르렀다. 그때 도승 한 분이 나타나서 '절의 운을 지켜 주는 거북바위의 혈맥을 끊었기 때문'이라고 하면서, 거북을 다시 살린다는 뜻에서 절의 이름을 아홉 '九' 자 대신 거북 '龜' 자를 쓰도록 하였다. 그리하여 이때부터 절 이름이 현재와 같이 바뀌게 된 것이라 한다.

■성보문화재

절 입구에 도착해 경내로 올라가는 길은 키가 한 길이 넘는 울창한 소나무숲길이다. 우리나라 사찰 길 중에서도 산책로로서 손꼽히는 숲길이다. 이 길을 따라 산을 오르다보면 삼림욕은 물론 자연생태 공부가 절로 된다.

한참을 지나면 개울이 있고 그 위로 걸쳐 있는 구룡교가 보인다. 다리를 건너 다시 산을 오르면 일주문이 나온다. 편액이 '원통문' 이라고 되어 있는 게 특이하다. 원통문을 지나면 오른편으로 넓은 공간이 만들어져 있고 이곳에 부도와 탑비들이 한데 모아져 있다. 부도전을 지나 조금 더 위로 올라가면 오른쪽으로 국사단이 보이고, 이곳부터 본격적으로 경내가 시작된다. 오른쪽의 작은 건물은 국사단이다. 근처에 은행나무 거목이 있는데 보호수로 지정되어 있다.

구룡사 가람터는 경사지라서 석축을 쌓아 평평한 대지를 조성했다. 대웅전과 다른 전각들이 이 석축의 위와 아래쪽에 자리하는데, 보광루를 지나면 금당인 대웅전을 비롯하여 그 왼쪽에 천불전이 있다. 천불전 뒤쪽은 삼성각이다. 대웅전 등은 조선시대 후기에 지은 수준 높은 목조 건축물이었는데, 2003년에 일어난 화재로 그만 불타 없어져 버린 것은 여간 아쉬운 노릇이 아니다. 지금의 대웅전은 그 직후 예전의 모습 그대로 복원한 것이다.

가람 위쪽에 자리한 대웅전 구역 뒤편의 언덕 위에는 응진전과 관음전이 있으며, 요사인 서상원과 심검당, 그리고 적묵당 외에 종무소인 설선당이 여기에 자리한다. 서상원 마당 오른쪽에는 삼층석탑이 있고 그 앞에 범종각이 있다.

• 대웅전

지금의 건물은 강원도유형문화재 제24호로 지정되어 있던 조선시대 후기에 지은 옛 전각이 2003년 화재로 불탄 뒤 옛 모습 그대로 복원한 것이다.

불단에는 삼세불(三世佛)을 봉안했다. 중앙 석가모니불을 중심으로 아미

구룡사 대웅전

타여래와 약사여래가 봉안되어 있다. 불상 뒤에는 삼세후불탱이 걸려 있다. 본래 옛 건물은 닫집이 매우 훌륭했는데, 지금 복원된 닫집 역시 예전의 모습을 충실히 재현해 놓아 화려하다.

그리고 내부 좌측 벽면에는 영단이 있고 그 위에 2004년에 그린 감로탱이 걸려 있다. 우측 벽면에는 신중단이 만들어져 있다. 신중단 위에는 2004년에 그린 신중탱이 있다.

• 천불전

대웅전 왼쪽으로 천불전이 있다. 앞면과 옆면 각 3칸씩의 규모로, 대웅전과 비슷한 시기에 지었다.

내부 중앙에는 불단을 구성하고 삼존불을 봉안했다. 중앙에는 항마촉지인의 석가모니불을 모셨고 그 좌우에 문수, 보현보살이 협시하고 있다. 삼존불 뒤로 후불탱이 있고, 위에는 닫집을 달았다. 닫집은 소박한 모습이다.

불단을 제외한 다른 벽면에 감실들을 만들고 여기에 작은 천불을 모셨다.

• 관음전

대웅전 오른편 뒤쪽에 있는 언덕 위에 관음전과 응진전이 자리한다. 언덕에 위치하고 있기 때문에 관음전 전면에는 높은 축대를 쌓아 대지를 조성했다.

관음전은 앞면 3칸, 옆면 2칸 규모를 하고 있다. 내부 중앙에는 불단 위에 관음보살과 관음후불탱을 모셨다.

• 응진전

응진전은 나한전이라고도 하는데, 석가모니의 제자인 16분의 나한을 봉안한다. 500 나한을 봉안하는 경우도 있다.

구룡사 응진전은 맞배지붕에 앞면 3칸, 옆면 2칸의 규모로 기단을 만들지 않은 게 특징이다. 대신 2단의 초석으로 건물의 높이를 높였다. 응진전의 좌우 측면과 배면에 있는 벽화는 모두 나한도로 꾸몄다.

내부는 중앙과 좌우 측면에 불단을 만들었다. 중앙의 불단에는 항마촉지인의 석가모니불을 모셨고, 석가모니불 좌우측에는 가섭과 아난존자의 모습을 입상으로 조성해 봉안했다. 또한 불단의 좌우측에는 각각 8위의 나한상을 모셨으며 뒤쪽 벽면의 내벽화에도 나한도를 그렸다.

• 삼성각

천불전 뒤쪽의 높은 언덕위에 삼성각이 있다.

맞배지붕에 앞면 3칸, 옆면 2칸의 규모다. 안에는 불단 위에 2000년에 그린 칠성탱, 그리고 2004년에 제작한 산신탱, 독성탱 등을 봉안했다. 오른쪽 벽면에 있는 독성탱은 현재의 독성탱 이전에 걸었던 탱화다.

• **보광루**

보광루(寶光樓)는 앞면 5칸, 옆면 2칸의 맞배지붕 2층 누각 건물로 옛 대웅전과 같은 시기인 조선시대 후기에 지어졌다. 보광루는 각종 법회 및 신도들이 대웅전을 향해 참배하는 장소로 활용되어 왔다. 치악산 일대에서 가장 장대한 건물로 손꼽히는 38평 크기의 보광루 내부에는 짚으로 만든 우리 고유의 멍석이 깔려 있다. 이는 인부 3인이 3개월에 걸쳐 완성한 것으로 국내 최대의 멍석이다.

막돌초석 상부에 거대한 기둥을 얹었으며, 공포는 익공식의 공포로 구성했다. 공포는 이익공의 모습을 하고 있다. 처마는 부연을 달지 않은 홑처마이며 지붕은 맞배지붕을 하고 있다. 상층 내부는 우물마루로 바닥을 만들었고, 천장은 빗천장과 우물천장을 혼용해 사용했다. 2004년 1월 강원도유형문화재 제145호로 지정되었다.

구룡사 보광루

• **범종각**

대웅전 앞마당 오른쪽에 범종각이 있다. 앞면 3칸, 옆면 2칸에 팔작지붕이며, 1층에는 '범종각', 2층에는 '불음각(佛音閣)' 편액이 걸려 있다. 안에는 범종을 비롯해서 법고, 운판, 목어를 걸어 놓았다.

• **사천왕문**

앞면 3칸, 옆면 2칸의 규모에 팔작지붕 2층으로 건립되어 그 규모가 매우 크다. 내부에는 사천왕상이 배치되어 있는데, 동쪽은 지국천왕(持國天王), 서쪽은 광목천왕(廣目天王), 남쪽은 증장천왕(增長天王), 북쪽은 다문천왕(多聞天王)이 각각 지키고 있다. 지국천왕은 비파(琵琶), 광목천왕은 용(龍), 증장천왕은 검(劍), 다문천왕은 탑(塔)을 들고 있다.

• **원통문(일주문)**

구룡사에는 일주문으로 원통문이 있다. 맞배지붕이며 근래에 세웠다.

• **국사단**

일주문 들어서기 전에 국사단(局司壇)이 있다. '국사'란 절터를 가리키며, 절터를 지키는 신을 모신 전각이 국사단이다. 합천 해인사의 경우는 봉황문 지나서 바로 국사단이 있다.

• **삼층석탑**

대웅전 앞마당 왼쪽에 통일신라시대 석탑을 모본으로 하여 현대에 만든 삼층석탑이 있다.

한편 사천왕문 오른쪽에 또 하나의 삼층석탑이 있다. 일명 보광공덕탑이라고 한다. 현대에 세운 것으로 역시 통일신라 석탑을 모본으로 하였다.

구룡사 삼장탱화(월정사 성보박물관 소장)

• 부도밭

원통문을 지나 조금 더 가면 오른쪽에 마련된 공간이 7기의 부도와 3기의 부도비(浮屠碑)가 모아져 있는 부도밭이다. 이 중에서 6기는 석종형으로 조선시대에 세워진 것이고 나머지 1기는 현대의 부도탑이다. 그리고 각 부도 사이에 '洗梁堂 楚雲大師塔(1735년)', '沖虛堂 ㅁㅁ大師之塔', '雷波堂 寶大師 靈珠ㅁ(1773년)' 등의 부도비가 서 있다.

최근에 건립한 부도는 '僧兵長 武總大禪師之塔'이며 그 옆 비석에 무총 대사와 관련된 내용이 기술되어 있다. 이 부도탑과 탑비는 모두 2005년에 세워졌다.

• 황장금표

치악산국립공원 매표소 바로 위쪽의 바위에 새겨져 있는 '황장금표(黃腸禁標)' 역시 구룡사의 역사와 관련된 유적이다. 조선시대에 새긴 이 금표는 치악산 일대 송림(松林), 특히 황장목에 대한 무단벌채를 금하는 표지다. 현재 전국에서 유일하게 남아 있는 표지로서 역사적 가치가 크다.

학곡리 황장금표

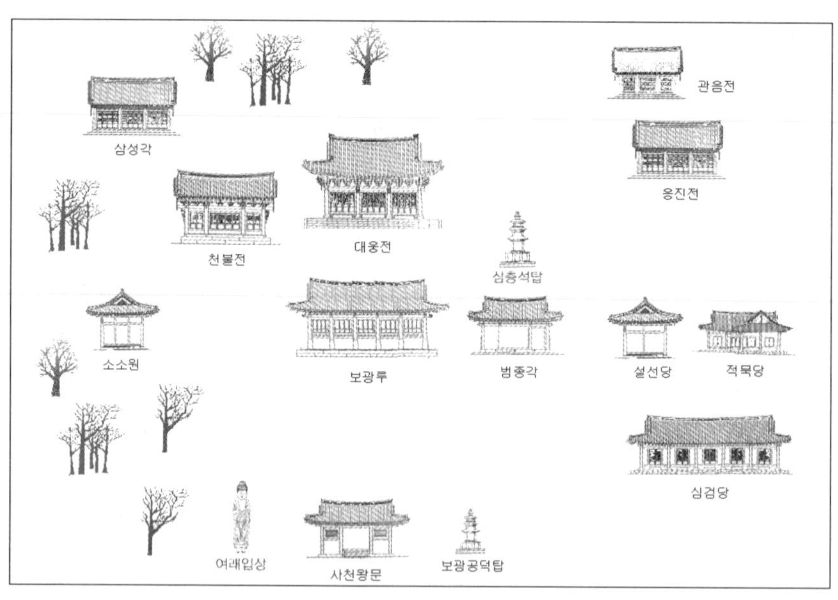

구룡사의 가람배치

국향사

■위치와 창건

국향사(國享寺)는 원주시 행구동 99번지 치악산(雉岳山)에 자리한 대한불교조계종 제4교구 본사 월정사의 말사이다.

원주 시내에서 행구동 쪽으로 가다가 신월랑이라는 마을에서 오른쪽으로 길을 따라 2km 가량 가면 국향사가 보인다.

이 절은 신라 경순왕 때 무착(無着)대사가 호법대도량(護法大道場)으로

국향사 전경

창건하여 고문암(古文庵)이라 하였다. 그러나 일설에는 고문암이 아니라 관세음보살을 모신 보문암(普門庵)이었다고도 한다.

조선시대에 이르러 국향사로 이름을 바꾸었다. 조선 후기에 한때 폐사가 되었으나 1907년 벽하(碧河) 스님과 응송(應松) 스님이 중창하였으며, 1945년에는 자항(慈航) 스님이 중건하였다. 자항 스님이 처음 왔을 때에는 이 절이 무뢰배들의 본거지가 되어 있었다고 한다. 이에 7척 장신에 힘이 장사였던 스님이 힘으로 그들을 몰아내고 정법(正法)의 도량으로 바꾸었다는 이야기가 전해져 오고 있다.

6 · 25전쟁 이후에는 전용호(全龍浩) 스님이 주지로 취임하여 사찰 중수와 함께 도벌꾼으로부터 절 주변의 울창한 송림을 보호하였으며, 1980년 주지 보영(普英) 스님이 토단(土壇)만 남아 있던 동악단에다 앞면 3칸, 옆면 2칸의 건물을 세워 오늘에 이르고 있다.

■절 이름에 얽힌 설화

처음 고문암이었다가 조선시대에 이르러 국향사로 절 이름을 바꾸었는데, 여기에는 다음과 같은 두 가지 설이 있다.

첫째는 조선 태조가 이 절에 동악신(東岳神)을 봉안하기 위해 동악단을 쌓고 매년 원주 · 횡성 · 영월 · 평창 · 정선 고을의 군수들로 하여금 제사를 올리도록 하였기 때문에 국향사가 되었다는 것이다.

둘째는 조선 제2대 임금 정종의 둘째 공주가 폐병이 들어 치료가 불가능하여졌을 때의 일과 관련되어 있다. 정종은 어떠한 약을 써도 공주의 병이 치료되지 않자 이 절에 보내어 백일기도를 드리도록 했다. 하루는 공주의 꿈에 백발노인이 나타나서 말하였다.

"나는 동악의 신령이다. 내가 병을 고쳐 줄 것이니, 과히 근심 말고 지성껏 기도하라."

과연 기도가 끝나자 그렇게 중하던 병이 상쾌하게 나았다. 기쁜 마음으로 환궁한 공주는 기도 때 있었던 일을 부왕(父王)께 아뢰고, 병을 고친 은덕의 보답으로 절을 크게 지어 줄 것을 청하였다. 이에 정종은 절의 중창과 함께 산신을 모시는 동악단을 쌓게 하고 봄 · 가을로 호국대제를 봉행토록 하였다는 것이다. 그 뒤 1680년(숙종 6)에 어명으로 절 이름을 국향사로 바꾸었다고 한다.

■ 성보문화재

국향사의 건물로는 중심법당인 관음전과 대방, 요사, 동악단 등이 있다.

• 관음전

앞면 3칸, 옆면 2칸의 팔작지붕 건물로 1945년에 지었다.

내부 중앙에는 아미타불 · 관세음보살 · 대세지보살의 삼존상이 봉안되어 있다. 이 가운데 관음보살상은 예부터 봉안되어 있었던 불상이고, 아미타불과 대세지보살은 정용호 스님 때 새로 모신 불상이다.

그 밖에 내부에 근래에 그린 후불탱과 신중탱이 있다.

• 기타

경내에 '보암당대선사영탑(普庵堂大禪師靈塔)' 이라고 새겨진 조선시대의 석종형 부도 1기가 있다.

또한 관음전 북서쪽 100m 지점에는 이 절의 사격을 나타내는 동악단이 있으며, 절 경내에는 위장병과 폐병에 효험이 크다고 전해지는 약수가 있다.

보문사

■위치와 창건

보문사(普門寺)는 원주시 행구동 산 105번지 치악산(雉岳山)에 자리한 대한불교태고종 사찰이다.

국향사로부터 동북쪽으로 2km 지점에 높다란 석축을 쌓고 터를 닦아 건물을 세운 아담한 사찰이다.

보문사 내경

이 절의 정확한 창건연대 및 역사는 알 수 없으나, 신라 경순왕 때 무착(無着)대사가 창건하였다고 전한다. 그리고 절 이름인 '普門'은 자비의 상징인 관세음보살에 대한 찬탄에서 유래된 것이다. 즉 '보문시현원력홍심대자대비관세음보살(普門示現願力弘深大慈大悲觀世音菩薩)'의 첫 낱말인 보문을 취한 것이다. 어디에서나 중생들이 들어올 수 있는 문을 나타내어 그들을 받아들이는 관세음보살을 모시는 사찰이라는 뜻이다.

창건 이후의 역사는 자세히 알 수 없으나 이 절에 있는 청석탑(靑石塔)과 사중에 예부터 전해 내려오는 『보문암창기(普門庵創記)』를 보면 이 절이 오랜 옛날부터 면면이 법등을 이어왔음을 알 수 있다. 이 『보문암창기』는 보문암의 중창기로서 끝에 '己卯十月'이라는 연기(年記)가 있다. 그러나 기록된 기묘년이 어느 해인지는 밝혀 낼 수 있는 근거가 없으며, 임진왜란 이후의 중창기로 추정할 수 있을 뿐이다. 그리고 이 중창기에 의하면 현재의 보문사를 옛날에는 '보문연사(普文蓮社)'라고 하였음을 알 수 있다. 이 절이 관세음보살님께 기도하며 함께 정진했던 신행결사도량(信行結社道場)이었음을 알 수 있게 한다. 또한 창기의 끝에는 원주지역 주변 사찰에서 이 절의 중창을 위해 시주한 금액이 명기되어 있다. 이는 각 절이 서로 도와 중건을 도모한 옛 풍습을 증명하는 좋은 자료이다.

그대로 옮겨 적으면 다음과 같다.

國享寺寺中	1兩
信女徐氏	1兩
九龍社寺中	7兩
北丘俊令	2兩
北丘圓惠	2兩
檀越張春福	1兩
神勒社寺中	1兩

北丘南曉　　1兩
北丘圓一　　1兩
霜旺寺主德眞　1兩
本庵北丘義寬　2兩
化主釋法能
主長僧天眞
金剛神子弘宣刻

현재의 보문사는 1930년 강상준 스님의 중건을 거쳐, 1971년에 주지로 취임한 이백련화(李白蓮華) 보살의 노력에 의해 이룩되었다.

■성보문화재

보문사의 현존건물로는 중심법당인 대웅전을 비롯하여 약사전 · 산신각 · 범종각 · 요사 등이 있으며, 주요문화재로는 강원도유형문화재 제103호로 지정된 청석탑 1기가 있다.

그 밖에 보문사 경내에는 1980년에 조성한 미륵불입상이 있으며, 절 전면에는 향로봉에서 흘러내린 물이 100m에 걸쳐 이룬 3층 폭포가 있다.

• 대웅전

1976년에 세운 앞면 3칸, 옆면 2칸의 팔작지붕 건물이다.

안에는 아미타불 · 관세음보살 · 대세지보살의 아미타삼존불좌상과 함께 지장보살좌상이 봉안되어 있고, 후불탱 · 신중탱 · 칠성탱이 함께 모셔져 있다.

• 산신각

대웅전을 오른쪽에 앞면과 옆면 각 1칸의 맞배지붕 건물인 산신각이 있다.

보문사 청석탑

안에는 산신탱이 봉안되어 있는데, 1981년 이 건물을 중수할 때 강원도 지역의 8대 군수가 이곳 산신께 잔을 올리고 기도하였다는 화기가 보인다.

• 청석탑

이 절의 마당 중앙에 있는 청석탑(靑石塔)은 중건 당시의 정지작업 중에 발견된 것으로 국내에서는 몇 안 되는 귀중한 탑이다. 화강암으로 2중의 단을 쌓고 그 위에 발견된 탑을 올려놓았다. 점판암으로 만들어진 이 석탑의 기단부는 아름다운 연화문이 새겨진 2장의 돌로 구성되어 있다. 현재 2매의 연꽃무늬돌 모두가 연꽃이 땅으로 향하는 복련(覆蓮) 형식을 취하여 올려놓았다. 그러나 이는 잘못된 것이다. 탑에 연화물을 새기는 것은 신라말부터 나타나는 형식으로, 부처님의 좌대와 같은 구조로 이루어지게 되어 있다. 곧 아랫쪽인 하대석에 복련을 설치하고 그 위에 중대석(中臺石)을, 상대석은 위로 피어 있는 앙련석(仰蓮石)을 놓아야 한다. 그 앙련석 위에 부처님이 앉아 계신 것이다. 이 불상의 형식을 탑에도 그대로 응용하여 하대석에 복련을, 상대석에 앙련을 조각하고 그 위에 부처님의 몸을 상징하는 탑신부(塔身部)를 올려놓았던 것이다.

그리고 탑신부는 다섯 층의 옥개석과 세층의 옥신석(屋身石)이 온전히 남아 있고, 이 옥신석에는 범자(梵字)가 새겨져 있다. 이와 같이 탑의 몸체에 범자를 새긴 것은 원나라의 영향에 의한 것으로 이 탑이 고려말 조선 초기에 건립된 것임을 시사해 주고 있다. 탑의 가장 윗부분을 구성하는 상륜부의 석재는 발견되지 않아, 탑을 다시 세울 때 화강암 석재로 연꽃과 보주 등을 만들어서 올려놓았다.

상원사

■위치와 창건

상원사는(上院寺)는 원주시 신림면 성남2리 치악산에 자리한 대한불교조계종 제4교구 본사 월정사의 말사다.

신라시대 문무왕 때 의상대사가 창건하였고, 신라 말 무착(無着)대사가 중창하였다고 전한다.

상원사 내경

한편으로는 무착대사는 경순왕의 왕사(王師)였는데 중국 당나라에서 귀국하여 오대산 상원사에서 수도하던 중 문수보살에게 기도드리고 관법(觀法)으로 이 절을 창건하였다고도 한다.

고려에 들어와서는 나옹(懶翁) 스님이 중창하였다. 조선시대에는 왕실에서 국태민안의 기도처로 삼았고, 월봉(月峰)·위학(偉學)·정암(靜巖)·해봉(海峰)·삼공(三空) 스님 등이 중창하였다.

6.25전쟁 때 폐허가 되었다가 1968년에 중창되었고, 1988년에 대웅전을 건축하여 오늘에 이른다.

■ 성보문화재

치악산국립공원 성남매표소에서 약 2km쯤 가면 주차장이 나온다. 이곳에서 차를 놓고 상원사까지 걸어 올라가야 하는데, 거리는 매표소에서 2.6km다. 절이 위치한 지대의 해발 높이가 우리나라에서 다섯 손가락 안에 들 정도로 높은 곳에 자리하므로 가기 전에 준비를 확실히 하고 가야 한다. 하지만 산길이 험하지 않고 등산로가 잘 닦아져서 충분히 시간을 갖고 여유 있게 주변의 멋진 경관을 감상하면서 오른다면 어느새 경내에 발길을 내딛는 자신을 발견하게 된다.

사역(寺域)에 들어서면 왼쪽의 삼성각이 먼저 보이고, 그 옆에 요사가 있다. 그 길로 조금 더 가면 계단이 나오고 올라서면 경내가 나온다. 경내에는 극락전을 중심으로 그 맞은편에 종각이 있고, 종각 앞 마당에는 광배(光背) 조각이 있다. 그리고 광배 좌우 동서로 삼층석탑이 있다.

극락전 오른쪽에는 삼성각과 독성각, 왼쪽에는 심우당, 그리고 그 왼쪽에 심검당 등의 요사가 있다.

독성각 왼쪽 앞에는 커다란 바위가 있는데, 여기에 관찰사 윤영신(尹榮信, 1831~?)의 이름이 새겨져 있다. 윤영신은 조선 말기의 문신으로, 본관은 파평(坡平), 자는 공실(公實)이다. 1864년(고종 1) 증광문과에 을과로 급

상원사 계수나무

제한 뒤 1869년 광양 현감을 거쳐, 1879년 이조 참의를 지냈다. 이어서 이조 참판, 성균관 대사성, 예방 승지, 전라도 관찰사, 한성부 판윤, 형조 판서, 공조 판서, 수원부 유수, 강원도 관찰사, 광주부(廣州府) 유수 등을 지냈다.

대웅전 오른쪽에는 계수나무 세 그루가 있다. 전설에 따르면 무착대사가 중국에서 가져온 묘목을 심은 것이라고 한다. 그 가운데 큰 것은 높이 17m가 넘는다. 특이한 것은 보통의 계수나무와는 달리 낙엽송보다 조금 넓은 잎의 일부가 가을부터 겨울 사이에 노란 색으로 변했다가 이듬해 봄에 다시 청색으로 바뀌는 점이다. 그러나 계수나무 껍질에서 나오기 마련인 향이 전혀 나지 않는 것도 특색 가운데 하나다.

• 대웅전

팔작지붕에 앞면과 옆면 각 3칸씩의 다포식 팔작지붕 전각으로, 1988년에 지었다. 창호는 빗살창으로 짜서 각각 사분합의 문을 달아 놓았다.

내부의 바닥은 마루를 깔고 천정은 우물반자로 마감되어 있다. 안에는 전각을 짓고 봉안한 금동석가여래좌상, 문수 · 보현보살좌상이 봉안되어 있다. 그리고 역시 같은 해에 조성한 후불탱 · 칠성탱 · 신중탱이 걸려 있다.

• 삼성각

상원사 경내 가장 왼쪽 위에 삼성각이 자리한다. 최근에 지었으며, 맞배지붕에 앞면과 옆면 각 3칸씩이다.

안에는 1985년에 조성한 산신탱이 봉안되어 있다.

• 독성각

대웅전 오른쪽 조금 위에 독성각이 자리한다. 맞배지붕에 앞면과 옆면 각 1칸씩이며, 근래에 지었다.

독성각 안에는 1985년에 조성한 독성탱이 봉안되어 있다.

• 범종각

대웅전 앞쪽에 범종각이 자리하며, 그 앞은 바로 절벽이다.

안에는 최근에 만든 범종이 있고, 안쪽 벽에 무착 대사와 꿩, 그리고 구렁이에 얽힌 전설을 그린 목각 그림이 걸려 있다.

• 동서 삼층석탑

대웅전 앞마당에 동서로 나란히 서 있는 삼층석탑 2기가 자리하고 있다.

양식으로 보아 통일신라 후기에 세운 것으로 보이는데, 당시의 연혁이 기록으로 전하지 않고 있기 때문에 절의 역사를 상징하는 중요한 사료로 인정된다. 이 석탑은 상륜부에 둥근 연꽃 봉오리 모양을 새겨 일반 탑에서 보기 어려운 양식을 나타내고 있다. 동쪽 탑 바로 앞에는 화염문이 있는 섬세한 불상의 광배와 연화대석이 있어 원래 이 절에 석불이 봉안되어 있었음을 추정할 수 있다. 동탑은 일부 부재가 없어져서 근래에 보완하였다. 현재 강원

서삼층석탑

동삼층석탑

석조 광배편

도유형문화재 제25호로 지정되어 있다.

• 석조 광배편

범종각 앞에 통일신라에 만든 불상의 광배조각이 있다.

광배는 부처님의 신비함과 위대함을 장엄하게 하기 위하여 발산되는 빛을 표현한 것으로 불상의 뒷면에 세워 놓는 것이다. 불상의 머리에서 나오는 빛[頭光]과 몸에서 나오는 빛[身光]을 함께 표현한 광배로 신광은 파손되었다. 중앙에는 연꽃과 당초무늬를 돋을새김하였고, 테두리에는 불꽃무늬를 새겨 놓아 세련된 모습을 보여 주고 있다. 광배의 양식과 조각수법이 매우 뛰어나 광배의 주인공인 불상의 조각 역시 매우 뛰어났을 것으로 추측된다. 동서 삼층석탑과 더불어 신라시대 상원사의 역사 고증에 매우 중요한 사료다.

상원사의 가람배치

영원사

■**위치와 창건**

영원사(鴒願寺)는 원주시 판부면 금대리 1388번지 치악산(雉岳山)에 자리하는 대한불교조계종 제4교구 본사 월정사의 말사다.

원주에서 치악역으로 가다 보면 조금 못 미친 곳에 금대리라는 마을이 있고, 여기서 우리나라에서 두 번째로 높다는 백척철교 밑을 지나 3km쯤 들

영원산성

어가면 금대초등학교 분교가 나온다. 여기에서 다시 1km 가량 가면 소나무와 저수지가 아름다운 경치를 이루는 곳이 나오고, 이곳에서 오른쪽 길로 접어들면 영원사가 나온다.

영원사는 676년(문무왕 16) 의상(義湘)대사가 영원산성의 수호사찰로 창건하였고, 창건 당시에는 '永遠寺'라 하였다. 그리고 1657년(현종 5)에 인환(仁煥) 스님이 중건하여 현재와 같은 이름으로 바꾸었다. 그 뒤 한때 폐허가 되었다가 1939년 이계호 스님이 중건하였고, 오랜 풍우로 붕괴의 우려가 있던 법당을 김병준(金秉俊) 스님이 중수하여 오늘에 이른다.

■성보문화재

• 대웅전

팔작지붕에 앞면 3칸, 옆면 2칸의 규모를 하고 있다. 안에는 석가여래삼존불을 모신 불단과 신중탱을 모신 신중단, 영가(靈駕)의 천도를 위한 영단

영원사 여래좌상
(성보사 성보박물관 소장)

(靈壇)이 있다.

• **삼성각**

맞배지붕에 앞면과 옆면 각 1칸씩의 건물이다.

안에는 칠성탱 · 산신탱 · 독성탱이 있다.

• **영원산성**

영원사는 영원산성의 수호사찰로 창건되었으므로 영원산성은 사찰과 밀접한 관련이 있다. 영원사 뒤쪽 산 위에 아직도 남아 있는 이 산성의 둘레는 1031보(步)로 문무왕 때 축성하였으며, 892년(진성왕 5) 무렵에 후고구려의 궁예가 이 성을 근거로 하여 인근의 여러 고을을 공략하였다는 사실이 『삼국사기』에 기록되어 있다.

1291년(충렬왕 17)에 합단적(哈丹賊)이 침입하였을 때는 원충갑(元沖甲) 장군이 항전하여 전후 10차에 걸쳐 적을 크게 무찔렀던 곳이며, 임진왜란 때는 원주 목사 김제갑(金悌甲)이 왜적을 맞아 치열하게 싸우다가 아들 시백(時伯)과 부인 이씨와 함께 순절한 곳이기도 하다.

본래 성 안에는 우물 1개와 샘 5개가 있었다고 하며, 지금도 성터에서는 군사들이 사용했던 솥과 숟가락 등의 유물이 발견되고 있다.

영천사

■위치와 창건

영천사(靈泉寺)는 원주시 태장 1동 122-1번지에 자리한 대한불교조계종 제4교구 본사 월정사의 말사다.

옛 원주 변전소 너머에 위치한 이 절의 역사는 거의 전래되지 않고 있다. 다만 고려 중기에 창건되고 고려 말에 나옹(懶翁) 스님이 이 절에 머문 것을

영천사 대웅전

대웅전 삼존상

인연으로, 스님이 입적한 뒤 12년 만인 1388년(우왕 14)에 이곳에 스님의 사리탑을 세웠다. 이 탑은 1914년 일제에 의해 서울 경복궁으로 옮겨졌다가 지금은 용산 국립중앙박물관 뜰에 서 있다. 당시의 사찰 이름은 영전사(令傳寺)였다고 한다.

조선 중기까지 원주 지방 굴지의 사찰로 전승되었으나 임진왜란 때 전소되어 폐허로 남게 되었다. 1938년 박 처사가 부처님이 나타나서 절을 지을 것을 권하는 꿈을 꾸고 이곳에 절을 중창하고 영천사(靈泉寺)라 하였다. 그러나 6·25전쟁 때 다시 전소되어 폐사로 남게 되었으며, 1958년 김중길 스님이 대웅전을 중건하였고, 뒤를 이어 장대 스님, 선광(善光) 스님 등이 불사를 계속 이어 오늘날에 이른다.

■성보문화재

영천사는 원주 시내에 자리하여 평지에 가람이 들어서 있다. 경내 왼쪽에는 연못이 있고, 그 주변도 아담하게 꾸며져 있다. 연못을 지나면 바로 경내로 들어선다. 경내는 마을 안에 자리하기 때문에 그다지 넓지는 않다.

가장 위쪽에 대웅전이 자리하고, 그 오른쪽에 삼성각이 있다. 삼성각 아래는 요사 겸 종무소로 쓰는 시멘트 건물이 있고, 그 맞은편에 2층 규모의 커다란 유치원이 있다. 유치원 옆은 자그마한 놀이터다.

• 대웅전

팔작지붕에 앞면 3칸, 옆면 2칸의 규모로 1966년에 지었다.

안에는 석가여래좌상을 중심으로 좌우에 관음 · 지장보살이 협시하고 있는 금동삼존불상이 봉안되어 있다. 그 밖에 협시보살상 좌우에 또 다른 작은 관음 · 지장보살상이 놓여 있어 불단 위에는 전부 5위의 불보살상이 봉안되어 있다. 모두 근래에 봉안한 작품이다. 불화로는 후불탱을 비롯하여 신중탱 2점이 있다.

• 삼성각

대웅전 오른쪽에 있는 삼성각은 근래에 지은 건물로, 맞배지붕에 앞면 3칸, 옆면 2칸의 규모를 하고 있다.

안에는 근래에 조성한 칠성탱 · 독성탱 · 산신탱이 봉안되어 있다.

• 영전사지 보제존자 사리탑

본래 영전사에는 고려 말의 고승 보제존자 나옹 스님의 사리탑이 있었다. 1914년 서울 경복궁으로 옮겨 뜰에 놓였다가, 최근 용산 국립중앙박물관이 개관하면서 다시 그 뜰로 옮겨졌다.

사리탑은 부도 모양을 취하는 일반적인 승려의 묘탑과는 달리 2중의 기단 위에 3층의 탑신을 올려 불탑형식을 취한 유일한 예이다. 사리탑의 높이는 3.92m이며 현재 보물 제358호로 지정되어 있다.

하층기단은 지대석 위에 중석을 놓았는데 중석에는 우주와 탱주 1주가

영전사지 보제존자 사리탑(국립중앙박물관)

있고, 하단에는 1단의 턱을 대어 신라 말기 이래의 양식을 취하였다. 갑석은 상면에 경미한 경사가 있고 중앙에는 얕은 굄이 있다.

상층기단의 중석에는 우주와 탱주 1주씩이 있고 갑석은 밑쪽에 부연이 있으며, 위쪽에는 경사가 있는 가운데 비교적 높은 굄이 있다. 주목되는 점은 이 굄 위에 별석의 옥신굄이 삽입되었는데 밑은 내만곡선을 그리면서 깎았고, 위에는 다시 얕은 층단을 만들었다. 이러한 별석굄의 삽입은 고려시대 불탑양식의 특색이다. 이 사리탑에서 별석양식은 신라의 성주사지 삼층석탑 이래의 양식을 따른 것이다.

탑신부는 옥신석과 옥개석이 각각 1석씩이며, 옥개석은 불탑 옥개석과 같은 형식으로 각 층 4단씩의 받침이 있다. 2기 중 1기의 초층 옥개석은 양식상 차이가 있어 원래 이 탑에 속하였던 것인지 알 수 없다.

상륜부는 2기 모두 불완전하여 하나는 노반 · 복발 · 보륜 등이 남아 있고, 다른 하나는 복발과 보륜만 남아 있다.

이 사리탑은 승려의 묘탑으로서는 이례적인 것이다. 중국에서는 승려의 사리탑을 불탑 모양으로 세운 경우가 많으나 우리나라에서는 이 탑 외에 불탑 형식의 사리탑이 발견되지 않고 있다. 특히 나옹 스님은 선승이기 때문에 불탑 형식의 사리탑을 세우게 된 동기를 더욱 알 수 없다. 더욱이 거의 같은 양식으로 2기를 건립하였음도 특이한 일이다.

이 탑비가 일제강점기에 경복궁으로 옮겨질 때 탑 안에서 사리장엄구가 발견되었고, 그 중 한 탑에서는 지석(誌石)이 발견되어 승려의 묘탑으로 밝혀졌다. 탑지(塔誌)에 1388년(우왕 14)에 건립하여 나옹 스님의 사리 1매를 봉안하였음이 적혀있다.

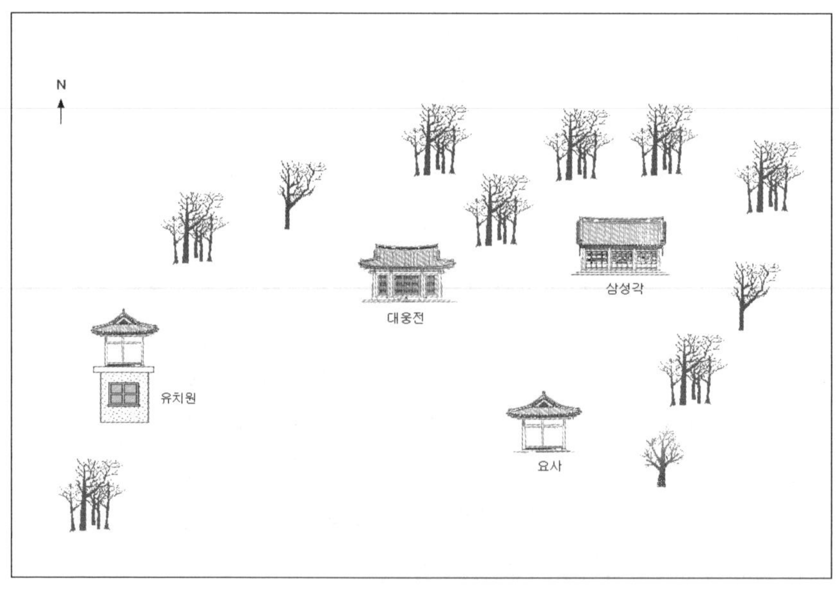

영전사의 가람배치

입석사

■위치와 창건

입석사(立石寺)는 원주시 소초면 흥양리 산50번지 치악산(雉岳山)에 자리한 대한불교조계종 제4교구 본사 월정사의 말사이다.

원주에서 동북쪽으로 약 7km 가량 가면 예부터 강원도 엿으로 유명한 황곡(黃谷) 마을이 있고, 이곳에서 동쪽으로 치악산을 3km 가량 올라가면 높

입석사 대웅전

이 50m의 절벽 위에 10m 높이로 우뚝 서 있는 네모꼴 바위 입석대(立石臺)가 있다. 이 바위와 남쪽 50m 지점에 있는 신선대(神仙臺) 샛길로 들어가면 왼쪽에 입석사가 보인다. 사륜구동차는 매표소에서 입석사 경내 앞까지 갈 수 있지만, 일반 승용차는 반쯤 가면 있는 주차장에서 내려 걸어 올라가야 한다. 대중교통을 이용할 경우 원주 시내에서 황골 행 82번, 82-1번 시내버스를 타고 가서 종점인 황골마을에서 내린다. 여기부터 매표소까지 걸어서 1시간 가량이고, 매표소부터는 30~40분 정도 걸린다.

이 절의 역사 기록은 전혀 전해지지 않고 신라시대 의상대사가 토굴을 짓고 수도하였다는 말만 전해지고 있다. 그러나 입석대 앞쪽에 있는 삼층석탑과 입석대 서북쪽 약 20m 지점의 석벽에 새겨진 마애여래좌상으로 이 절의 역사를 엿볼 수 있다.

최근에 와서는 1957년 요사를 지었고, 1992년에 대웅전을 지으며 오늘에 이른다.

입석대

비록 규모는 작지만 상원사와 비로봉으로 오르는 중간 지점에 있고 기도처로서 적합한 사찰이다.

■ 성보문화재

입석사 가람은 경사면에 자리하고 있다. 대웅전과 요사가 거의 나란히 있고, 삼성각은 오른쪽 경사면을 따라 조금 올라간 곳에 자리한다. 대웅전 왼쪽으로 나 있는 계단과 철제 계단을 따라 가면 입석대가 있고, 그 옆에 고려시대 마애여래좌상이 있다.

본래 입석사는 입석대로부터 원주 쪽으로 약 1km 정도 떨어진 곳에 있었으나 뒤에 현재 입석사 옆의 옛터로 옮겼다가 최근에 새로 지은 것이라고 한다.

• 대웅전

대웅전은 팔작지붕에 앞면과 옆면 각 3칸씩의 규모로 최근에 새로 지었다. 본래는 1992년 지금 삼성각 앞에 있는 빈터에 자리하고 있었으나 무너져 지금의 위치로 옮겼다. 안에는 금동아미타여래좌상과 관음 · 세지보살좌상, 그리고 또 다른 관음보살좌상과 지장보살좌상이 봉안되어 있는데 모두 최근에 조성했다.

• 삼성각

대웅전 오른쪽 위에 자리 잡고 있다. 맞배지붕에 앞면 3칸, 옆면 2칸의 규모로 최근에 새로 지었다. 안에는 역시 최근에 조성한 칠성탱 · 독성탱 · 산신탱이 봉안되어 있다.

• 삼층석탑(청석탑)

높이 2.5m가 조금 안 되는 것으로, 조선시대 제3대 태종(太宗)이 옛 스승

대웅전 삼존불상

인 원천석(元天錫, 1330~?) 선생의 학문과 덕을 흠모하여 등극 후 여러 차례 벼슬할 것을 권하였으나, 선생이 치악산에 은거하여 나오지 않았으므로 그를 생각하고 기리기 위해 세웠다고 한다. 무너졌던 것을 다시 세운 이 탑의 기단부는 석탑의 부재들을 쌓아 구성하였고, 그 위에 연화문이 조각된 3개의 석재와 아무런 조각이 없는 1개의 옥개석이 놓여 있다. 3개의 연화문 조각이 있는 석재 중 아래의 2개는 이형탑에서 흔히 볼 수 있듯이 기단부를 복련과 앙련으로 하대석과 상대석을 구성하였다. 그러나 현재의 상대석은 원래의 위치에 놓여 있지 않다. 이 탑에서 가장 큰 특징은 제1층의 옥개석, 곧 가장 높은 곳에 있는 연화무늬의 돌이다. 탑신부의 옥개석에 연화무늬를 조각하는 것은 매우 드문 예로서, 이 탑에 대한 보다 깊은 관심과 연구가 뒤따라야 할 것이다. 이 탑은 강원도문화재자료 제19호로 지정되어 있다.

입석대 앞 청석탑

• 고려 마애여래좌상

마애여래좌상은 전체 높이 86cm이며, 뒤쪽에는 두광과 신광을 나타내었다. 결과부좌를 한 부처의 아래쪽에는 음각한 연화대가 조각되어 있다. 부처의 머리는 양각으로 처리하였고 그 아래는 선으로 처리하였다. 가장 윗부분에 있는 나발과 풍만한 얼굴은 잘 조화되어 있으며, 목의 삼도는 잘 나타나 있지 않으며, 불의(佛衣)는 양쪽 어깨를 덮고 있는 통견의(通肩衣)이다. 사실적으로 잘 표현된 오른손은 가슴 앞쪽으로 들었고, 왼손은 결가부좌한

입석대 마애여래좌상

다리 위에 자연스럽게 놓고 있어 수인이 아미타불의 설법인임을 한눈에 알 수 있다. 또한 이 불상이 정서(正西) 방향에 위치하고 있어 아미타여래좌상임을 쉽게 알 수 있다.

불상의 형식으로 보아 고려 초기에 만들어진 것으로 추정된다. 마애불을 바라보아서 왼쪽 대좌 위에 만든 시기를 적은 명문(銘文)이 있는데 워낙 오래되어 판독이 정확하지 않지만, 11세기에 해당하는 '원우(元祐)' 라는 명문이 새겨져 있는 것으로 알려져 있다.

현재 '원주 흥양리 마애석불' 이라는 이름으로 강원도유형문화재 제117

호로 지정되어 있다.

• 영천

신선대 바위 아래에는 극심한 가뭄에도 마르지 않는 영천(靈泉)이 있다. 이 약수는 1300년 전에 발견되었고, 치악산 산신이 즐겨 마셨다는 전설이 깃들어 있어 많은 사람들이 찾아오고 있다. 특히 일부 신봉자들은 이곳에서 해마다 산신제를 지내며, 평소에도 산신기도를 드리러 오는 이들이 많다.

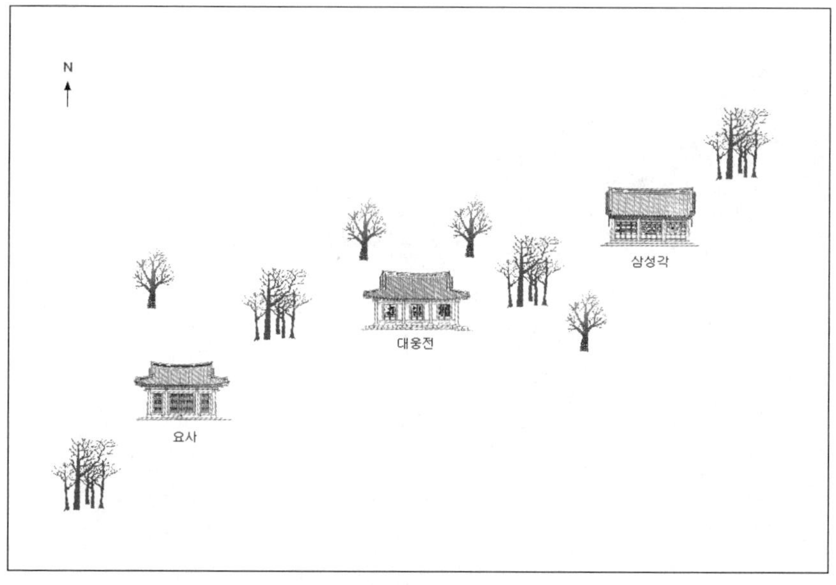

입석사의 가람배치

거돈사지

■위치와 창건

원주시 부론면 정산리 현계산(현계산) 아래에 거돈사(居頓寺)의 옛터가 자리한다. 거돈사지는 사적 제168호로 지정되어 있다.

거돈사는 신라시대에 창건되었으나 창건연대는 확실하지 않다. 고려 초기에 대찰의 면모를 이룩하였다. 그렇지만 관계기록이 전하지 않아서 지금

거돈사지 전경

은 언제 폐사되었는지조차 알 수가 없다.

현재 약 7,500여 평의 절터에 있는 금당지에는 앞면 6줄, 옆면 5줄의 초석이 남아 있어 본래는 20여 칸의 대법당이 있었던 것을 알 수 있다.

금당지 중앙에는 높이 약 2m의 화강석 불대좌가 있고, 금당지 앞에는 보물 제750호로 지정된 삼층석탑이 있다. 또 절터에 있는 민가의 우물가에는 탑 옆에서 옮겨왔다는 배례석(拜禮石)이 놓여 있는데 그 크기는 1,358cm이며, 앞면과 옆면에 안상(眼象)을, 그리고 상부에는 연꽃무늬가 조각되었다.

삼층석탑으로부터 북쪽 약 50m 지점에는 보물 제78호로 지정된 거돈사 원공국사승묘탑비가 있으며, 이 비석 서쪽 60m 지점에는 원공국사승묘탑이 있었다. 이 탑과 탑비는 일제강점기에 서울에 사는 일본인 와다(和田稔)가 자기의 집으로 옮겼던 것을 1948년에 경복궁으로 옮겼으며, 현재는 용산으로 이전한 국립중앙박물관 뜰에 있다. 이 부도는 매우 아름다운 고려시대 부도로서 보물 제190호로 지정되어 있다.

그리고 절터에서 약 30m 아래에는 높이 9.6m의 거대한 미완성품 당간지주가 있다. 여기에는 돌을 운반하던 남매 장사 중 남동생이 죽게 되자 미완성으로 남게 되었다는 전설이 전하는데, 남동생이 옮겨오다가 만 다른 하나의 지주는 지금도 한계산 동남쪽에 있다.

■거돈사지 삼층석탑

보물 제750호로 지정된 이 삼층석탑은 높이 5.44m로서, 일반형 석탑과는 달리 토단을 마련하고 3단의 장대석을 가지런히 쌓아 사각형 단(壇)을 만든 위에 탑을 세운 점이 특이하다. 사각형 단의 남쪽 면에는 돌계단을 만들었고, 그 위에 흙을 둔덕지게 쌓아 지대석을 놓았다. 지대석은 4매의 직사각형 판석을 엇물리기식으로 짰고, 상층기단 하대석 또한 4장의 판석을 같은 형식으로 쌓았으나, 지대석과는 그 방향이 다르다.

하층기단의 구성은 판석 사이에 직사각형 판석을 끼워놓고 우주(隅主)와

거돈사지 삼층석탑

탱주(撑柱)를 새겼으며, 하대중석(下臺中石) 또한 4매로서 각 면의 중앙부에서 접합시켰다. 그 상부 낙수면 위로는 중석받침과 1단의 탑신받침이 있다. 상층기단 중대면석(中臺面石)은 남북 쪽에 양 우주가 표현되게 장면(長面)을 대고, 동서면에 탱주만 새긴 면석을 끼워 맞춘 방식이다. 수평한 낙수면을 가진 상대갑석(上臺甲石) 위로는 몰딩과 각형(角形) 탑신굄을 만들었다.

탑신부는 각 층마다의 옥신과 옥개석을 한 돌로 구성하고, 각 층 옥신에 우주를 새겼다. 옥개석의 낙수면은 두꺼우면서도 끝부분을 살짝 반전시켰고, 옥개받침은 각 5단씩 표현되었다. 옥개석 상면에는 각형의 2단굄을 마련하여 위층 옥신석을 받쳤고, 각 옥개석마다 전각부(轉角部)에 풍탁(風鐸)을 달았던 작은 구멍이 뚫려 있다.

상륜부는 현재 노반 위에 복발(覆鉢)만이 남아 있다.

전체적으로 초층탑신이 기단부에 비해 급격하게 줄어 왜소한 감을 주며, 옥개가 반전하면서도 전각을 수직이 아닌 사선으로 마무리한 점 등은 통일신라 후기의 석탑형식을 잘 보여 주는 예가 된다. 그러나 탑신 자체에 별다

원공국사승묘탑비

른 장식이 없고 옥개받침이 5단인 점 등은 통일신라 초기의 석탑 형식을 충실히 따른 것이다.

■ 거돈사 원공국사승묘탑비

현재 거돈사지에 있는 이 원공국사승묘탑비(圓空國師勝妙塔碑)는 1025년(현종 16)에 세운 것으로, 현재도 보존상태가 좋은 편이다. 보물 제78호로 지정되어 있다.

비신(碑身)을 등에 진 귀부(龜趺)는 용의 얼굴을 취하고 있는데, 그 해학적인 모습만으로도 고려 초기 귀부를 대표할 만하여, 귀갑(龜甲)에는 만(卍)자 등 길상을 나타내는 화려한 문양이 조각되어 있다. 비신 위의 이수(螭首)는 아랫부분에 주련을 드리워 비석 위를 덮은 천개(天蓋)의 모습을 취하였으며, 구름 위를 나는 여섯 마리의 뿔 없는 용이 보주(寶珠)를 취하려 하면서 노닐고 있다. 가히 귀부와 이수의 조각이 일품이라 하지 않을 수 없는 걸작이다.

비신의 비문은 해동공자(海東孔子)로 중국에까지 그 이름이 널리 알려진 고려의 유명한 문장가 최충(崔沖)이 지었으며, 김거웅(金巨雄)이 전액을 쓰고 비문도 해서체로 썼다. 글자는 승려 정원(貞元) · 계상(契想) · 혜명(惠明) · 득래(得來) · 혜보(惠保) 등이 새겼다.

글씨를 쓴 김거웅의 행적은 알 수 없으나 고려시대 비중에서도 최고급이라 할 수 있는 뛰어난 글씨라는 것이 평론가들의 일치된 견해며, 서예사적 측면에서 볼 때 서품(書品)이나 각자(刻字)가 중국에 비하여 조금도 뒤지지 않는 매우 값진 작품으로 평가되고 있다.

탑비의 주인공 원공국사는 고려 초기의 천태학승(天台學僧)으로, 법명은 지종(智宗)이다. 930년(태조 13) 전주가 본관인 이행순(李行順)의 아들로 태어났으며, 937년(태조 20) 개경의 사나사(舍那寺)에 머물고 있던 인도승 홍범삼장(弘梵三藏)에게서 머리를 깎았다. 홍범삼장이 그해에 인도로 돌아가자 광화사(廣化寺)의 경철(景哲) 스님 밑에서 수업하였고, 946년(정종 1) 영통사(靈通寺)의 관단(官壇)에서 구족계를 받았다. 953년(광종 4) 희양산(曦陽山)의 초(超)선사를 만나 환대받았고, 954년 승과에 합격하였다. 959년 오월(吳越)에 유학하여 영명사(永明寺)의 연수(延壽) 스님 문하에서 2년 동안 공부해 연수 스님으로부터 심인(心印)을 전하여 받았다. 961~968년까지의 7년 동안 국청사(國淸寺)의 정광(淨光) 스님으로부터 『대정혜론(大定慧論)』을 배워 천태교를 전수받았으며, 귀국 직전의 2년 동안 전교원(傳敎院)에서 『대정혜론』과 『법화경』 등을 강의하여 명성을 떨쳤다.

970년에 귀국하자 광종은 대사(大師)의 법계를 내리고 금광선원(金光禪院)에 머물게 하였으며, 975년 중대사(重大師)를 더하고 마납가사(磨衲袈裟)를 시여하였다. 경종은 즉위하여 삼중대사(三重大師)를 제수하고 수정염주(水晶念珠)를 하사하였으며, 성종은 적석사(積石寺)로 옮겨 거주하게 하고 호를 혜월(慧月)이라 하였으며, 990년(성종 9)부터는 5년 동안 궁중에서 설법하게 하고 마납가사를 하사하였다. 목종은 광천변소지각지만원묵선사

(光天遍炤至覺智滿圓默禪師)라는 호를 더하고, 불은사(佛恩寺) · 호국외제석원(護國外帝釋院) 등에서 머물게 하였다.

현종은 대선사(大禪師)를 제수하고, 광명사(廣明寺)에 주석하도록 청하였으며, 적연(寂然)이라는 법호를 주었다. 1012년(현종 3) 왕사(王師)가 되었고 3년 후에는 보화(普化)라는 법호를 받았으며, 1018년 거돈사로 옮겼다가 입적하였다. 현종은 국사로 추증하였고, 시호를 원공(圓空)이라 하였으며, 탑호(塔號)를 승묘(勝妙)라 하였다.

고려의 다섯 왕으로부터 극진한 대접을 받았던 스님은 제관(諦觀) 스님 이후 한때 맥이 끊어졌던 천태학을 다시 계승하였을 뿐만 아니라, 사상의 폭이 천태에만 머물지 않고 선(禪)과 염불 등을 함께 통달한 점에서 높이 평가되고 있다. 아울러 스님이 거돈사에서 입적한 것으로 보아 이 절은 고려 초기 천태종의 대표사찰이었을 가능성이 매우 크다.

■거돈사 원공국사승묘탑

원공국사승묘탑비가 있는 뒤쪽 언덕에는 현재 원공국사승묘탑의 지대석(地臺石) 두 쪽만 남아 있다. 따라서 현재 국립중앙박물관 뜰에 있는 승묘탑은 지대석 없이 기단하대석(基壇下臺石)이 바로 땅 위에 놓여 있는데, 현재의 높이는 2.68m이다. 보물 제190호로 지정되어 있다.

하대석은 8각으로 각 면에는 일반적인 안상(眼象)이 하나씩 있고 그 안에 꽃 모양을 양각하였다. 상면에는 갑석(甲石)의 모양을 각출하고, 16잎의 복판연화(複瓣蓮華)를 새겼으며, 그 위로 3단의 몰딩(molding)을 두어 중대석(中臺石)을 받치고 있다.

중대석도 8각으로 상하에 테를 돌리고 각 면 좌우로 1단의 굴곡을 둔 간략한 안상을 두었으며, 그 안에는 팔부신중(八部神衆) 한 구씩을 조각하였다. 상대석은 판내에 꽃모양을 나타낸 단판연화(單瓣蓮華) 16잎을 상하 이중으로 돌려 앙련(仰蓮)을 삼았고, 상면에는 호형(弧形)을 중심으로 그 상하

원공국사승묘탑(국립중앙박물관)

에 각형(角形)을 안배하여 8각 3단의 굄을 마련하였다.

탑신 8각으로 모퉁이에는 주형(柱形)이 있으나 화문대(花紋帶)로 장식하였고 각 면에는 전후 양면에 문비형(門扉形)과 문약형(門扉形)을, 좌우 양면에는 창호형(窓戶形)을, 그리고 남은 네 면에는 사천왕상을 양각하였다.

옥개석 역시 팔각으로 탑신과 접하는 곳에 4단받침을 표출하고, 그 위에 각형연목(角形椽木)을 새겼다. 추녀는 얇고 귀퉁이에는 반전(反轉)이 뚜렷하다. 옥개윗면에는 팔조우동형(八條隅棟形)이 곡선을 그리며 흐르다가 전각(轉角)에 이르러 귀꽃을 달았고, 낙수면에는 기와골을 모각하였고, 추녀에 이르러 암막새와 수막새를 새겨서 상하 모두 목조건축의 지붕을 충실히 모방하였다. 정상에는 팔각형의 보개(寶蓋)와 보륜(寶輪)이 얹혀 있을 뿐이다. 이 탑은 조형의 비례가 알맞고 중후한 품격을 풍기는 우수한 작품이다.

법천사지

■위치와 창건

원주시 부론면 법천리 명봉산(鳴鳳山) 자락에 법천사지(法泉寺址)가 있다. 이 절터는 옛 법천사의 절터로 현재 강원도기념물 제48호로 지정되어 있다.

법천사는 725년(성덕왕 24)에 창건되었고, 고려 문종 때 지광(智光)국사

법천사지 전경

가 머물면서 대찰의 면모를 갖추게 되었다. 조선 초기에는 유방선(柳方善)이 머물면서 강학(講學)하였는데, 이때 여기서 그에게 배운 한명회(韓明澮)·강효문(康孝文)·서거정(徐居正)·권람(權擥) 등이 탑에 그들의 이름을 새겨 놓았다. 그 뒤의 역사는 자세히 전해지지 않으나 임진왜란 때 전소된 뒤 중창되지 못했다고 한다.

문화재로는 금당터의 북쪽에 있는 국보 제59호 지광국사현묘탑비(智光國師玄妙塔碑)를 비롯하여 불상 광배(光背), 불두(佛頭), 연화문대석(蓮華紋臺石), 용두(龍頭), 그리고 석탑 부재 등이 있다. 지광국사현묘탑비 옆에는 국보 제101호로 지정된 지광국사의 부도가 있었는데, 1910년 이후 일본으로 반출되었다가 1945년 8·15광복 이후에 국내 여론으로 다시 반환되어 서울 경복궁 뜰에 있다가 지금은 용산의 국립중앙박물관 뜰에 보존되어 있다.

또한 절터 남쪽 약 800m 지점에는 완전한 형태의 당간지주(幢竿支柱)가 있다. 높이 2.80m에 화강암으로 조성한 이 당간지주는 신라시대의 작품으로 당시 법천사의 규모를 알 수 있게 하는 유물이다.

■지광국사현묘탑

높이 6.1m로 현재 국보 제101호로 지정된 이 사리탑(舍利塔)은 고려시대의 고승 지광국사 해린(海麟) 스님의 부도다.

신라시대 이래 유행했던 팔각원당형(八角圓堂形)이라는 부도의 기본형에서 벗어나 사각형을 기본으로 하는 새로운 양식을 보이고 있는 특이한 예이며, 우리나라 부도 중 최대의 걸작으로 꼽히고 있다.

부도의 구성은 기단부 위에 탑신(塔身)을 놓고 그 위에 옥개석(屋蓋石)과 상륜부(相輪部)를 쌓았다.

기단부는 7층의 석재각부마다 조각이 가득 장식되어 있다. 지대석(地臺石)이 매우 넓고 층층의 넓이와 높이에 변화를 주었으며, 특히 지대석의 네 귀퉁이에는 용의 발톱 모양 같은 조각이 지면까지 닿아서 지상에 완고하게

지광국사현묘탑(옛 국립중앙박물관)

밀착된 듯 안정감을 주고 있다. 그리고 지대석 최상층의 갑석(甲石)에는 화려한 장막형이 사면에 드리워져 있어 장엄을 더해 주고 있다. 뿐만 아니라 각 면에는 안상(眼象)·운문(雲紋)·연화문(蓮花紋)·초화문(草花紋)·보탑(寶塔)·신선(神仙) 등이 빈틈없이 가득 조각되었다.

탑신에는 앞면과 뒷면에 문비(門扉)와 좌우의 페르시아풍의 창을 조각하고 다시 영락(瓔珞)으로 장식하였다. 옥개는 천개(天蓋)의 형태로서 장막이 늘어졌고, 옥개석 낙수면에 해당하는 위치에는 불(佛)·보살(菩薩)·봉황(鳳凰) 등의 조각이 가득하다.

상륜부도 앙화(仰花)·복발(覆鉢)·보개(寶蓋)·보주(寶珠)가 층층이 올려 있고 전면에 조각이 가득 장식되었다.

전체적으로 보아 매우 자유로운 의장으로 조형되었을 뿐 아니라 조각이 풍부하면서도 정교하다. 그 반면에 웅건한 기풍이 없고 기교에 치우친 점이 눈에 띄지만 고려시대의 부도로서 다른 어떤 것에 비할 수 없을 만큼 우수한 작품임에는 틀림이 없다.

지광국사현묘탑비

이 부도탑에는 본래 기단 네 뒤퉁이에 사자가 1구씩 있었으나 지금은 남아 있지 않다.

■지광국사현묘탑비

법천사지에 있는 지광국사 해린 스님의 탑비로, 전체높이 4.55m, 비신 높이 2.95m, 너비 1.41m이며 현재 국보 제59호로 지정되어 있다.

1085년(선종 2)에 세워졌으며, 고려시대 석비를 대표할 만한 걸작으로 조각수법이 뛰어나다. 비신 옆면에 새긴 운룡조각과 귀부의 귀갑문 안에 새긴 '王' 자 등이 매우 특이하다. 또한 비면 가장자리에 새긴 보상 당초문이나 이수의 네 귀퉁이에 단 귀꽃 및 이수 중앙의 상륜부 보주(寶珠)가 매우 화려하다.

비문은 당대의 명신 정유산(鄭惟産)이 짓고 명필 안민후(安民厚)가 썼다. 글씨는 구양순체를 기본으로 부드러움과 단아함을 추구하였다.

이 탑비의 주인공인 해린 스님은 고려 문종 때의 국사(國師)이며 법상종

(法相宗)의 고승으로, 성은 원씨(元氏), 본관은 원주(原州), 자는 거룡(巨龍)이다. 어려서 이수겸(李守謙)에게 수업하다가 출가의 뜻을 품고 법천사(法泉寺) 관웅(寬雄) 스님을 찾아가 불경을 배웠으며, 관웅 스님을 따라 서울로 올라가 개경 해안사(海安寺)에서 준광(俊光)의 제자가 되었다. 그는 관웅에게 유식학(唯識學)을 수업하였는데, 해린은 관웅이 지어 준 법호다.

999년(목종 2) 용흥사(龍興寺) 관단(官壇)에서 구족계를 받고, 1001년에는 숭교사(崇敎寺)의 개창과 함께 명성을 얻게 되었다. 이어 자운사(慈雲寺)의 법회에 참석한 뒤, 관웅이 있던 법천사로 옮겨 수업하였으며, 1004년 왕륜사(王輪寺)에서 실시된 대선(大選)에 급제, 대덕(大德)이 되었다. 1011년(현종 2) 본사인 법천사로 돌아가던 중 진조(眞肇)를 만나 역산법(曆算法)을 배웠고, 그해에 대사(大師)가 되었다. 1021년 평양 중흥사(中興寺)에서 중대사(重大師)가 된 뒤, 수다사(水多寺)의 주지가 되었으며, 1030년 다시 개경 해안사의 주지가 되었다. 덕종 때에는 삼중대사(三重大師)가 되었다가 곧 수좌(首座)가 되었고, 1045년(정종11) 승통(僧統)이 되었다.

1046년(문종 1) 궁중에 초청받아 유심묘의(唯心妙義)를 강의하고, 이듬해 이자연(李子淵)의 다섯째 아들 소현(韶顯)을 출가시켰다. 1054년 현화사(玄化寺) 주지가 되어 절을 크게 중수하고 법상종 교단을 이끌었으며, 1056년 왕사(王師)가 되었고, 1058년 봉은사(奉恩寺)에서 국사에 올라 극진한 예우를 받았다.

1059년 내전(內殿)에서 개최된 백고좌(百高座)의 제일 설주(說主)가 되었으며, 1067년 은퇴하여 본사인 법천사로 돌아가 머물다가 1070년 10월에 입적하였다. 시호는 지광(智光), 탑호(塔號)는 현묘(玄妙)다.

탑비에 기록된 스님의 이와 같은 형적을 통하여 법천사는 개성 현화사와 함께 고려 초기 법상종의 대찰이었다는 사실을 알 수 있다.

흥법사지

■위치와 창건

원주시 지정면 안창리 전등산(傳燈山) 기슭에 흥법사(興法寺)의 옛터가 자리한다.

옛날 매우 큰 사찰이 있었을 이 흥법사지 일대는 대부분 경작지로 바뀌어 있다.

흥법사지 전경

창건을 비롯한 역사 또한 거의 전해지지 않는다. 다만 현존 유물에 의존하여 신라 말에 창건되었고, 940년(태조 23)에 진공(眞空)대사 충담(忠湛)스님의 탑과 비를 세웠으며, 조선 초기 이후 폐사가 되었다는 사실 정도만 알 수 있을 뿐이다.

현재 강원도문화재자료 제45호로 지정된 절터에는 보물 제464호 삼층석탑을 비롯하여 보물 제463호 진공대사탑비귀부 및 이수, 석축, 문지(門址)와 초석들이 산재되어 있다. 또한 보물 제365호 진공대사탑과 탑비의 신석(身石)은 1931년에 경복궁으로 옮겼다가, 현재 용산 국립중앙박물관 뜰로 옮겨 놓았다. 그리고 국립중앙박물관 뜰에는 흥법사지에서 옮겨왔다고 하나 그 사실이 입증되지 않고 있는 국보 제104호 전흥법사염거화상탑(傳興法寺廉居和尙塔)이 있다.

■**흥법사지 삼층석탑**

높이 3.69m의 이 석탑은 2층의 기단 위에 3층의 탑신(塔身)을 쌓은 전형적인 일반형 석탑으로, 현재 보물 제464호로 지정되어 있다.

지대석 위에는 하대석과 그 위의 면석을 한 돌로 만들어 4장의 돌로 구성한 하층기단이 있다. 이 기단의 각 면에는 우주(隅柱)나 탱주(撑柱)의 모각 없이 각 면에 3구씩의 안상(眼象)을 새겼고, 안상 안에는 땅으로부터 솟아난 꽃 모양의 조각이 있다. 이는 고려시대 석탑의 한 특징이기도 하다. 그 위에 놓인 2매로 된 갑석(甲石)은 폭이 좁은 편이고 상면에는 심한 경사가 있어 특이하며, 중앙에는 상층기단을 받치기 위한 얇은 1단의 굄이 있어 약화(略化)의 과정을 밟고 있다.

상층기단 면석은 여러 장의 판석을 이용하여 불규칙으로 구성하였는데, 규모는 특히 장대하여 우주와 탱주의 폭은 아주 좁아졌다. 2매로 덮은 상층기단 갑석의 하면에는 부연이 없고 상면에는 경사가 있으며, 중앙에 각형 3단의 받침이 있음도 특이하다.

흥법사지 삼층석탑

탑신부는 기단에 비하여 급격히 작아져서 비례가 맞지 않는다. 너비는 반으로 줄어들었고 높이는 약 3분의 2로 줄어들었으며, 초층 옥신에 비하여 2층 이상의 옥신 높이 또한 2분의 1로 줄어들었다. 각층 옥신에는 가느다란 우주형을 모각하였고 초층 옥신 한면에만 문비(門扉)와 자물쇠가 새겨져 있을 뿐 다른 조각은 없다.

옥개석의 추녀 부분은 손상이 많은 편이며, 하면의 받침은 각 층 4단이고, 얕은 받침에 비하여 낙수면이 두꺼워서 경사가 심하고 추녀 밑은 전각(轉角)에 이르러 약간의 반전(反轉)을 보이고 있다. 이들은 모두 고려시대 탑의 일반적인 양식이다. 옥개석의 정상에는 옥신석을 받치기 위한 1단의 각형(角形)굄이 있다.

상륜부에는 손상이 많은 노반(露盤)과 함께 우뚝 솟은 보주(寶柱)가 남아 있다.

전체적으로 볼 때 이 석탑을 규모가 작고 기단부와 탑신부의 비례가 균형을 이루지 못하고 있으며, 표면 조각도 형식에 치우쳐 있어 건립 연대 자체

진공대사탑비 귀부 및 이수

를 고려 초기를 훨씬 지난 시기로 보고 있다.

■진공대사탑비 귀부 및 이수

940년(태조 23)에 건립한 진공대사 충담(忠湛) 스님의 탑비로서, 현재 절터에는 높이 95cm의 귀부와 높이 99cm의 이수만 남아 있다. 보물 제463호로 지정되어 있다.

비신(碑身)은 일찍이 도괴되어 1931년에 단석(斷石) 4개를 경복궁으로 이전 보관하였는데, 비신의 중간 부분이 없어져서 충담 스님의 상세한 행적은 알 수가 없다.

현존 비문에 의하면, 충담 스님은 경주의 귀족 출신으로 성은 김씨이며, 869년(경문왕 9)에 태어났다. 어려서 부모를 여의고 출가하여 장순(長純)선사의 제자가 되었으며, 889년(진성왕 3)에 무주 영신사(靈神寺)에서 구족계를 받은 뒤 법상부(法相部)의 유식학(唯識學)을 배우고 율장(律藏)을 연구하였다. 그 뒤 당나라에 유학하여 운개 선우(雲蓋禪宇)에서 정원(淨圓) 스님에게 예배하고 율맥(律脈)을 이었으며, 명산의 불교유적을 살펴보고 904년에서 907년 사이에 귀국하였다. 그러나 귀국 후의 행적은 비문의 결실로 자세히 알려지지 않고 있다. 다만 고려 태조가 왕사(王師)의 예로써 대우하였는데 그 예우가 극진하였다는 것과 940년에 71세의 나이로 흥법사에 입적하였음을 알 수 있을 뿐이다. 따라서 이 흥법사의 정확한 사격(寺格)이 무엇인지는 구체적으로 밝혀 낼 수 없다. 다만 스님이 율장을 깊이 연구하였다는 사실로 미루어, 이 절에 법상종의 계단(戒壇)이 있지 않았을까 추정하여 볼 수 있다.

현재 절터에 남아 있는 귀부(龜趺)와 이수(螭首)는 원형이 잘 보존되어 있는데, 활달한 모습의 귀부와 깊게 새긴 이수의 운룡(雲龍)이 화려하며, 이수 앞면 가운데에는 '眞空大師' 라는 전액(篆額)이 있다.

비문은 태조가 짓고 문신 최광윤(崔光胤)이 당나라 태종의 글씨를 집자한 것으로 유명하다. 글씨는 2~4cm 크기의 행서로 신라 말엽 이미 당 태종의 글씨가 전래되었다는 기록을 입증해 주는 좋은 자료가 된다. 비의 뒷면에는 대사가 태조에게 올린 표(表)가 해서로 새겨져 있다.

거의 모든 글씨를 당 태종의 글씨에서 집자한 것이기 때문에 우리의 고유한 구성미는 찾아 볼 수 없으며, 전체적으로 흐르는 서풍은 역시 당 태종이 좋아한 왕희지(王羲之)의 서풍임을 여실히 드러내고 있다.

■진공대사탑 및 석관

국립중앙박물관에 있는 이 부도의 높이는 2.91cm, 부도 앞에 놓인 석함의 높이는 48cm다. 현재 보물 제365호로 지정되어 있다.

부도의 가장 아래쪽은 여러 장의 돌로 짜여 있으며, 팔각의 2단 몰딩이 마련되어 있는 지대석 위에 기단부 · 탑신부 · 상륜부가 놓여 있다.

기단부의 하대석은 연화대석으로 이루어졌으며, 모서리마다 연판(蓮瓣) 안쪽에 나지막한 귀꽃이 장식되어 있다. 복련 밑은 높직한 면석으로 이루어

흥법사지 진공대사탑 및 석관
(국립중앙박물관)

졌고, 그 상단은 갑석형이 모각되었으며, 각 면에는 뿔이 안쪽으로 날카롭게 뻗은 안상(眼象) 1구씩이 음각되었는데, 이 안상 안에 화형문(花形紋)이 장식되었다.

팔각의 모서리를 모죽임하여 거의 원형에 가까운 중대석에는 웅장한 구름무늬와 함께 뒤엉켜 있는 용의 모체가 꿈틀거리는 듯 웅건하게 조각되어 있다. 용의 눈 · 코 · 입 · 비늘 등이 생동감있게 표현되어 있어 승천하는 용의 모습을 연상시켜 주고 있다.

앙련(仰蓮)으로 이루어진 상대석은 아랫부분에 1단의 받침이 마련되어 있고 윗면에는 2단의 팔각받침이 조출되어 있다. 16엽의 복판(複瓣)으로 된 앙련과 하대석의 복련은 서로 대칭적인 모습을 보이고 있지만, 하대와는 달리 귀꽃이 장식되어 있지 않았음을 볼 수 있다.

팔각의 탑신은 한 장의 돌로 만들어진 것으로 각 모서리에는 기둥 모양이 모각되어 있는데, 기둥 내부의 가운데 부분과 위아래 부분에 꽃무늬가 장식된 특이한 형식을 취하고 있다.

탑신 위를 덮고 있는 옥개석(屋蓋石)은 팔각의 1매석으로, 밑면에는 3단의 옥개받침과 이중으로 된 서까래가 표현되어 있어 목조건축의 의장을 엿볼 수 있다. 경사가 완만한 옥개의 낙수면(落水面)에는 여덟 개의 우동(隅棟)이 굵게 표현되었고, 전각의 반전이 심한 각 모서리에는 귀꽃이 높이 솟아 있다. 옥개석의 윗면에는 기와를 입힌 모양의 기왓골이 사실적으로 표현되어 있는데, 각 면의 추녀 끝에 이르러서는 암막새와 수막새까지도 상세하게 모각함으로써 아랫부분의 서까래와 함께 당시 목조건축의 일면을 잘 보여 주고 있다.

상륜부는 보개(寶蓋)만이 남아 있을 뿐 모두 결실되어 그 정확한 모습은 알 길이 없다.

부도의 왼쪽에 별도로 놓여 있는 석관(石棺)은 경문(經文)과 함께 진공대사와 관련이 있는 유물을 봉안하는 돌로 만든 상자로서, 뚜껑까지 완전하게 구비하고 있는 희귀한 예이다. 윗부분을 수평으로 자른 우진각지붕 모양의 개석(蓋石)과 직사각형 상자 모양의 신부(身部)로 이루어진 이 석관은 거의 완전한 모습을 갖추고 있다. 구연 뒤쪽 일부가 깨어진 신부는 넓은 횡대의 띠를 둘러서 상하 2단으로 구분되고 있는데, 그 중 하단부에는 앞과 뒤에 각 1좌씩, 좌우로 각 2좌씩 6좌의 안상이 새겨져 있다. 안상의 조각수법은 부도 기단부의 하대석에 마련된 안상과 동일하지만 부도에서와는 달리 내부에 아무런 조각이 없다.

이 석관은 영월 법흥사의 석관 등과 함께 승려의 장례(葬禮) 제도를 연구하는데 도움을 주는 귀중한 유물이다.

5. 영월군 · 정선군의 전통사찰

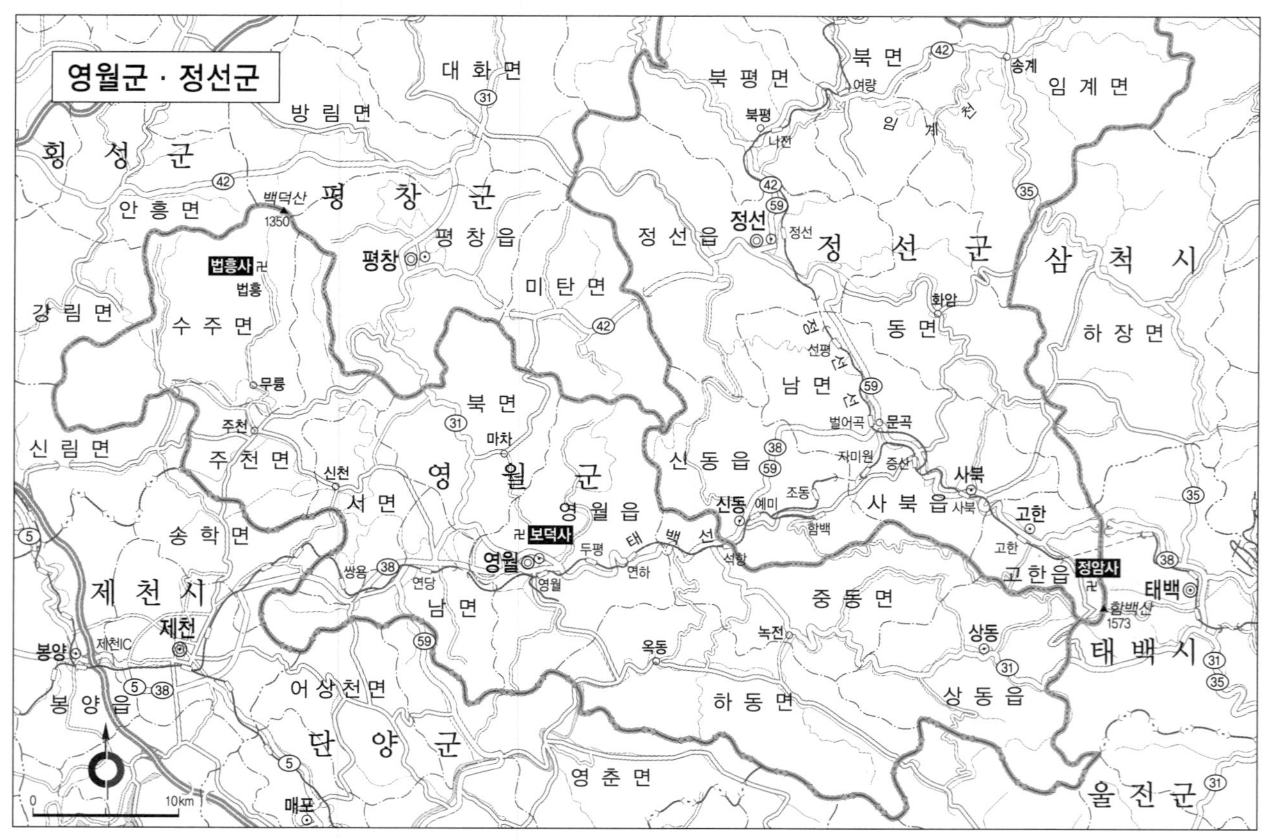
영월군 · 정선군
대 화 면
방 림 면
횡 성 군
안 흥 면
백덕산
1350
평 창 군
평창
평 창 읍
법흥사
법흥
강 림 면
수 주 면
무릉
주천
주 천 면
신 림 면
신천
서 면
송 학 면
제 천 시
제천
봉양
제천IC
봉 양 읍
어 상 천 면
단 양 군
매포
영 춘 면
미 탄 면
북 면
마차
영 월 군
영 월 읍
보덕사
영월
두평
연하
쌍용
연당
남 면
태 백 선
옥동
하 동 면
녹전
중 동 면
상동
상 동 읍
북 평 면
북평
나전
여량
북 면
송계
임 계 면
임 계 천
정 선 읍
정선
정 선 군
삼 척 시
하 장 면
화암
동 면
정 선 선
선평
남 면
벌어곡
문곡
자미원
증산
신 동 읍
신동
예미
조동
함백
석항
사북
사 북 읍
고한
고 한 읍
정암사
태백
함백산
1573
태 백 시
울 진 군
0
10km

영월군 · 정선군의 역사와 문화

영월군(寧越郡)은 강원도 남쪽에 자리하며, 동쪽은 태백시와 경상북도 봉화군, 서쪽은 원주시와 횡성군, 남쪽은 봉화군 · 영주시 및 충청북도 제천시 · 단양시, 북쪽은 평창군 등과 접한다. 인구는 2005년 말 현재 1만6,830명, 행정구역은 2읍 7면으로 이루어져 있다. 북쪽으로 차령산맥, 남동쪽으로 태백산맥이 뻗어 있고 두위봉(1,466m), 백운산(1,426m), 구룡산(1,346m), 태화산(1,027m), 백덕산(1,360m), 배향산(808.1m) 등이 솟아 있는 높은 산악지대이다.

군의 전역에서 구석기시대의 유물이 채집되었고, 고인돌 등 수많은 유적지가 발굴되는 것으로 보아 청동기, 초기 철기시대의 인류가 존재했음을 알 수 있다.

영월은 삼한시대 진한(辰韓) 땅이었으나 한강을 점령한 백제의 세력이 커지면서 그들의 영역에 속하게 되었고, 100가구가 겨우 넘는 작은 지역이라는 뜻으로 백월(百越)이라 불렀다. 그 뒤 미천왕 때 고구려의 속현이 되면서 내생현(奈生縣)이라 불렀다. 남한강 상류인 영월은 단양과 함께 삼국항쟁의 중심지로 영월읍 정양리의 왕검성(王儉城)을 중심으로 하여 고성(古城), 완택산성(莞澤山城), 태화산성(太華山城), 대야성(大野城), 온달성(溫達城) 등은 이때 축조된 성으로 고구려에 속하여 한강지역으로 급팽창하던 신라의 북진을 막아내는 전초기지의 역할을 담당했던 것으로 추측된다.

신라가 한강지역으로 세력을 확장하던 6세기 진흥왕 때 신라의 영토로 복속된 후 삼국통일이 완성된 757년(경덕왕 16) 내생현을 내성군(奈城郡)으로 고치면서 통일신라 9주 5소경의 하나인 명주(溟州)에 속하게 되었다. 고려에 들어와서는 940년(태조 23) 영월(寧越)이라 불렀다. 조선시대 1698년

(숙종 24)에 노산군을 단종으로 복위시키면서 왕릉이 있는 곳이라 하여 영월도호부로 승격시켰다. 1895년(고종 32) 원주 · 평창 · 정선과 함께 충주부에 편입되었다가 1896년 전국을 13도로 개편하면서 다시 강원도로 복귀되었다. 현대에 들어와 1960년 영월면이, 1973년 상동면이 각각 읍으로 승격되었다.

정선군(旌善郡)은 강원도 남동부에 위치하며, 북쪽은 강릉시, 북서쪽은 평창군, 남쪽은 영월군, 동쪽은 동해시 · 삼척시 · 태백시와 접한다. 인구는 2005년말 현재 4만4,452명, 행정구역은 4개읍 5개면 180리로 이루어졌다. 영서의 산악지대로서 태백산맥이 관통하는 중심부에 자리하며, 주요 산으로는 북쪽의 석병산(1,055m), 서쪽의 가리왕산(1,561m), 남쪽의 백운산(1,426m), 동쪽의 함백산(1,573m) 등이 있다. 군의 중앙부를 남한강의 지류인 동강(東江)이 동서쪽에서 흘러드는 여러 하천과 합류해 북에서 남으로 흐른다.

군의 전역에서 고인돌 등 철기시대 유물이 발견된다. 668년(고구려 보장왕 27)부터 잉매현(仍買縣)이라 부르다 신라가 삼국을 통일한 후 757년(경덕왕 16) 행정구역을 9주로 개편할 때 정선현으로 개칭하고 명주의 소속이 되었다. 정선군의 별칭은 삼봉(三鳳) · 주진(朱陳) · 도원(桃源) · 침봉(沈鳳)이었다. 고려에 들어와서 1018년(현종 9) 주진군으로 승격하였고, 1291년(충렬왕 17) 도원군으로 개칭되었다가 1310년(충선왕 2) 침봉군으로, 다시 1353년(공민왕 2)에 정선군으로 환원되었다. 조선시대에 이르러 1895년(고종 32) 지방관제 개편에 따라 강원도에서 충주부 관할로 이전되어 충주부 정선군이 되었다가 이듬해 13도제를 실시하면서 강원도 정선군으로 환원되었다.

근대에 들어와 1930년대 후반부터 탄광개발이 시작되어 태백선 · 정선선 등의 철도가 연결되고 탄전지대를 중심으로 도시화가 진행되면서 1980년 신동면이 읍으로 승격하였고, 1985년 사북읍이 고한읍 · 사북읍으로 분리되어 오늘에 이른다.

법흥사

■ 위치와 창건

법흥사(法興寺)는 영월군 수주면 법흥 2리 사자산(獅子山) 남쪽 산자락에 자리한 대한불교조계종 제4교구 본사 월정사의 말사이다.

이곳은 구산선문(九山禪門)의 중심 도장인 사자산문(獅子山門)인 흥령선원(興寧仙院)의 옛터로 1971년 강원도기념물 제6호로 지정되었다. 구산선

법흥사 내경

영월 흥령선원지

문은 하나의 종파로 각 지방에서 선법을 크게 떨친 아홉 개의 사찰을 말하는데, 흥령선원은 9세기경 철감(澈鑑)국사 도윤(道允) 스님에 의해 창건되었다. 도윤은 당에 유학하여 선종을 공부하고 귀국한 후 강원도 양양의 진전사(陳田寺)와 가지산 보림사(寶林寺)에서 설법 전도하며 선종의 대도량을 열었다. 그 뒤 도윤의 제자 징효(澄曉)대사 절중(折中) 스님이 이곳 흥령선원에 선문을 여니 각지에서 선중문도(禪衆門徒)들이 모여 종풍이 크게 번창하였다. 징효의 이러한 선법 이후 여종(如宗), 경보(慶甫), 홍가(弘可), 이정(理靖), 지공(智空) 등의 제자들에 의해 오랫동안 종풍을 이어갔다.

징효가 신라 말기의 혼란을 피해 891년(진성왕 5)에 경상도 상주(尙州)의 조령(鳥領)으로 피신한 후 흥령선원은 전쟁의 여파로 전소되고 말았다. 그 뒤 중창되었으나 화재로 인해 언제 폐사되었는지 알 수 없다. 그리고 944년(혜종 1)에 징효대사보인탑비(澄曉大師寶印塔碑)가 건립되었다. 2002년 강원문화재연구소의 지표조사 중 '大安五年' 이라는 기와가 수습된 점으로 미루어 볼 때 1089년(선종 6)에 중창이 이루어졌음을 알 수 있다. 흥령선원의 이러한 전통은 조선시대 영조년간인 18세기에 제작된 해동지도(海東地圖)에 '원주목 사자산 법흥사' 로 기록되어 있어 그 법맥을 연면히 이어갔음을 알 수 있다.

한참 융성할 당시 흥령선원의 규모를 알리는 석탑 3기가 있는데, 그 중 하나는 충청북도 제천 장락에 있는 석탑이고, 다음은 주천에 있는 삼층석탑, 나머지 하나는 수주면 무릉리 삼층석탑이다. 이들 석탑들은 모두 흥령사를 찾아오는 신도들을 인도하는 안내 탑이었다. 특히 무릉리 삼층석탑 앞에는 석조 좌불상이 있었으나 1994년 무렵에 도난당하였다.

옛 흥령의 중심을 이루었던 지점에서 서북쪽으로 징효대사보인탑비가 있고, 이곳에서 동북쪽으로 조금 떨어진 곳에 법흥사가 자리잡고 있다. 법흥사는 1902년에 비구니 대원각(大圓覺)에 의해 30칸의 사찰이 중창되었으나 1912년에 소실되었다. 1930년부터 다시 중창이 시작되었고, 1993년에는 적멸보궁, 1995년에는 범종을 주성하였다.

지금 흥령선원지의 옛 자리에는 큰 건물들이 자리하고 있었음을 말해 주는 듯 거대한 주초석이 남아 있다. 이곳에는 약 6m 높이의 석탑이 있었으나 1931년 큰 홍수로 인하여 무너졌다. 법흥사에는 종이가 없던 시절 인도 영라수 잎에 범어로 기록한 패엽경(貝葉經) 등의 소중한 문화재가 보관되어 있다. 이곳은 선문(禪門) 도장으로 불교의 신비인 방광(放光)이 자주 있는 곳으로 연화봉에서 신비한 빛이 법흥사 계곡 전체를 비춘 적이 많았다고 한다. 인근에는 관음사, 반야원 등의 사찰과 백덕산(1,350m), 사자산(1,166m)이 있어서 지금도 전국에서 많은 신도들이 찾아오는 불교의 성지로 알려져 있다.

■주요인물

• 철감국사 도윤

사자산문의 개조(開祖)인 철감(澈鑑)국사 도윤(道允) 스님은 한주(漢州) 사람으로 속성은 박씨이다. 그는 18세에 속세를 떠나 전라북도 김제의 귀신사(歸信寺)에서 화엄의 교법과 선법을 공부하였다. 그는 바람과 구름을 따라 방랑생활을 하다가 825년(헌덕왕 17)에 사신을 따라 중국 당나라에 유학한

철감선사 도윤의 부도(화순 쌍봉사)

후 그곳에서 마조 도일(馬祖道一)의 제자인 남전 보원(南泉 普願)에게서 선법을 얻고 돌아왔다. 그는 동악(楝岳)에 머물다가 다시 쌍봉사(雙峯寺)로 자리를 옮겨 종풍을 크게 떨쳤으므로 그를 쌍봉화상(雙峯和尙)이라고 하였다. 도윤은 868년(문경왕 8)에 "삶이란 한계가 있는 것, 나는 먼 길을 떠나야겠다. 너희들은 구름 쌓인 골짜기에 편안히 머물러서 법등을 영원히 빛나게 하라."는 말을 남기고 71세로 입적하니 법랍 44세였다. 이에 나라에서는 칙명을 내려 시호는 철감, 탑의 이름을 회소(澮昭)라 하였다.

• 징효대사 절중

징효(澄曉)대사 절중(折中, 826~900)은 도윤의 제자로서, 흥령선원을 세우고 수백 명의 제자와 함께 사자산문을 개산(開山)한 인물이다.

그는 7세에 걸식하는 스님을 보고 오관산사(五冠山寺)로 출가하여 진전(珍傳) 법사를 배알하고 840년(문성왕 2)에 15세 나이로 부석사(浮石寺)에서 『화엄경』을 공부하였다. 19세에는 경기도 안성 장곡사(長谷寺)에서 구족계를 받은 후, 당나라에서 귀국한 철감 도윤이 금강산 장담사(長潭寺)에 있다는 말을 듣고 그를 찾아가 제자가 되어 오체투지로 예배하여 그의 법통을

법흥사 일주문

이어받았다. 882년 석운(釋雲)대사가 수제자를 보내 영월 사자산으로 올 것을 부탁하니 징효는 제자들을 거느리고 사자산으로 와 흥령선원을 개창하였다.

그 뒤 신라 하대의 사회가 혼란해지자 흥령선원을 떠나 891년(진성왕 5)에 상주의 조령으로 피신하면서 흥령선원은 병화로 소실되었다.

징효대사는 진례군(進禮郡, 충남 금산군) 근처에서 도적을 만났으나 무사히 빠져나와 무부(武府, 공주)에 도착하자 왕이 이 소식을 듣고 무량사(無量寺)와 영신사(靈神寺)를 헌납하여 주석하도록 하였다. 그리고 당으로의 유학을 계획했으나 포기하고 당성군(唐城郡, 경기도 남양주) 평진(平津)을 거쳐 수진(守珍, 경기도 강화)의 은강선원(銀江禪院)에서 10여 일을 머물렀다.

징효대사는 900년(효공왕 4)에 "삼계는 하나도 영원한 것이 없고 만물은 함께 고요할 것이다. 나는 이제 떠나려 하니 너희들은 힘써 정진하여 선문을 수호하고 종지(宗旨)를 무너뜨리지 않는 것이 곧 나의 은혜에 보답하는 것이니라."라고 말한 후 세수 75세 법랍 56세로 입적하였다. 이때 다비를 마치고 사리 1,000과를 습득하였다. 이후 사리탑을 세우고 제자인 여종(如宗)·홍가(弘可)·신정(神靖)·지공(智空)이 중심이 되고 천여 명의 신도들의 건의로 효공왕은 시호를 징효대사, 탑의 이름을 보인지탑(寶印之塔)이라 하였다. 그리고 924년(경애왕 1)에 비문을 완성하고, 944년(혜종 1) 흥령선원에 징효대사보인탑비를 건립하였다.

■성보문화재

신라 말기 9산 선문의 중심도량이었던 사자산문의 흥령선원과 법흥사는 천여 년의 긴 세월이 흘렀지만 화려하고 웅장했던 그 명성만큼이나 많은 불교유물을 간직하고 있다.

이곳에 현존하는 성보문화재로는 적멸보궁, 징효대사보인탑비(보물 제612호), 징효대사부도, 석실옆 부도(강원도유형문화재 제73호), 석실과 석함(강원도유형문화재 제109호), 석종형부도 2기, 연화대석(蓮花臺石), 불대좌, 귀부, 사자산법흥사중건비, 자장율사가 수도하던 토굴 등이 남아 있다.

현재 흥령선원지의 가람의 구조는 정확하게 알 수 없으나 옛 자리에 남아 있는 주초석들로 미루어 볼 때 큰 건물들이 자리하고 있었음을 알 수 있다. 이곳에는 석탑이 있었으나, 1931년 큰 홍수로 유실되었다.

• 적멸보궁

흥령선원의 법흥사는 부처님의 진신사리를 봉안한 우리나라 5대 적멸보궁 중 하나로 건너편으로 아홉 개의 산봉우리인 구봉대를 마주보고 있다. 신라의 자장율사가 당나라 오대산에서 문수보살을 친견하고 부처님의 진신사리와 금란가사를 전수받아 귀국한 후 영축산 통도사, 오대산 상원사, 태백산 정암사, 설악산 봉정암, 그리고 사자산 흥령선원에 사리를 봉안하였다.

신라의 찬란했던 불교문화가 숨쉬고 있는 사자산은 울창한 적송과 산죽이 어우러진 천하의 명당터다. 특히 법흥사에서 적멸보궁으로 이어지는 오솔길 옆 소나무 숲에는 천연기념물 제242호 까막딱따구리가 서식하고 있다. 이곳 적멸보궁은 사자산에서 뻗어 내린 정기가 적멸보궁 뒤에 있는 연화봉(蓮花峰)으로 이어졌다. 풍수학상 혈(穴)이 한곳으로 뭉쳐서 큰 명당터를 형성할 때는 벌의 허리 모양으로 산의 지세가 좁아지는 봉요처(蜂腰處)의 지형을 형성하는데, 이곳 적멸보궁 뒤쪽에는 폭 10m 길이 70여m의 능선이 벌 허리 모양의 지형을 이루며 연꽃 모양의 연화봉과 연결되어 있다. 즉 사자산 연화봉의 강한 혈이 뻗어내려 봉요처의 지세를 이루었다가 다시 둥근 모양의 예약작화형의 명당을 형성했는데 그 자리에 적멸보궁을 건립하였다.

적멸보궁은 부처님의 진신사리를 모셨으므로 불단은 있지만 불상이나 후불탱화를 모시지 않은 것이 특징이다. 그 대신 법당의 뒤쪽에는 사리탑을

적멸보궁

적멸보궁에서 바라본 석분

봉안하거나 계단(戒壇)을 설치한 경우가 많다. '적멸'이란 시비와 분별이 끊어진 영원한 평화의 세계를 말하며, '보궁'이란 지혜와 자비의 공덕으로 건립된 부처님의 궁전을 말한다.

현재 적멸보궁에는 사시사철 맑은 물이 솟는 샘이 있으며, 전국에서 많은 신도들이 9산 선문의 대 도량인 법흥사 적멸보궁을 찾아오고 있다. 현재 적멸보궁은 1902년에 세운 보궁을 헐어내고 1993년 재건축한 것으로 새로운 단청으로 깔끔한 느낌을 주고 있으나 그 옛 모습은 찾기가 어렵다.

• 징효대사보인탑비

통일신라 말 사자산문을 개산한 징효대사 절중의 행적과 당시의 포교상황을 상세히 기록한 탑비인 징효대사보인탑비(寶印塔碑, 보물 제612호)로 944년(고려 혜종 1)에 건립되었다.

이 비석은 신라 말에서 고려 초기에 볼 수 있는 탑비로 거북보양을 한 귀부(龜趺) 위에 비신(碑身)을 세우고, 그 위에 이수(螭首)를 얹어놓고 비신에

징효국사비 귀부

는 비문을 조각하였다. 징효대사보인탑비는 화강암으로 그 높이가 446cm 이고, 지대석(地臺石)과 귀부(龜趺)는 같은 돌을 이용하여 만들었다.

용의 머리 모양을 하고 있는 귀부는 두 눈을 부릅뜨고 입에 여의주를 물고 있는데, 귀갑(龜甲)에는 정육각형의 귀갑문이 있고, 그 안에는 둥근 자방(子房)이 있는 꽃 문양을 조각하였으며 귀갑문 사이에는 선조(線條)가 양각되었다.

귀부 위쪽에는 직사각형의 비좌가 있는데, 그 앞과 뒷면에는 권운문(卷雲紋)이 조각되었고 좌우 측면에는 권운문과 당초문이 조화를 이룬 문양들을 조각하였다. 사면 모서리에는 우주(隅柱)가 각출되고, 비좌 상면에는 복엽(複葉)의 복련(伏蓮)이 돌려졌고, 비신 아래 부분의 접합부에는 3단의 고임을 각출하였다.

비신(碑身)에는 징효대사의 행적이 해서체(楷書體)로 기록되어 있는데, 그 전면에는 약 2,800여 자가 2~3.5cm 크기로 음각 되었고 뒷면에는 385자가 새겨져 있다. 앞면 위쪽의 글자는 일부가 마모되어 약 100여 자는 판

징효대사보인탑비

징효대사 부도

독할 수가 없다.

비석 위에 놓인 직사각형의 이수는 비좌(碑座)와 같이 밑에는 받침을 두고 그 주변에는 복엽앙련(複葉仰蓮)을 돌아가면서 양각하였다. 그리고 전후 측면에는 네 마리의 용이 목을 길게 뽑아 상륜부를 향하고 입에는 여의주를 물고 있다.

그리고 뒷면 중앙에 방곽이 있는데, 방곽은 격자 형태로 아홉 칸을 나누어 교차되는 부분에 4개의 연꽃무늬를 수놓았다. 용의 몸체 밑으로 권운문이 조식되었고 방곽 안에는 '故澄曉大師碑' 라는 글자가 양각되어 있다. 이수 위쪽의 중앙에는 간략한 복발형의 상륜을 얹어 놓았는데, 원형의 간석 위에는 앙련이 표현된 상륜이 있고 그 위에 보주가 양각되었다. 징효대사보인탑비는 전체적으로 섬세하면서도 웅장한 모습을 나타내고 있다.

• 징효대사 부도

징효대사보인탑비 서북쪽에 징효대사의 부도가 있다. 현재 강원도유형문화재 제72호로 지정되어 있다.

화강석으로 된 부도의 형태는 팔각원당형으로 조성되었고, 2개의 사각형 판석인 지대석 위에 세워졌다. 화강석으로 조성된 부도의 하대석은 팔각의 하대와 연화대석으로 이루어졌는데, 하대의 각 측면에는 안상(眼象)이 음각되어 있고, 상면에는 갑석의 형태를 각출하였다. 하대석 위에는 팔변(八瓣)의 복엽복연(複葉伏蓮)을 조각한 연화대석이 놓였는데 모서리에는 귀꽃이 조식되어 있다. 그리고 상면에는 갑석형의 팔각 고임대가 마련되어 중대석을 받치고 있다. 팔각 중대석 각 모서리에는 양우주(兩隅柱)가 정연히 조출되어 있을 뿐 그 밖에 조각은 없다.

중대석 위에는 상대석이 놓여 있는데, 원형으로 측면에 이중의 앙련(仰蓮)이 양각되었고 그 밑으로 중대석과 연결되는 곳에 2단의 8각 고임이 마련되었다. 그리고 상대석 상면에도 탑신을 받치는 팔각고임이 각출되었다. 아래쪽 3단의 괴임을 각출하고 측면의 앙련은 상하로 각 16판씩 단엽(單葉)의 연판(蓮瓣)을 조각하였는데, 하단의 연판에는 문양이 없으나 상단의 연판 안에는 자방(子房)이 있는 사화문(四花紋)을 조식하였다.

상면에는 하면과 같이 3단의 받침을 각출하여 탑신을 받고 있다. 탑신은 위아래가 약간 좁아지는 곡선을 이루며 각 면은 팔각이다. 전후면에는 방곽을 마련하고 그 안에 자물쇠 장식을 양각하였는데, 전후면의 방곽의 크기는 차이가 있다.

탑신 위 팔각의 옥개석은 일부가 파실되고 처마 마루는 완만한 곡선을 이루고 처마 끝에는 귀꽃이 있다. 옥개석 밑면에는 탑신연결부에 팔각고임과 연화문을 조식했으며, 상면에는 복련이 양각되어 1단의 팔각괴임이 마련되었다.

징효대사 부도가 만들어진 시기는 앙·복련과 안상 등으로 보아 고려 초기의 양식을 취하고 있으나 탑신부의 배흘림이나 각 면에 조각된 입상의 양식으로 보아 11세기를 전후한 시기에 조성된 부도로 추정되고 있다.

• **부도**

적멸보궁 뒤 석실 오른쪽에 주인공을 알 수 없는 부도 1기가 있다. 현재 강원도 유형문화재 제73호로 지정된 화강석 부도는 사각형의 지대석 위에 팔각하대석이 있고 대석의 각 면에는 안상이 마련되었는데 그 안에는 꽃무늬 문양이 양각되어 있다. 중대석은 각 면에 우주가 있고 그 위에 상대석이 놓여 있다. 상대석 측면에는 상하 이중의 양련이 돌아가고 위쪽 연화문 안에는 지방이 있는 4엽 화문이 조식되어 있다. 상대석 위에 탑신이 놓여있는데, 상면과 하단이 좁아지는 형태를 하고 있다.

옥개석은 3단의 팔각 고임으로 되었고 얇은 추녀가 완만한 곡선을 이루다가 모퉁이 각에 이르러 굴곡이 더 심해진다. 낙수면에는 팔각의 합각(合角)에 와서는 산 모양의 귀꽃이 조각되었다. 위쪽에 복발이 마련되어 융기 돌대가 돌아가고 돌대 안에는 자엽화문이 양각되어 있다. 복발 위에 있는 보개는 옥개석을 축소한 양식으로 원형공 위에 보주를 놓았다.

측면의 전후면에는 장박곽 안에 자물통 문양이 양각되었고 나머지 6면에는 입상이 조각되었다. 그리고 전면 문비(門扉)의 양면에는 인왕상(仁王像)이 조각되어 있고, 4개의 측면에는 사천왕상(四天王像)이 있다.

문비 좌우 양면의 인왕상은 두 눈을 부릅뜨고 좌우에서 문비를 향한 자세로 양쪽 모두 오른손을 구부린 채 주먹을 불끈 쥐고 왼손에는 무기를 들고 있다.

사천왕상은 후면 문비의 좌우와 그 옆 양측에 배치되었는데, 우측의 사천왕상은 다문천(多聞天)으로 머리에 삼산형 보관(三山形 寶冠)을 쓰고 두 눈이 부리부리하고 갑옷과 투구를 걸치고 두발을 벌린 채 발끝은 밖을 향하여 서 있다. 양쪽 팔은 걷어 올리고 왼손에는 긴 창을 오른쪽 손에는 삼층의 보탑(寶塔)을 오른쪽 어깨 위로 받쳐 들고 있다.

좌측의 사천왕상은 지국천(持國天)으로 머리에 삼면관을 썼으며, 몸에는 두꺼운 옷을 입고 우측 다리를 약간 들고 몸을 정면으로 향하고 있다. 그리

법흥사 적멸보궁 앞 부도

고 팔을 걷어 부치고 손에는 파수를 잡고 있다. 옆면의 상은 증장천(增長天)으로 손상이 심하여 그 형태가 명확하지 않으나 전체적인 모습은 지국천과 같고 오른손에는 큰 칼을 들어 어깨에 걸치고 양팔을 걷어올렸다.

마지막 사천왕상은 광목천(廣目天)으로 머리에는 삼면보관을 쓰고 허리에 요대(腰帶)를 차고 천의(天衣)자락을 머리 위로 날리며 두 손을 어깨까지 들어 올린 채 손가락으로 악기를 받쳐 들고 있다.

• 석실과 석함

사자산 연화봉의 지맥이 법흥사 뒤쪽으로 흘러내려 봉요의 지형을 이루었는데 그 위에 적멸보궁과 석실이 있다. 현재 강원도유형문화재 제109호로 지정되었다. 석실은 자연석으로 석축을 쌓아 방을 만들고 그 위에는 흙을 덮고 석실 뒤쪽 경사진 부분에는 잔디를 심었다.

이 석실은 흥령선원에서 승려들이 참선을 하던 곳이라는 이야기도 있으나 조선시대 후기에 지어진 『범우고(梵宇攷)』의 기록에 의하면 "절 뒤쪽 1리

적멸보궁 앞 부도에 새겨진 사천왕상

에 토굴이 있고, 그 굴 안에 석함이 있는데 전하는 이야기로는 승려들의 불경을 소장하는 석함이 있었다."라고 기록되어 있다.

근래에 적멸보궁을 중건하면서 앞부분을 대리석으로 높은 축대를 쌓아 원형이 많이 훼손되었다. 출입구는 위쪽에 장대석 2개가 가로 놓여 있고, 바깥부분은 40~80cm의 직사각형 돌을 2단으로 쌓고 출입구는 높이 25cm, 너비 46.5cm의 크기로 조성되었다.

석실의 모양은 부채형 모양으로 입구는 좁고 내부로 들어갈수록 벌어졌으며 끝 부분은 둥글게 처리하였다. 내부 바닥의 길이는 20.35cm, 최대 너비는 1.76cm이고, 바닥에서 천장까지의 높이는 160cm이다.

실내는 석축을 쌓아 올린 후 천장석을 놓았는데, 중간 높이까지는 수직으로 축조하고 그 위쪽은 모줄임으로 쌓았다. 그리고 큰 판석 4개를 덮개돌로 이용하였고 그 틈새는 막돌로 채웠다. 석함은 석실 우측에 서 있는 부도 옆에 있다. 화강암으로 만들어진 석함은 개석과 함신으로 나누어져 있는데,

적멸보궁 뒤 사리석함

적멸보궁 앞 석분

석종형 부도 1

맞배지붕 형태의 개석은 반파된 상태이고 함신 역시 많이 파손되었다.

• 석종형 부도 1

조선 후기에 만든 전형적인 석종형(石鍾形) 부도가 징효대사 부도 근처에 있다. 화강암 석재로 크기는 11.5cm이고, 탑신의 상하단은 좁고 배가 부른 형태로 상단은 반듯하게 다듬은 후 보주를 돌출시켰다. 현재 부도의 사각형 대석과 탑신 하단부 일부가 매몰되어 있다. 부도의 표면에는 음각된 명문이 있으나 읽기가 어렵다.

• 석종형 부도 2

또 다른 조선 후기의 석종형 부도가 있다. 사각형 대석은 높고, 위쪽에는 탑신을 받치는 1단의 원형 돌대가 있다. 크기는 108cm로 화강석이며 탑의 상단과 하단은 좁고 배가 부른 형태다.

탑신 윗쪽 측면으로는 연화문 여덟 잎이 양각되어 있고 상면에는 16개의 연주문 위에 보주가 있다.

• 연화대석

연화대석(蓮花臺石)은 화강석으로 징효대사 부도 근처에 있는데, 현재 대석 위에는 근래에 조성한 불상이 놓여 있다.

사각형의 대석은 일부 파손되었으며, 외곽으로는 복엽의 연화 복련이 돌아가고 상면에는 3단의 사각형 받침이 마련되어 있다. 그 용도는 불대좌나 석등의 지대석으로 사용되었을 것으로 추정된다.

• 불대좌

불대좌(佛臺座)는 흥령선원지 석종형 부도 옆에 있다.

지대석은 모서리 부분이 약간 깨지고 위쪽에는 1단의 사각받침이 마련되었으며 측면에는 문양이 없다. 받침 위에는 8각의 대석이 올려져 있는데, 각 측면에는 안상이 음각되었고 윗면은 반듯하다. 그리고 그 위에는 부분적으로 파손된 둥근 모양의 연화대석이 놓여 있다. 대석 하단에는 1단의 팔각 고임이 각출되었고 측면에는 아래, 위로 앙련이 조각되었고 양각된 연화문 안에는 화문이 조식되었다.

• 귀부

흥령선원지 길 건너편 개울가에 매몰되어 있던 것을 1995년 6월에 영월향토사연구회원들의 1차 답사 때 발굴되어 현재의 위치인 소현당 시비 앞으로 옮겨 놓았다. 이 귀부(龜趺)는 물속에 있었던 관계로 심하게 마모되어 귀두와 발은 모두 파손되어 그 형태만 남아 있다. 그리고 귀부 뒷면에는 귀갑문이 흐리게 보이고 그 안에는 연화문이 양각되어 있다. 현재 귀부는 발굴되었으나 탑비(塔碑)는 찾을 수 없다. 아마도 본래부터 흥령선원지에 있었던 것으로, 1931년의 큰 홍수로 유실되었던 것으로 보인다.

사자산법흥사중건비 뒷면

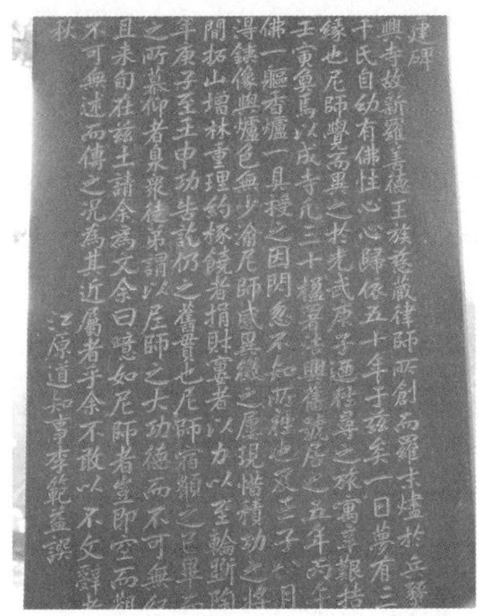

사자산법흥사중건비 앞면

• **사자산법흥사중건비**

사자산법흥사중건비(獅子山法興寺重建碑)는 화강석 재질로 징효대사보인탑비 옆에 있다. 사각형의 지대석과 비좌 위에 세워졌으며, 총 높이는 225cm다.

비좌 윗면에는 비신을 세울 수 있게 1단으로 직사각형의 고임이 각출되었고 비좌 위에는 오석으로 된 비신이 세워져 있다.

비석 전면에는 전서체(篆書體)로 지름 15.5cm의 크기로 '獅子山法興寺重建碑' 라고 음각되어 있고, 뒷면에는 지름 2.5~3cm 크기의 해서체(楷書體)로 명문들이 음각되어 있다. 덮개석은 화강암으로 팔작지붕 모양을 하고 있다.

비석 뒤쪽에는 13행의 명문이 세로로 기록되어 있는데, 그 내용은 대략 아래와 같다.

"관동 영월의 법흥사는 예전에 신라 선덕여왕 때 자장율사가 세웠는데, 신라 말에 병화로 불타고 단지 적멸보궁이 여러 칸 남아 있을 뿐이다. 이에 1902년에 속성이 오씨인 비구니 대원각(大圓覺)이 30칸의 절을 중건하면서 절의 이름을 법흥사라 개칭했고, 임자년(1912) 8월 17일 밤 큰 화재로 절이 소실되었다. 그 후 경오년(1930)에 불사를 시작하여 임신년(1932)에 중건한 후, 대원각은 1933년 가을에 입적하였다. 이에 이 글을 쓴 강원도지사 이범익(李範益)은 그 말미에 남의 아내에게 큰 공덕이 있어도 글로 기록하여 전하는데, 나는 대원각의 그 높은 공로를 높이 기려 이 글을 쓴다고 기록하였다."

• 주천리 삼층석탑

옛날에 흥령선원을 찾는 신도들을 안내하기 위해 세운 제천 장락리 삼층석탑, 수주면 무릉리 삼층석탑을 비롯한 3기의 석탑 중 하나로 주천 나루터 앞에 세워져 있다. 일제강점기인 1914년 10월 산미증식계획의 일환으로 주천 들녘을 논으로 만들고 보와 제방을 쌓기 위해 이 삼층석탑을 현재의 위치로 약 3m가량 옮겼는데, 이때 탑에서 금동불상이 발견되었다고 한다.

이 탑은 2층 기단 위에 3층의 탑신을 올렸는데 하대석은 모서리가 떨어져 나갔으며, 각 면의 가운데와 모서리마다 기둥을 본 떠 새겨 놓았다. 중대석에는 우주와 탱주가 조각되어 있고, 1층 탑신에는 우주가 조각되어 있으나 나머지 탑신에는 조각이 없고, 3층 옥개석은 2층보다도 너비와 높이가 커서 각 부분의 비례가 잘 맞지 않는다. 탑의 상륜부는 없어졌다. 옥개석의 처마 곡선과 옥개받침의 모양 등으로 미루어 볼 때 조성연대는 고려시대 말기로 볼 수 있다.

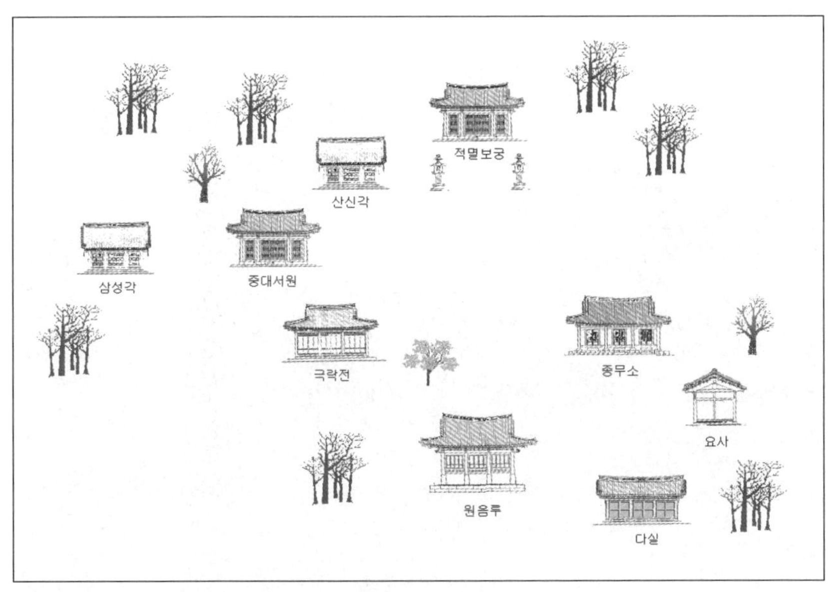

법흥사의 가람배치

보덕사

■위치와 창건

보덕사(報德寺)는 영월군 영월읍 영흥리 발본산(鉢本山) 자락에 자리한 대한불교조계종 제4교구 본사 월정사의 말사다.

신라시대인 668년(문무왕 8)에 화엄종의 개조인 의상(義湘) 스님이 창건하고 처음에는 지덕사(旨德寺)라 하였다. 고려에 들어와서는 1134년(인종

보덕사 내경

12)에 설허(雪虛)선사와 원경(元敬)국사가 극락보전과 사성전(四聖殿)을 증축하고 4년 뒤에 염불암(念佛庵), 고법당(古法堂), 침운루(枕雲樓)를 지었다. 조선시대에 들어와서는 1457년(세조 3)에 단종이 노산군(魯山君)으로 강봉되어 이곳 영월로 유배되어 왔을 때 사찰명을 노릉사(魯陵寺)로 바꾸었다가 1726년(영조 2)에 지금처럼 보덕사로 다시 이름을 바꾸었다. 당시 장릉수호조포사찰(莊陵守護造泡寺刹)로 예조(禮曹)에서 관문(官文)을 내려줌으로써 사찰 운영에 상당한 도움을 받기도 하였다. 그 전인 1705년(숙종 31)에는 천밀(天密)선사가 큰 종을 주조하였다.

1854년(철종 4)에 극락전과 종각, 그리고 산내암자인 내원암이 실화(失火)로 불타버린 것을 1857년에 응찬 · 보혜선사가 중건하였다. 그리고 1932년에 극락보전을 중수하였다.

최근에는 2001년 12월 보덕사에서 선혜(善慧) 스님이 극락보전 보수 공사를 하면서 보덕사극락보전중수기와 태백산보덕사극락전중수상량문을 발견하였다. 이 기록들에도 보덕사가 장릉 수호 조포사찰이었음이 나와 있다. 1795년(정조 19)에 쓰인 이 중수기에 의해 극락보전은 1576년(선조 9)에 지어진 것으로 판명되었으며, 보덕사의 당시 역할에 관해서 단종의 능침 수호와, '조포조과(造泡造果, 능이나 원에 올릴 제향에 쓸 두부와 과일을 만드는 일)' 등을 언급하고 있다.

보덕사는 6 · 25전쟁 때 강원도 경찰학교로 이용되었고, 이때 건물 대부분이 소실된 것을 그 후 많이 복원하였다. 그리고 2004년부터 6 · 25전쟁 때 소실된 사천왕문 복원을 위한 공사를 하였다.

■ 성보문화재

발본산 자락에 자리한 보덕사는 사찰 주변의 경관이 아름다울 뿐만 아니라 은은하게 울려 퍼지는 저녁 종소리는 '보덕모종(報德暮鐘)'이라 하여 영월팔경의 하나로 꼽히고 있다. 범종각은 사찰 오른쪽에 자리 잡고 있다.

극락보전 삼존불상

보덕사의 가람 구성은 극락보전을 중심으로 사성전 · 염불암 · 고법당 · 침운루 · 사천왕문 · 단종산신각 · 요사 등이 있었다. 그러나 6 · 25전쟁 때 많이 소실되고 현재는 극락보전을 중심으로 사성전 · 사천왕문 · 산신각 · 목우실 · 칠성각 · 요사 등만 남아 있다. 한편 1993년에는 고려시대 양식으로 화려하면서 섬세한 기법이 돋보이는 극락보전의 탱화와 석탑, 부도 등을 도난당하였다. 사성전(四聖殿)에 있던 조선시대 후기의 후불탱 및 복장유물은 강원도유형문화재 제139호로서 현재 월정사 성보박물관에 소장되어 있다.

• 극락보전

앞면과 옆면 각 3칸씩의 규모에 팔작지붕의 겹처마로 꾸며진 보덕사의 중심 전각이다. 편액은 해강 김규진(金圭鎭, 1868~1933)이 썼다.

전각 안에는 서방정토로 중생들을 인도하는 아미타불을 중심으로 좌우에는 협시보살인 지장보살과 관세음보살이 모셔져 있다. 예부터 아미타불신앙은 '아미타불' 만 외워도 극락왕생할 수 있다는 사후세계 신앙과 연관되어 많은 사람들이 믿어오던 부처님이다.

법당 문살에는 꽃 문양이 조각되어 있고, 삼존불 위에는 단청을 한 보궁형 닫집이 있고, 그 앞 우물천장에 혀를 길게 내민 용이 있으며, 불단은 간략하면서도 소박한 모양을 하고 있다.

그리고 1993년에 도난당한 극락보전의 삼존불 뒤에 봉안된 후불탱에는 아미타불을 중심으로 정자관을 쓴 여섯 분의 토속 칠성이 시립해 있다. 그리고 그 뒤쪽에는 백색의 칠을 한 석가여래삼존불과 18나한상 · 시봉 · 신장 등이 그려져 있다.

극락보전의 외벽에는 수행자가 본성을 찾는 것을 뜻하는 의미로 목동이 소를 찾는 것에 비유한 심우도(尋牛圖)와 극락조, 학 등이 그려진 벽화가 있다.

• 산신각

산신각은 앞면과 옆면 각 1칸의 규모로, 지금은 새로 그린 산신도를 걸었지만 전에는 단종의 극락왕생을 기원하기 위해 태백산 산신으로 추앙받는 단종의 영정과 산신도를 봉안했었다.

전해오는 이야기에 따르면 단종이 영월 관풍헌에서 유배생활을 할 때 추익한(秋益漢)이라는 사람이 산머루를 따다가 진상하고 자주 문안을 드렸다고 한다. 그러던 어느 날 추익한이 영월로 오는 길에 곤룡포에 익선관을 쓰고 백마를 탄 채 태백산으로 가는 단종을 만나게 되었다. 추익한이 단종에게, "대왕마마, 어디로 행차하시나이까?" 하니 단종은, "나는 태백산으로 가는 길이라네."라고 말한 뒤 홀연히 사라져 버렸다. 그가 급히 영월 동헌으로 가보니 단종은 이미 죽임을 당한 뒤였다. 그 뒤 추익한은 단종을 만났던 연하리에서 스스로 목숨을 끊었다고 한다.

이른바 양백지간(兩白之間)으로 불리는 태백산 자락에 자리한 영월, 정

보덕사 산신각

선, 태백, 삼척 등지에서는 지금도 단종을 마을의 공동 신으로 신격화하여 마을 서낭당에 모시고 있다. 이들은 단종을 태백산 산신령으로 신격화하여 영원히 살아 있는 신으로 숭배함으로써 기층민의 가슴속에 응어리진 자신들의 한을 대리 표출시키려고 하였다.

이렇게 보덕사 산신각에 백마를 탄 태백산 산신인 단종과 그 앞에 머루 바구니를 들고 있는 추충신(秋忠臣)이 그려져 있었던 영정이 있는 것은 보덕사가 단종의 원찰이었음을 말해 준다.

• 해우소

보덕사의 해우소(解憂所)는 강원도 내에서 가장 오래된 전통 화장실로 1882년(고종 19)에 건립되었다. 현재 강원도 문화재자료 제132호로 지정되어 있다.

앞면 3칸, 옆면 2칸의 3량 구조의 누각식 건물로 보덕사 입구 좌측에 위

보덕사 해우소

치하고 있다. 보덕사 해우소는 평면구성, 구조방식 등에서 전통적인 사찰 해우소의 건축양식을 갖추고 있다.

사천왕문 좌측 경사지에 2층 누각식으로 건립된 해우소는 위층에서 떨어지는 대소변이 아래층 바닥에 쌓이게 하였고, 건물은 평주를 사용하여 구성하는 전형적인 중층 누각식 구조방식이다. 하층의 굵은 원기둥을 인방으로 간결하게 처리한 위에다 귀틀을 짜 얹고 그 위에 상층 기둥을 세워서 상·하층을 연결하고 있으며, 하층 귀틀간에는 동 귀틀을 건너질러 구조를 보강하고 있다.

그리고 상층의 각 기둥 위에 얹은 대들보는 홍예보 형태로 처리하였고, 그 위에 대공을 세우고 종도리를 얹었다. 지붕은 홑처마의 맞배지붕으로 처리하였고, 고미반자를 시설하였다. 내부공간은 도리방향으로 전후 2열로 나누어 각각 6칸씩의 대변소를 배치하면서 전후면 벽을 따라 통로를 설치하였다. 각 칸의 전면은 열려 있고 측면과 후면은 막혀 있어 사용의 불편함을 해소하고 있다.

보덕사 해우소는 매우 단순하면서도 단정한 느낌을 준다. 전면에는 인분을 퍼낼 수 있도록 판문을 설치하였고, 상층에는 출입 칸을 제외한 모든 칸의 상인방까지 판벽을 설치했으며, 그 위쪽은 개방시켰다. 위층의 기둥에 비하여 아래층의 둥근 기둥은 매우 굵어서, 일반적인 2층 누각식 건물의 상 · 하층 기둥이 부조화를 이룬 듯이 보이지만, 이는 습기를 피할 수 없는 해우소 건물의 특성상 아래층에는 굵은 나무를 사용한 것으로 보인다.

사찰 해우소 건물들이 대부분 없어졌지만 지금까지 원형을 잘 보존하고 있어서 그 문화적인 가치가 매우 높은 건축물이다.

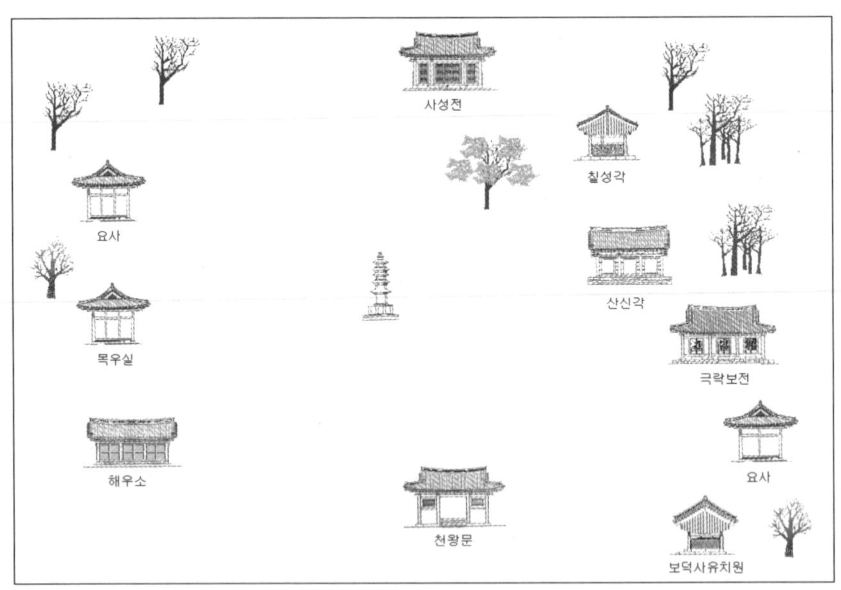

보덕사의 가람배치

정암사

■위치와 창건

정암사(淨巖寺)는 정선군 고한읍 고한 15리 산213번지 태백산(太白山)에 자리한 대한불교조계종 제4교구 본사 월정사의 말사다.

정암사를 가기 위해서는 일단 영월로 들어서야 한다. 조금 더 가면 석황 삼거리가 있고, 여기에서 시루봉을 지나 사북 · 고한 방면으로 향한다. 고한

정암사 입구

을 지나면 상갈래 삼거리가 나오고, 여기에서 414번 지방도로로 접어들면 정암사 입구까지 닿는다. 아니면 태백시로 가서 1,280m의 사리재를 넘어 고한으로 가는 방법도 있다. 고한에서 정암사까지는 약 3km 거리다.

대중교통은 기차는 중앙선 고한역에서 내린 다음 고한읍에서 만항으로 가는 버스를 타고 정암사 앞에서 내리면 되는데, 버스는 하루 5회 다닌다. 또 택시는 고한읍에서 정암사까지 10분 정도 걸린다.

한때 갈래사(葛來寺)라고도 불렸던 정암사는 신라의 대국통(大國統) 자장(慈藏) 율사가 창건한 사찰이다. 『갈래사사적기』에 의하면 자장율사는 말년에 강릉 수다사(水多寺)에 머물렀는데, 하루는 꿈에 이승(異僧)이 나타나 말하였다.

"내일 대송정(大松汀)에서 보리라."

자장율사는 꿈속의 계시대로 아침에 대송정에 가보았더니 문수보살이 내현하여 말하였다.

"태백산 갈반지(葛磻地)에서 만나자." 하고는 사라졌다.

자장율사는 다시 태백산으로 들어가 갈반지를 찾다가, 어느 날 큰 구렁이가 똬리를 틀고 있는 것을 보고는 제자에게 이곳이 갈반지라고 이르고 석남원(石南院)을 지었는데, 이 절이 바로 정암사이다.

창건에 관한 또 다른 일설에는 자장이 처음 사북리 불소(佛沼) 위의 산정에다 진신사리탑을 세우려 하였으나, 세울 때마다 붕괴되므로 간절히 기도하였더니 하룻밤 사이에 칡 세 줄기가 설상(雪上)으로 뻗어 지금의 수마노탑, 적멸보궁, 그리고 사찰터에 멈추었으므로 그 자리에 탑과 법당과 본당을 세우고, 이 절을 '갈래사'라 하고 지명을 '갈래'라 하였다고 전한다.

갈래사의 창건과 함께 이 절에는 세 탑이 세워졌다고 한다. 곧 정암사의 북쪽으로 금대봉이 있고 남쪽으로 은대봉이 있는데, 그 가운데 금탑 · 은탑 · 수마노탑의 3보탑을 세웠다는 것이다. 이 중에서 우리가 볼 수 있는 탑은 수마노탑뿐이다. 현재 적멸보궁 뒤쪽에 위치한 이 탑을 수마노탑이라 하게 된 까닭은 설화에서 다루었다.

■정암사의 역사

이상과 같이 창건에 얽힌 전설 외의 정암사의 역사는 거의 전해지지 않고 있다. 다만 조선 후기인 1713년(숙종 39)에 자인(慈忍)·일종(一宗)·천밀(天密) 스님이 수마노탑을 중수하였으나, 그해 8월 낙뢰로 탑의 일부가 파손되자 6년 후인 1719년에 천밀 스님이 다시 탑을 중수하였으며, 1788년(정조 12)에는 취암(翠巖)·성우(性愚) 스님이 적멸보궁을 중창하고 탑을 보수하였다. 그리고 1858년(철종 9)에 해월(海月) 스님과 대규(大圭) 스님이 적멸보궁과 탑을 중수하였으며, 1919년 보룡(普龍) 스님이 사찰을 일신 중창하였다.

일제강점기에는 효봉(曉峰) 스님이 총독부의 집요한 감시를 피해 정암사에 3년 이상 머물며 수행 정진하였고, 해방 후에도 지월(指月)·서옹(西翁) 스님 등이 이곳에서 수행을 하는 등 정암사는 고승들의 수행처로 중요한 역할을 하였다.

현대에 이르러서는 1972년 수마노탑의 중수를 시작으로 등각(等覺)·삼지(三智)·법보(法寶) 스님이 차례로 주지를 맡으면서 많은 건물을 세워 오늘날과 같은 대찰의 면모를 이루어 놓았다.

■설화

• 문수보살을 친견하지 못한 자장율사

정암사와 관련해서 자장율사와 문수보살 사이에 있었던 유명한 설화가 전해져 오고 있다.

자장율사가 정암사를 창건한 뒤 문수보살이 오기를 기다리던 어느 날, 떨어진 방포(方袍)를 걸친 늙은 거사가 칡삼태기에 죽은 강아지를 담아와서 말하였다.

정암사 창건주 자장율사 진영
(통도사 소장)

"자장을 만나러 왔다."

시자(侍者)가 대국통인 스승의 이름을 함부로 부르는 것을 나무라도 거사는 "스승에게 아뢰기만 하라."고 말하였다.

시자는 자장율사에게 마지못해 이 사실을 알렸고, 미처 깨닫지 못한 율사 또한 미친 사람으로 생각하여 만나지 않겠다고 하였다. 그러자 거사는 이렇게 일갈했다.

"아상(我相)을 가진 자가 어찌 나를 알아보겠는가."

이 말과 동시에 거사가 삼태기를 쏟자 죽은 강아지는 사자보좌(獅子寶座)로 바뀌었으며 거사는 그 보좌에 올라앉아 찬란한 빛을 발하면서 가버렸다. 이 말을 들은 자장율사가 황급히 쫓아가 고갯마루에 올랐으나 거사는 벌써 멀리 사라져버려 도저히 따를 수가 없었다. 자장율사는 그 자리에 쓰러진 채 죽었는데, 뼈를 석혈(石穴)에 안치하였다고 전한다.

■수마노탑에 얽힌 전설

수마노탑(水瑪瑙塔)의 이름에 얽힌 전설이다.

자장율사가 643년(선덕왕 12) 당나라에서 돌아올 때 서해 용왕이 자장율사의 도력에 감화되어 마노석(瑪瑙石)을 배에 싣고 동해 울진포를 지나 신력으로 갈래산에 비장하여 두었다가, 자장율사가 이 절을 창건할 때 이 돌로써 탑을 건조하게 하였다고 한다. 이에 물길을 따라 마노석을 반입하여 만든 탑이라 하여 '물수(水)' 자를 앞에 붙여 수마노탑이라 부르게 된 것이다. 이 탑은 전란이 없고 날씨가 고르며, 나라가 복되고 백성이 편안하게 살기를 염원하면서 세워졌다고 전해져 오고 있다.

그런데 세 탑 중 수마노탑은 돌로 세웠으므로 세인들이 볼 수 있으나, 금탑과 은탑은 자장율사가 후세 중생들의 탐심(貪心)을 우려하여 불심이 없는 중생들이 육안으로 볼 수 없도록 비장(秘藏)하여 버렸다고 전하여진다. 자장율사는 그의 어머니에게 금탑과 은탑을 구경시키기 위하여 동구에 연못

정암사 일주문

정암사 경내

을 파서 연못에 비친 모습을 보게 하였는데, 지금의 '못골'이 그 옛터이며, 그 못 옆에는 삼지암(三池庵)이 있었다는 전설이 전하고 있다.

■ 성보문화재

정암사의 가람은 남북으로 흐르는 계곡물을 따라 자연스럽게 두 공간으로 나누어진다. 천의봉 자락에 위치한 수마노탑과 그 아래 담장으로 둘러싸여 자리 잡은 법당, 곧 적멸궁이 자리한 공간이 그 하나인데 말하자면 수행공간이라고 할 수 있다. 또한 일주문을 지나 계곡에 이르기까지 펼쳐진 금대봉 자락에 위치한 관음전, 육화정사, 범종각, 요사, 그리고 그 윗부분 산자락에 들어앉은 삼성각과 자장각이 이루는 공간이 그 하나인데 이곳은 생활공간이 된다.

그렇다고 정암사 가람의 규모가 그렇게 큰 것은 아니고, 각각의 전각과 당우들이 시원스럽게 배치되어 있어 그저 넓지도 않고 좁지도 않은, 참으로 넉넉한 공간이라는 느낌이 든다. 지금 있는 전각의 대부분은 1975년부터 1979년 사이에 이루어진 중건불사로 갖추어졌다.

현재 정암사의 입구에는 일주문(一柱門)이 세워져 있고, 일주문을 들어서면 왼쪽으로 1977년에 완공한 선불장(選佛場)이 있으며, 오른쪽에는 고색(古色)의 적멸보궁이 보물 제410호인 수마노탑을 등에 지고 있다. 또한 냇가에는 범종루가 있고, 선불장 옆에는 무량수각(無量壽閣)과 자장각(慈藏閣)·삼성각(三聖閣)이 있다.

• 적멸보궁

적멸보궁은 신라 선덕여왕 때 자장율사가 석가모니불의 사리를 수마노탑에 봉안하고 이를 참배하기 위해 건립한 법당이다. 수마노탑에 불사리가 봉안되어 있기 때문에 이 적멸보궁에는 불상을 모시지 않고 있다. 이 보궁 안에는 선덕여왕이 자장율사에게 하사하였다는 금란가사(金襴袈裟)가 보관되

정암사 적멸보궁

선장단 고목

어 있었으나 1975년 11월에 도난당하였다.

그 밖에도 적멸보궁 입구의 석단에는 선장단(禪杖檀)이라는 고목이 있다. 이 나무는 자장율사가 짚고 다니던 지팡이를 심은 것으로, 처음에는 수백 년 동안 자랐으나 지금은 고목으로 남아 있다. 신기한 점은 고목이 옛날 모습 그대로 손상됨이 없다는 것인데, 다시 이 나무에 꽃이 피면 자장율사가 재생한다고 전해져 내려오고 있다.

• 관음전

팔작지붕에 앞면 7칸, 옆면 3칸의 규모로 근래에 지었다. 중앙의 1칸을 금동관음보살좌상을 모시는 전각으로 꾸몄고, 나머지는 요사로 사용한다. 일종의 인법당인 셈이다.

관음전에는 최근에 조성한 금동관음보살좌상이 봉안되어 있다. 보관(寶冠)은 화려하지 않고 깔끔하며, 중앙에 아미타여래좌상이 표현되어 있다. 보살상에는 영락(瓔珞) 등으로 화려하게 장식하곤 하는데, 이 관음좌상은 장식 면에서도 화려함보다는 단정한 이미지를 추구하고 있는데, 이는 관음보살의 자비심을 좀 더 강조하기 위함일 듯하다. 왼손으로 보병(寶甁)을 들고 있으며, 단정한 대좌를 갖추고 있다.

• 삼성각

삼성각은 자장각과 나란히 있으며, 맞배지붕에 앞면 3칸, 옆면 1칸의 규모로 근래에 지었다. 안에는 칠성탱을 비롯하여 산신탱과 독성탱이 봉안되어 있다

• 자장각

자장각(慈藏閣)은 맞배지붕에 앞면과 옆면 각 1칸씩의 규모로 근래에 지은 건물로, 관음전 뒤쪽에 있는 산자락에 삼성각과 나란히 자리하고 있다.

안에는 창건주인 자장율사의 진영이 봉안되어 있다.

• 육화정사

육화정사(六和精舍)는 종무소 겸 요사로, 팔작지붕에 앞면 7칸, 옆면 3칸의 규모이며 근래에 지었다

• 일주문

일주문은 경내 앞에 있는 건물로, 근래에 지었다. 크기는 팔작지붕에 앞면과 옆면 각 1칸씩의 규모를 하고 있다. 앞쪽 처마 아래에는 '태백산정암사(太白山淨巖寺)' 편액이 있는데, 탄허 택성(呑虛宅成, 1913~1983) 스님이 쓴 글씨다. 그 밖에 요사에 걸려 있는 '육화도량(六和道場)', '범종각(梵鐘閣)' 등의 편액도 탄허 스님의 글씨다.

• 정암사 수마노탑

수마노탑은 높이 9m에 이르는 모전석탑으로, 정암사 경내에서 약 100m쯤 떨어진 적멸보궁 뒤편, 급경사를 이룬 산비탈에 축대를 쌓아 만든 대지 위에 서 있다. 현재 보물 제410호로 지정되어 있다.

지대석은 모를 죽인 화강암재로 6단을 쌓아 올렸고, 탑신부를 받치기 위하여 모전석재(模塼石材)로써 2단의 굄대를 그 위에 마련하였다. 탑신을 구성한 석재는 회록색의 수성암질석회암으로 길이 30~40cm, 두께 57cm의 크기인데, 수법이 정교하고 표면이 잘 정돈되어 있어 얼른 보면 전(塼)을 사용한 것과 같다.

초층 옥신은 한 변이 178cm로 15단을 쌓아 높이 103cm의 사각형을 만들었고, 초층의 옥신 남면 중앙에는 화강암으로 틀을 짜서 감형(龕形)을 설치하였다. 문비(門扉)는 1매의 판석(板石)으로 만들어졌으나, 중앙에 종선(縱線)을 음각하여 2매의 문비임을 나타내려고 하였고, 중심에는 철제 문고리

수마노탑 탑신부

를 달았다.

옥개는 전탑 특유의 형식으로 추녀 넓이가 짧아졌고, 추녀는 수평을 이루다가 전각(轉角)에 이르러 상하로 풍령공(風鈴孔)이 뚫려 있으며, 상층 일부에 풍경이 남아 있다.

옥개 받침은 초층에서는 7단으로 되어 있으나, 상층에 갈수록 1단씩 줄어들어 7층에서는 1단이 되었고, 옥개석 위쪽의 낙수면(落水面) 층단(層段)도 초층에서는 9단으로 되어 있으나, 층을 거듭할수록 1단씩 줄어 7층에 이르러서는 3단으로 되어 있다.

상륜부는 화강암으로 조성한 노반(露盤) 위에 모전석재 2매를 얹고 다시 그 위에 청동제 상륜을 설치하였다. 이 청동제 상륜은 꽃모양이 투각된 오륜(五輪) 위로 복발(覆鉢)과 보륜(寶輪)을 두었다. 보륜 위에는 다시 병형(瓶形) 장식을 얹었으며, 그 목에서 네 가닥으로 돌출된 끝에는 풍경을 달았다. 정상에는 위가 크게 외반(外反)된 수연(水煙形) 장식을 얹었으며, 병형 장식

수마노탑

의 목에서는 철쇄(鐵鎖)가 내려와 4층의 옥개에까지 이르고 있다.

이 탑은 거대한 편은 아니나 형태가 정제되고 수법이 정교하다. 옥개 우각(隅角) 추녀 밑이 위로 솟은 것은 고려시대의 양식을 잃지 않은 것이고, 청동제 상륜의 투각수법 또한 시대적인 특징을 보여 주고 있다. 탑 앞에는 배례석이 놓여 있는데, 여기에 새겨진 연화문(蓮華紋)이나 안상문(眼象紋) 등은 고려시대의 특징을 나타내고 있다.

이 석탑은 오래 전부터 각 층의 모전석이 결실 혹은 파손되어서 보물로 지정할 때부터 보수문제로 논의되어 오다가 1972년 전면 해체복원되었다. 해체 수리과정에서 3층 옥신부터 기단부까지의 사이에서 5대의 탑지석(塔誌石)이 발견되고, 기단부 최하단석 밑의 적심부에서 청동합(青銅盒)·은제외합(銀製外盒)·금제외합(金製外盒) 등의 사리장엄구가 발견되어 조선시대 말기에 이르기까지 여러 차례의 보수가 있었음을 알 수 있다.

지금까지 알려진 탑지석에 의하면 이 탑의 현재 모습은 1653년 중건 때

정암사 경내

열목어 서식지

갖추어진 것이고, 탑 앞의 배례석과 기타 경내에 남아 있는 여러 유물과 비교, 검토해서 그 초창의 하한은 고려시대로 추정되고 있다.

• 열목어 서식지

정암사 일대는 '정암사의 열목어 서식지(熱目魚棲息地)'로 천연기념물 제73호로 지정되어 있다.

열목어의 등은 홍갈색이지만 배는 담백색이고 흑갈색의 반점이 온몸에 흩어져 있으며, 눈은 빨간색이다. 눈에 열이 하도 많아서 열목어로 이름 붙여진 이 고기는 북방계의 어종으로 한여름에도 수온이 20℃ 이하를 유지하는 곳이 아니면 살지 못한다. 또 열목어가 서식하는 곳에는 그들이 숨을 수 있고 월동할 수 있는 깊은 소가 있어야 하고, 동시에 물이 얕고 유속이 완만하며 바닥에 자갈이 깔린 산란장이 있어야 한다.

정암사 일대는 이러한 열목어의 서식요건을 갖춘 곳이고, 본종의 분포지로는 세계 최남단에 속하므로 천연기념물로 지정, 보호하게 된 것이다. 그러나 근래에 이르러 보호구역내의 수목이 일부 변형되었으며, 광산개발에 따라 수량이 감소하는 등 그 서식환경의 파괴가 심각해지고 있다.

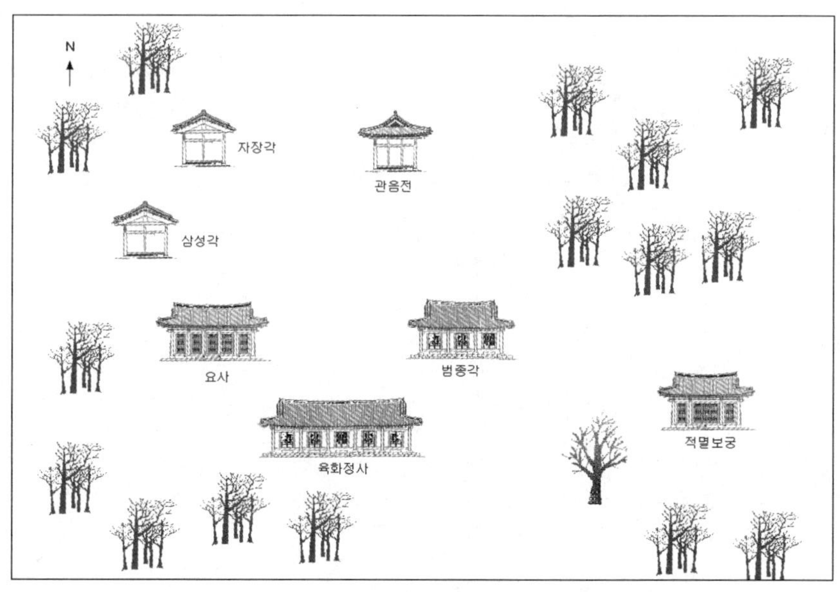

정암사의 가람배치

6. 홍천군 · 횡성군의 전통사찰

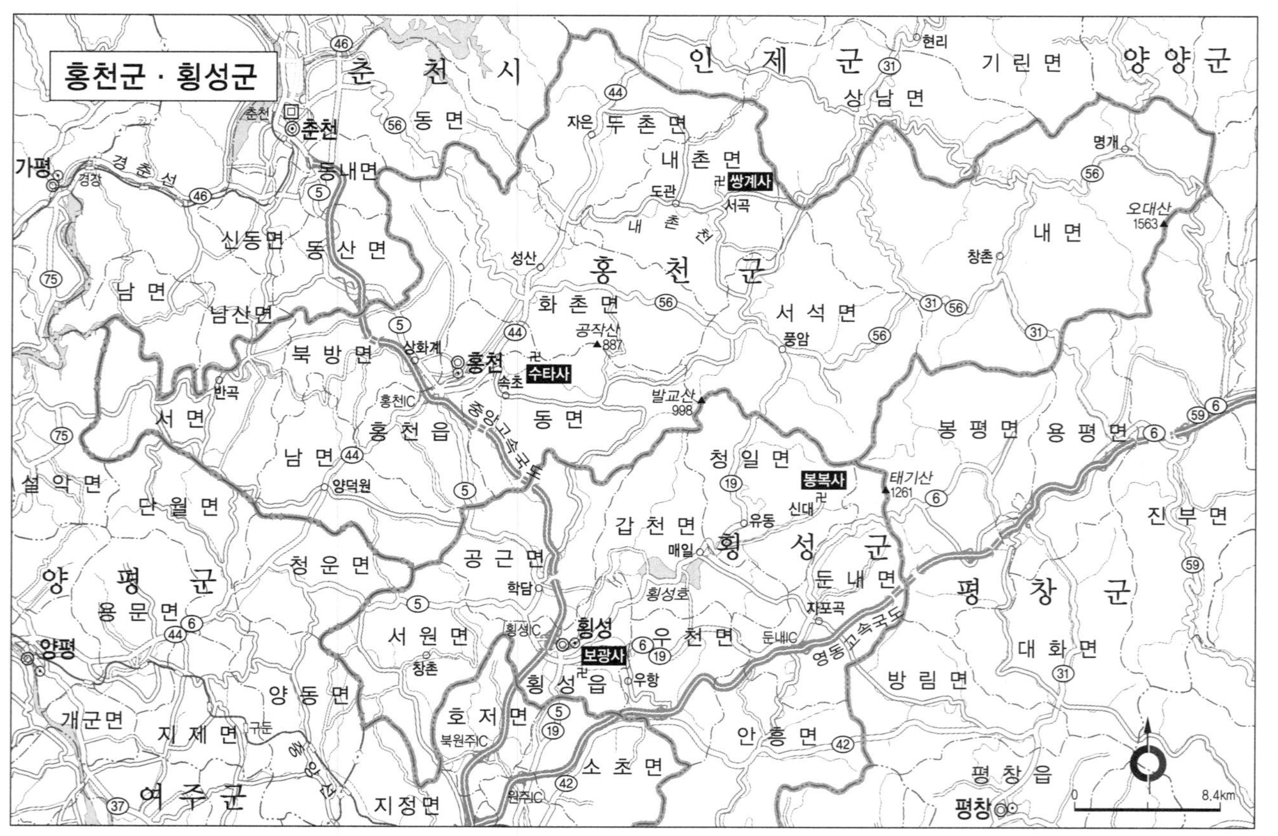
홍천군 · 횡성군
춘 천 시
인 제 군
양양군
기린면
상남면
현리
동면
두촌면
자은
내촌면
쌍계사
도관
서곡
내 촌 천
춘천
가평
경춘선
경강
동내면
신동면
동산면
남면
남산면
성산
홍 천 군
화촌면
공작산 887
서석면
풍암
내면
창촌
명개
오대산 1563
북방면
상화계
홍천
수타사
속초
반곡
홍천IC
서면
중앙고속국도
동면
발교산 998
남면
홍천읍
양덕원
설악면
단월면
청운면
양 평 군
용문면
양평
청일면
봉복사
신대
유동
태기산 1261
봉평면
용평면
진부면
갑천면
매일
횡 성 군
공근면
학담
횡성호
둔내면
자포곡
평 창 군
서원면
창촌
횡성IC
횡성
보광사
우천면
둔내IC
영동고속국도
대화면
횡성읍
우항
방림면
양동면
개군면
지제면
구둔
중앙선
호저면
북원주IC
안흥면
소초면
원주IC
여주군
지정면
평창읍
평창
0
8.4km

홍천군 · 횡성군의 역사와 문화

홍천군(洪川郡)은 강원도 중서부에 위치하며, 동쪽은 양양군, 서쪽은 경기도 양평군과 가평군, 남쪽은 평창군과 횡성군, 북쪽은 춘천시와 인제군에 접한다. 인구는 2006년 현재 7만143명, 행정구역은 1개 읍, 9개 면, 105개 법정리로 이루어져 있다.

태백산맥 서사면의 일부를 차지해 기복이 심하고, 동부와 북부에는 1,000m 이상의 높은 산들이 연이어 있어 산지가 전체 면적의 87%를 차지한다.

북쪽에 약수산(藥水山) · 가칠봉(柯七峰) · 가마봉(可馬峰), 동쪽에 오대산(五臺山) · 상왕봉(象王峰) · 두로봉(頭老峰), 남쪽에 계방산(桂芳山) · 운무산(雲霧山), 서쪽에 장락산(長樂山) · 나산(羅山) 등이 솟아 있다. 홍천강(洪川江)이 군의 중앙부를 서류하고, 자운천(紫雲川)과 계방천(桂芳川)이 동쪽을 흘러 내린천(內隣川)이 되어 서쪽으로 흐른다.

삼국시대에는 고구려의 영역에 속해 벌력천현(伐力川縣)이라 불렀다. 757년(경덕왕 16) 녹효현(綠驍縣)으로 개칭되었고 삭주(朔州)의 영현(領縣)이 되었다. 별호(別號)는 화산현(花山縣)이었다. 고려시대에는 1018년(현종 9) 홍천현으로 개칭되었으며, 춘주(春州)의 속현이었다. 조선시대에서도 홍천현으로 불렀고, 1895년 춘천부 홍천군이 되었다가 다음해에 강원도 홍천군으로 개편되었다. 1963년 홍천면이 읍으로 승격되어 오늘에 이른다.

횡성군(橫城郡)은 강원도 서남부에 위치하며, 동쪽은 평창군, 서쪽은 경기도 양평군, 남쪽은 원주시와 영월군, 북쪽은 홍천군에 접한다. 인구는 2005년말 현재 4만4,297명, 행정구역은 1읍, 8면, 174개 법정리로 이루어져 있다.

태백산맥의 오대산에서 분기한 차령산맥이 군의 동부를 남서방향으로 뻗어 동·남·북부가 높은 산지로 둘러싸여 있고, 서쪽은 완경사를 이룬다. 북쪽에 수리봉·발교산(髮校山)·태의산(台議山)·오음산(五音山), 동쪽은 운무산(雲霧山)·봉복산(鳳腹山)·태기산(泰岐山), 남쪽에 매화산(梅花山)·치악산(雉岳山)·향로봉(香爐峰), 서쪽에 성지봉(聖地峰) 등의 높은 산이 둘러싸고 있다. 군내 산지의 특색은 봉복산을 제외한 모든 산이 군계와 접하고 있어 군역을 둥글게 감싸고 있는 형상을 하고 있다. 모든 수계는 남한강계에 속하고, 크게 섬강(蟾江) 수계와 주천강(酒泉江) 수계로 나뉜다.

고구려에서는 횡천현(橫川縣) 또는 어사매(於斯買)라 하였고, 통일신라 경덕왕 때 황천현(潢川縣)이라 개칭되며 삭주(朔州) 소속이 되었다. 고려시대에 다시 횡천현으로 개칭되어 춘주(春州)의 속현으로 되었다가 뒤에 원주의 속현으로 바뀌었다. 횡천이라는 명칭은 군의 젖줄인 섬강이 남북으로 흐르지 않고 동서로 가로질러 흐르기 때문에 '가로'의 뜻인 '橫' 자를 쓰게 된 데서 유래하였다. 조선시대에 들어와 1414년(태종 14) 홍천(洪川)과 발음이 비슷하다고 하여 횡성현(橫城縣)으로 고쳐 부르게 되었다. 1895년(고종 32) 횡성군으로 개칭되어 춘천부의 관할이 되었다가 이듬해에 다시 강원도에 소속되었다. 1979년 횡성면이 읍으로 승격되었고, 1983년 안흥면의 강림출장소가 면으로 승격되어 오늘에 이른다.

수타사

■위치와 가는 길

수타사(壽陀寺)는 홍천군 동면 덕치리 9번지 공작산(孔雀山)에 자리한 대한불교조계종 제4교구 본사 월정사의 말사다.

홍천 시외버스터미널이 있는 홍천네거리에서 우회전을 하여 노천 방면 444번 지방도로로 4.4km 가면 수타사 입구 표지가 보인다. 이곳에서 좌회

수타사 내경

전하여 800m를 더 가서 좌회전하고, 여기서 400m 더 가면 동면 면사무소와 속초초등학교가 있는 삼거리가 나타난다. 삼거리에서 좌회전하여 2.6km를 가면 수타사 입구에 이르게 된다.

대중교통을 이용하려면 홍천행 고속버스나 시외버스를 탄다. 홍천에서 1일 3회 운행하는 수타사행 시내버스를 이용한다. 수타사행 시내버스는 오전 9시 10분에서 오후 4시 20분 사이에 운행하는데 30~40분 정도 걸린다. 택시를 이용하면 홍천버스터미널에서 15분 정도 걸린다.

■창건과 역사

수타사는 708년(신라 성덕왕 7) 원효 스님이 창건하여 우적산(牛跡山) 일월사(日月寺)라 지었다고 한다. 지금과는 산 이름과 절 이름이 모두 다르다. 그러나 원효 스님은 686년에 입적하였으므로, 창건자 또는 창건연대 중 한 가지는 잘못 전해졌을 가능성이 크다.

창건 이후 영서 지방의 명찰로 손꼽혀 왔던 이 절은 1568년(선조 2), 풍수지리상 공작포란지지(孔雀抱卵之地)라는 명당이며, 주위는 동용공작(東聳孔雀) · 서치우적(西馳牛迹) · 남횡비룡(南橫飛龍) · 북류용담(北流龍潭)으로 표현되는 현위치로 이건하면서 공작산 수타사(水墮寺)로 바뀌었다. 절 이름이 지금과 발음은 같지만 뜻이 조금 다르다.

그러나 임진왜란의 병화로 완전히 불타버렸고, 40여 년 동안 폐허로 남아 있다가 1636년(인조 14) 공잠(工岑) 대사가 중창을 시작하여 법당을 다시 지었다. 공잠의 뒤를 이어 1644년에는 학준(學俊) 스님이 선당(禪堂)을 건립하였으며, 1650년(효종 1) 도전(道佺) 스님의 정문(正門) 건립과 1658년 승해(勝海) · 정명(正明) 스님의 흥회루(興懷樓) 건립으로 완전히 틀을 갖춘 가람을 갖추게 되었다.

이후에도 수타사의 불사는 끊이지 않았다. 1670년(현종 11)에는 정지(正持) · 정상(正尙) · 천읍(天揖) 스님이 대종(大鍾)을 주조하여 봉안하였고,

1676년(숙종 2)에는 여담(汝湛) 스님이 사천왕상을 조성하였다. 그 뒤에도 여민(汝敏)·지해(智海)·지행(智行)·성민(性敏)·찬징(贊澄)·선찰(禪察)·성념(省念)·찬원(贊源)·상흘(尙吃) 스님 등이 1638년(숙종 9)까지 계속하여 청련당(靑蓮堂)·향적전(香積殿)·백련당(白蓮堂)·송월당(送月堂) 등의 당우들을 차례로 중건하여 옛 모습을 재현하였다.

현재의 명칭인 '壽陀寺'로 절 이름을 바꾼 것은 1811년(순조 11)의 일로서, '水墮'라는 이름이 좋지 못하다고 하여 아미타불의 무량한 수명을 상징하는 이름으로 바꾸었다고 한다. 그 뒤 1861년(고종 15)에는 윤치(潤治) 스님이 중수하였으며, 1878년(고종 15)에는 동선당(東禪堂)을 다시 세우고 칠성각을 신축하였다. 또한 1976년에는 심우산방(尋牛山房)을 중수하였고, 1977년 삼성각을 건립하였으며, 1992년 관음전을 신축하며 오늘에 이른다.

■성보문화재

평지에 자리한 수타사의 경내는 비교적 널따란 편이다. 크고 넉넉하게 마련된 주차장에서 경내로 들어서면 가장 먼저 봉황문이 찾는 이를 맞는다. 여기를 넘으면 누각인 흥회루가 보이고, 이 흥회루를 지나면 경내에 들어서게 된다.

경내는 중앙 위쪽에 최근에 새로 지은 원통보전이 있고, 그 왼쪽에 금당인 대적광전이, 그리고 원통보전과 대적광전 사이에 크기가 그보다 작은 삼성각이 자리한다. 대적광전 앞 왼쪽에 종무소와 식당으로 사용하는 백련당이, 그리고 그 맞은편 쪽에 심우산방이라고 부르는 동선당 요사가 있다.

• 대적광전

대적광전(大寂光殿)은 수타사의 중심법당으로 팔작지붕에 앞면과 옆면 각 3칸씩의 규모를 하고 있다. 조선시대 후기의 사찰 전각 양식을 잘 갖추고 있어서 현재 강원도유형문화재 제17호로 지정되어 있다.

수타사 대적광전

건축양식은 높은 장대석 기단 위에 둥근 기둥을 세웠고, 출입문은 중앙칸에 4분합(四分閤) 띠살문을 달고 양 옆칸에 2짝 분합인 빗살문을 달았다. 기둥 위에 창방(昌枋)을 놓은 다음 기둥머리를 짜맞추고, 이 기둥머리 사이에 주간포작을 정면인 경우에 각각 1 · 2 · 1씩 배열하였다. 첨차 끝의 쇠서[牛舌]는 모두 수서[垂舌]로 되어 있다. 그리고 지붕의 39개 수막새 기와 위에는 각각 연꽃 봉오리 모양의 백자를 얹었다.

내부는 바닥에 마루를 깔고, 뒤쪽 가운데 칸에 불단을 설치하였고, 불단 위에는 목조 비로자나불좌상을 봉안하였다.

• 대적광전 수미단(불단)

대적광전의 내부 장식은 화려하지 않으면서도 연꽃으로 장식된 불단(佛壇)의 가장 밑부분은 구름무늬가 조각되어 있다. 부처가 앉아 있는 이 좌대가 이미 구름 위의 높은 위치에 있음을 나타내기 위한 것이다. 그 위로 복련을 아로새기고 다시 3단을 이루었는데, 한 단을 17칸으로 나누어 안상 속에다 연꽃을 그려 놓았다. 특히 두 번째 단의 좌우 끝에는 봉오리 상태의 연꽃과 활짝 핀 연꽃을 조각하여 장엄을 더한다. 이 불단은 부처가 수미산 위에 앉아 설법하는 것을 상징적으로 나타낸 수미단(須彌壇)이다.

• 대적광전 닫집

우리나라의 화려한 닫집 가운데 이 대적광전의 닫집은 그 가운데 빼어나다 하겠다. 수많은 포로 구성된 보궁형 닫집의 중심에 황룡 한 마리가 아래로 머리를 내밀고 있으며, 닫집의 추녀 끝에는 풍령이 4개 달려 있고, 사방으로 생동감 넘치는 연꽃이 조각되어 있다. 그리고 닫집 좌우에는 극락조와 함께 악기를 연주하는 비천상이 옷깃을 날리며 하늘을 날고 있다. 특히 닫집 옆의 대들보에는 두 마리의 용 밑으로 여섯 개의 종이 달려 있는 악기가 장치되어 있다. 이는 큰 불공이 있을 때 실제로 사용했던 악기로서, 지금도

대석광선 닫집

대적광전 비로자나불좌상과 후불탱

법당 뒤쪽에 이 악기를 울리게 하는 줄이 연결되어 있다. 그리고 닫집에 '寂滅宮' 이라 쓴 조그만 편액이 서까래 밑에 걸려 있다. 이 것은 비로자나불의 대적광전이라는 궁전 속의 가장 중심적인 궁궐이 바로 이곳임을 나타내고 있다.

• 대적광전 비로자나불과 후불탱

대적광전의 주불인 비로자나부처가 나무로 만든 팔각의 연화대좌 위에 앉아 있는 이 불상은 고려시대에 만들어진 것으로 추정된다. 두 손으로 지권인을 취한 수인이나 당당한 자세, 옷의 문양 등이 고려시대를 느끼게 하기 때문이다. 특히 얼굴의 모습은 국보 제26호로 지정된 불국사 금동비로자나불좌상과 흡사하다. 현재 비로자나불 뒤쪽의 후불탱은 최근에 그린 것이다.

지장탱

• 대적광전 지장탱

수타사의 성보박물관인 보화각에는 전에 대적광전에 걸렸었던 지장탱이 있다. 1776년(영조 52) 4월에 설훈(雪訓) 스님 등이 그린 불화이다. 지장삼존신중도와 지장시왕도를 합한 형태의 이 불화는 쉽게 볼 수 없는 특이한 예다. 화려한 팔각의 연화대좌 위에 앉아 오른손에 여의주, 왼손에 석장을 쥐고 있는 지장보살을 중심으로 무독귀왕과 도명존자가 협시하여 삼존을 이루었고, 그 주위로 명부의 10대왕과 8대보살 · 사천왕 · 판관 · 녹사 · 사자 · 졸사 · 팔부신장까지 함께 묘사되어 있다. 한 폭에 67분을 함께 묘사하고 있다.

• 기타

대적광전 지장탱 옆에 '을미년 납월 15일'에 그린 신중탱이 있는데, 탱화의 수법으로 보아 약 100년 전의 을미년 작품으로 보여 1895년으로 추정된다. 그리고 불단을 향해 오른쪽에 있는 영단에는 용과 꽃을 아로새긴 화려

대적광전 신중탱

원통보전 천수천안관음보살상과 천불좌상

한 위패가 있다. 또 흥회루 안에는 불보살을 모실 때 사용하는 가마 모습의 연(輦)과 '淸虛影堂'이라 새겨진 편액, 괘불을 넣어 둔 괘불함, 예부터 이 절에 있었던 불경을 넣어 둔 경함(經函) 등이 있다.

• **원통보전**

팔작지붕에 앞면 5칸, 옆면 3칸 규모의 전각으로 최근에 새로 지었다.

안에는 목조 천수천안(千手千眼) 관음보살좌상과 그 좌우 불단에 소(小) 천불좌상이 봉안되어 있다.

• **삼성각**

대적광전 뒤쪽에는 1977년에 지은 앞면 3칸, 옆면 1칸의 삼성각이 있다.

내부의 중앙에는 1895년에 그린 칠성탱이 있고, 좌우로는 1900년에 그린 산신탱과 독성탱이 봉안되어 있다. 이 중에서 칠성탱은 치성광여래를 중심으로 좌우에 일광보살과 월광보살을 배치하고, 위쪽의 2단에는 칠불(七佛)을, 하단에는 도교의 칠원성군을 함께 배치하였다.

또한 산신탱은 일반형과 크게 다를 바 없으나 시봉을 들고 있는 아이가 남자 대신 귀걸이를 한 여자 아이이고, 산신의 손톱이 특히 길다.

• **수타교와 봉황문**

아름다운 계곡과 울창한 산림에 둘러싸인 수타사는 규모가 크지 않은 절이지만 강원도 지역에서는 6·25전쟁의 피해를 입지 않은 몇 안 되는 사찰의 하나로서, 자세히 살펴볼만한 볼거리가 특히 많이 간직되어 있다.

매표소를 지나 울창한 송림 속으로 들어서면 오른쪽으로 부도밭이 있고, 조금 지나 계곡을 가로질러 놓인 아치형의 공작교를 지나면 천하대장군과 지하여장군의 장승이 놓여 있다. 다시 100m쯤 지나면 차안의 세계에서 피안의 불국토로 건너가는 것을 상징하는 수타교(壽陀橋)가 있다. 수타교를

봉황문

건너면 곧바로 수타사의 산문 봉황문이 나타난다.

수타사의 정문에 해당하는 봉황문은 1674년(현종 15)에 건립한 앞면 3칸, 옆면 2칸의 맞배지붕 건물로서, 중앙에 통로를 내고 좌우로 1676년에 조성한 사천왕상을 복원하였다. 사천왕상은 조각수법이 매우 빼어난 작품이다.

문을 들어서면 오른쪽으로 검을 쥐고 있는 동방지국천왕과 용을 잡고 있는 남방증장천왕이 있고, 왼쪽으로는 창을 쥐고 탑을 든 서방광목천왕과 비파를 든 북방다문천왕이 위엄있는 자세로 서있다. 그리고 사천왕의 발밑에서 고통을 받고 있는 악귀들이 매우 사실적으로 조각되어 있다. 죄인에게 벌을 내려 매우 심한 고통을 느끼게 하는 가운데 도심(道心)을 일으키도록 하겠다는 사천왕들의 근본 서원을 그대로 담고 있는 모습이다. 각 천왕의 좌우에는 팔부중이 시립하고 있는데, 이러한 팔부중의 조각은 전국 어느 곳에서도 찾아보기 어렵다. 그리고 천왕들이 쓰고 있는 보관의 섬세한 조각, 갑옷의 여러 가지 장식과 머리 뒤의 화염조각 등이 우수한 장인의 솜씨를 보여 준다.

• **흥회루**

봉황문 다음에 위치한 앞면 5칸, 옆면 3칸의 흥회루(興懷樓)는 1658년(효종 9)에 지은 건물로, 이름대로라면 2층의 누각형태가 되어야 하겠지만 단층으로 건조되었다. 본래 이 흥회루는 법당을 향해 예배를 드리거나 법회용으로 사용되었던 건물이다.

주심포 맞배지붕의 이 건물 안에는 목어 · 법고 · 범종이 있다. 1.5m 남짓의 목어는 용 모양이 아니라 물고기 형태로서 여의주를 물고 있고, 돼지코에 여덟 개의 이빨을 보이고 있다.

법고는 두드리는 부분에 암 · 수의 소가죽을 대었고, 나무 부분에 용을 그려 놓았다. 특히 볼만한 것은 법고를 받치고 있는 법고대(法鼓臺)이다. 아래부터 4개의 단을 설치하고 그 위에 활짝 핀 연꽃을 조각하였으며, 가운데

흥회루

부분에 팔각형의 보주를 놓았다. 보주 위에는 연꽃의 연밥 모양을 얹어 놓고 다시 4개의 단을 만든 다음 십자형의 대를 만들어 그 위에 북을 올려 놓은 것이다. 이는 수미산 형태의 법고대로서, 수미산 꼭대기 위에서 울려 퍼지는 법음(法音)을 상징적으로 나타낸 가치있는 작품이다.

• 범종

범종각에는 1670년에 만든 범종이 있다. 높이 1m가 조금 넘는 이 종은 조선시대 범종 양식을 따르면서도 몇 군데 특이한 모습을 보이고 있다.

종의 머리부분에는 거칠게 새겨진 용과 함께 음관이 갖추어져 있는데, 이 음관은 고려 후기 원나라의 영향을 받아 한때 사라졌던 것을 임진왜란 이후 우리나라 전통 종을 되살리고자 하는 의도에서 다시 복원시킨 것이다. 한국종의 특징을 회복하고자 했던 그 당시의 주체정신이 이 종에도 반영되어 있다.

종의 몸체 가장 윗부분의 천판에는 별다른 문양이 없으며, 어깨 부분에 해당하는 상대에는 '옴마니반메훔' 의 여섯 글자가 범어로 새겨져 있다. 천판 바로 밑에 사방으로 새겨져 있는 네모의 유곽에는 화려한 당초문이 조각되어 있고, 유곽 안에는 여섯 잎의 별모양 꽃판으로 낮게 솟아 있는 유두 9개가 있다. 이 유곽과 유두는 중국종에서는 아예 찾아 볼 수 없는 우리나라 범종의 한 특징이다.

유곽과 유곽 사이에는 연꽃을 들고 구름 위에 서 있는 인물상이 조각되어 있는데, 발 밑에 연화대가 없는 것으로 보아 공양천인상(供養天人像)임을 알 수 있다. 흔히 조선시대의 종에 지장보살 또는 관세음보살이 새겨지는 것과 비교한다면 이 종의 천인상은 정형에서 조금 벗어난 것이라고 볼 수도 있다.

특히 종을 치는 부분의 당좌에는 매우 특이한 조각이 새겨져 있다. 거의 대부분의 당좌는 연꽃 모양으로 묘사되기 마련인데, 이 종에서는 여덟 잎의

범종

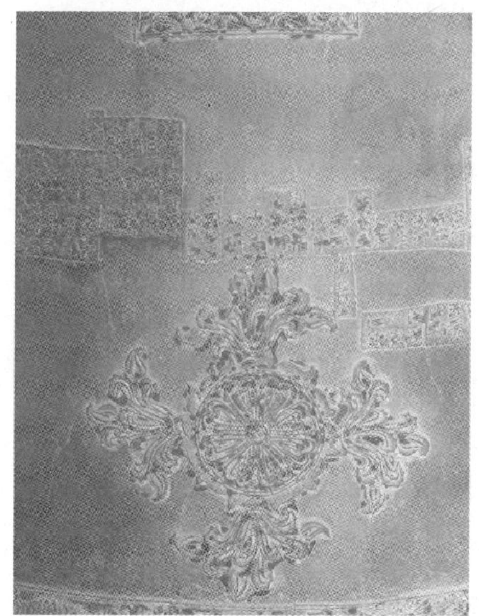
범종 당좌

둥근 연꽃 바깥 쪽에다 불꽃 모양을 새기고, 다시 사방으로 꽃 같기도 하고 꽃잎 같기도 한 조각을 새겼기 때문이다. 그리고 가장 밑부분의 하대에는 화려하게 조각된 당초문 · 보상문 · 연화문과 함께 4마리의 용이 새겨져 있다. 곧 사해용왕(四海龍王)을 조각해 놓은 것이다.

전체적으로 볼 때 임진왜란 이후의 조선시대 범종 중에서는 대표작에 속할 뿐 아니라, 당시로서는 매우 정성을 기울인 가치있는 종이라 하지 않을 수 없다.

• 삼층석탑

수타사 경내를 벗어나 다시 수타교를 건너면 조금 높은 곳에 삼층석탑 1기가 서 있다. 이 일대가 이전 전인 일월사 당시의 절터라고 전한다. 높이 1.5m의 화강암재 석탑으로 현재 많은 부분이 결실되어 있다. 기단부의 지대석은 윗부분만 남아 있고 2층과 3층의 탑신도 남아 있지 않다. 전체적으로 보아 고려시대 후기의 작품으로 보인다.

• 주목과 용안수

대적광전을 향해 오른쪽에는 심우산방이 있고, 그 옆에 수령 5백 년, 높이 5m에 이르는 주목(朱木) 한 그루가 있다. 강원도 보호수 제166호로 지정되어 있는 이 주목에는 이 절의 이건과 관련된 설화가 있다.

1568년의 사찰 이전을 관장하였던 한 노스님이 짚고 다니던 주목 지팡이로 용안수의 수원(水源)을 찾고, 그 옆에다 지팡이를 꽂았는데 이것이 살아나서 오늘과 같은 나무로 자라났다고 한다. 마을 사람들은 이 나무를 사찰을 지키는 신중이라고 생각한다.

주목 옆에 있는 용안수(龍眼水)는 위치상으로 대적광전의 남쪽에 해당하는데, 이 물은 대적광전 동북쪽 계곡의 용담(龍潭)과 수맥이 연결되어 있다고 한다. 이 용담수 옆에는 밑부분만 남아 있는 대형 맷돌이 있다. 그리고 얼마 전까지만 해도 이 절에는 아주 오래된 성황당이 있었으나 관음전 신축을 위해 철거하였다. 성황당이 사찰 내에 있는 경우는 매우 특이한 경우다.

• 부도밭

입구쪽으로 나와 부도밭으로 들어서면 10기의 부도와 3기의 비석을 볼 수 있게 된다. 이 중에는 팔각원당형의 부도 5기가 있어 억불정책으로 핍박받았던 조선시대에 많은 스님들이 수타사에 머물면서 수도하였고, 고승들 또한 많이 배출되었음을 느낄 수 있게 한다. 그리고 이름을 판독할 수 있는 것으로는 왼쪽으로부터 홍우당(紅藕堂) · 서곡당(瑞谷堂) · 중봉당(中峯堂) · 청송당(青松堂) · 기허당(掑虛堂) 등 7기의 부도이며, 홍우당비와 서곡당비는 어느 정도 글씨를 판독할 수가 있다.

수타사의 가람배치

보광사

■위치와 창건

보광사(寶光寺)는 횡성군 횡성읍 남산리 산16-5번지 덕고산(德高山)에 자리한 대한불교조계종 제4교구 본사 월정사의 말사다.

횡성읍에서 남쪽으로 3km 거리에 있는 현재의 보광사는 옛 남산사(南山寺) 절터에 중창된 사찰이다. 따라서 보광사의 역사는 남산사 시절로 거슬

보광시 내경

러 올라가야 한다. 그러나 남산사의 역사 또한 거의 알려져 있지 않다. 다만 조선 영조 때의 학자 신경준(申景濬)이 지은 『가람고(伽藍考)』와 1799년(정조 23) 왕명으로 편찬한 『범우고(梵宇攷)』에 남산사의 이름이 기록되어 있는 것으로 보아 조선 영조 이전에 창건된 사찰임을 알 수 있다. 전하는 말로는 한말에 이곳이 도둑의 소굴이 되자 관군들이 도둑들을 일망타진하면서 이 절을 폐찰로 만들었다고 한다.

수십 년 동안 터만 남아 있던 이곳에 횡성읍에 거주하던 강대희(姜大熙) 보살이 1934년 3월 조그마한 불당을 세웠다. 말년에 세상의 무상함을 깨닫고 부처님께 귀의하기로 맹세한 그녀는 현재의 자리에 요사와 불당을 짓고 염불로써 일생을 마쳤던 것이다. 그 뒤 1949년 6월 대인(大仁) 스님이 현재의 법당을 건립하였고, 1961년 영식(永植) 스님이 주지로 부임하여 이전까지 '남산절'로 불려지던 이 절을 보광사로 개칭하고 삼성각을 지었다. 1978년에는 유인(唯忍) 스님이 동별당을 지었고, 1984년 7월 유심(唯心) 스님이 주지로 부임하여 법당 안에 관세음보살상을 봉안하고 1985년 현대식 2층 건물인 심검당을 건립하였으며, 1987년 룸비니유치원을 건립하여 지역 포교에 힘을 기울였다. 그리고 1992년 현광(玄光) 주지스님은 청소년법회, 중고등부법회 등을 운영하는 한편 100여 명에 이르는 룸비니 유치원의 아동들을 지도하여 이 절을 횡성군 내의 대표적인 포교당으로 활성화시켰다.

보광사는 횡성 읍내와 가까이 있어 주민들과의 소통도 원활하며, 룸비니 유치원을 통한 지역 공헌도도 높다. 경내의 조경도 훌륭하여 산중 사찰이 아닌 도심 사찰로서의 깔끔한 가람배치의 전형을 보이고 있다.

■성보문화재

보광사의 현존건물로는 법당인 보문전(普門殿)을 중심으로 삼성각 · 심검당 · 요사 · 룸비니유치원 등이 있으며, 역사가 담긴 문화재로는 절 입구의

보문전 관음보살좌상

부도 2기가 있다.

• 보문전

앞면 2칸, 옆면 3칸의 보문전은 팔작지붕 건물로서 외벽에는 심우도(尋牛圖)가 그려져 있고, 내부에는 관세음보살좌상을 비롯하여 후불탱화와 신중탱화, 특이한 형태의 지장탱화가 봉안되어 있는 보광사의 중심법당이다. 보광전 내부 벽에 그린 백의관음벽화와 악기를 연주하는 비천상은 비록 최근작이지만 시원스럽게 그려 놓았다.

• 삼성각, 부도

앞면과 옆면 각 1칸씩의 삼성각에는 1977년 사월초파일에 모신 칠성탱을 비롯하여 산신탱과 독성탱이 봉안되어 있다.

또한 사찰 입구에 있는 부도 중 1기는 석종형(石鍾形)이고, 1기는 석종형의 몸체 위에 2층의 지붕돌을 올려놓은 모습이다. 이 중에서 석종형 부도에

보광사 보문전

는 어느 대사의 이름이 새겨져 있으나 마멸이 심하여 판독이 어렵다.

보광사 원경

보광사의 가람배치

봉복사

■위치와 창건

봉복사(鳳腹寺)는 횡성군 청일면 신대리 138번지 덕고산(德高山)에 자리한 대한불교조계종 제4교구 본사 월정사의 말사다.

횡성군의 끝부분, 일명 봉복산(鳳腹山, 1,022m)으로도 부르는 덕고산 남쪽 기슭에 자리 잡은 봉복사의 역사는 매우 깊다. 절에서 전하는 바에 의하

봉복사 내경

면 647년(진덕왕 1) 자장(慈藏) 율사가 창건하였으며, 669년(문무왕 9) 화재로 소실되자 671년 원효(元曉) 스님이 중창하였다고 한다.

그 뒤 이 절은 수도도량으로 크게 이름을 떨쳐 한창 때는 100여 명이 넘는 승려들이 머물렀고, 산내암자도 낙수대(落水臺) · 천진암(天眞庵) · 반야암(般若庵) · 해운암(海雲庵) 등 9개나 되었다고 한다. 그러나 1901년 일본군과 싸우던 의병들의 방화로 이 절은 소실되었고, 1907년 주지 취운(翠雲) 스님에 의해 중건되었다. 그런데 『동국여지승람』을 비롯하여 『범우고(梵宇攷)』, 『가람고(伽藍考)』 등에 한결같이 '奉福寺(봉복사)' 로 표기되어 있어 이때의 중창 이전, 적어도 조선시대에는 절 이름이 '奉福寺' 였음을 알 수 있다.

당시 취운 스님의 중건 전까지만 하여도 절은 현재의 자리에서 300m 떨어진 곳에 있었다고 하며, 지금도 그 자리에는 삼층석탑이 있다. 취운 스님이 그곳에 다시 절을 세우기 위해 재목을 구하여 공사를 시작하려 한 어느 날 밤, 소가 재목을 옮기는 곳에 절을 지으라는 현몽이 있었다고 한다. 이튿날 재목을 쌓아 둔 곳에 나타난 소는 현재의 절터로 부지런히 재목을 실어 날랐고, 재목을 모두 옮긴 다음에는 탈진하여 며칠 동안 아무 것도 먹지 않고 잠들었다고 한다. 그런데 소가 재목을 이전한 곳이 풍수지리상으로 볼 때 봉황(鳳)의 배(腹)에 해당하는 곳이었으므로 절을 중건하고 '鳳腹寺' 로 고쳐 불렀다고 전한다. 그리고 강원도의 대부분 사찰처럼 6 · 25전쟁 때 완전히 소각된 뒤 소규모로 중건하여 오늘에 이르고 있다.

현재까지 알려진 바로는 봉복사는 횡성군 내에서 가장 오래된 사찰이다.

■성보문화재

• 인법당

앞면 6칸의 건물로, 그 중 4칸은 법당이고 나머지 2칸은 부엌과 요사로 이용하고 있다. 법당 안에는 중앙의 석가여래좌상을 중심으로 좌우에 20cm남짓한 문수보살좌상과 보현보살좌상이 봉안되어 있다. 이들 삼존불

인법당 석가여래좌상

의 조성연대는 오래되지 않은 듯하나 상호는 원만하다. 그리고 삼존불 뒤에는 최근작인 후불탱이 있고, 한쪽 벽에는 1989년에 조성한 신중탱이 걸려 있다.

• 삼성각

인법당 뒤쪽에 있는 앞면 3칸, 옆면 1칸의 삼성각 내부에는 중앙의 칠성탱을 중심으로 좌우에 독성탱과 산신탱이 있다. 이 중 칠성탱은 치성광여래와 일광 · 월광보살이 중앙에 위치하고 있고, 그 우측에 칠불(七佛), 좌측에는 칠원성군(七元星君)이 도열해 있는 특이한 배치법을 보이고 있으며, 약 50여 년 전에 그린 것으로 보인다.

또한 옆의 독성탱은 화기가 지워져 정확한 연대를 알 수 없지만, 독성의 모습과 '계축년(癸丑年)' 이라는 표기가 남아 있어 약 80년 전의 계축년인 1913년에 조성한 것으로 추정해 볼 수 있다. 이 탱화 속에서 무릎을 세우고 주장자를 들고 있는 나반존자(那畔尊者)의 모습은 안온하면서도 위엄

국사단

이 있다.

• 국사단

절 입구에 있는 앞면과 옆면 각 1칸씩의 국사단(局司壇) 내부에는 지금은 지역과 이 산의 안녕과 풍요를 맡은 산신을 문신(文臣)의 형태로 표현한 최근에 그린 그림을 걸어놓았다. 그런데 그 전에는 서있는 스님과 그 옆에서 차를 달이고 있는 동승(童僧)이 그려져 있는 탱화가 봉안되어 있었다. 어떤 의미로 이와 같은 탱화를 모셨는지 사찰 측에서도 분명히 알지는 못하지만, 본래부터 이 절에 있던 '國祠堂'을 '國師堂'으로 해석하여 스님의 탱화를 모신 것으로 추정해 볼 수도 있다. 왜냐 하면 전국의 몇몇 사찰에 남아 있는 '國祠堂'이나 '局祠堂'은 나라를 위해 제사를 지내는 곳이거나 절의 영내를 관장하는 신을 모시는 경우가 많기 때문이다. 다소 오래된 듯한 이 건물이 마을 사람들의 소원을 비는 곳으로 이용되었고, 기도하면 영험이 많다는 현지인의 말을 통해서 볼 때 이 국사당이 성황당과 같은 기능을 갖고 있었음

국사단 탱화

을 알 수 있다.

원주 구룡사에도 국사단이 있어 이 지역이 예부터 산악을 특히 숭배했음을 알 수 있다.

• 삼층석탑과 부도

봉복사의 삼층석탑과 부도들은 이 절의 오랜 역사를 대변해 주는 문화재들이다.

절 입구에 위치해 있는 7기의 부도 중 1기는 최근에 세운 것이고 6기는 모두 오래되었다. 6기 가운데 2기는 연꽃모양의 기단부와 지붕돌 · 보주 등을 갖춘 육각원당형(六角圓堂形) 부도이고, 나머지 4기는 종의 모양을 취한 석종형(石鍾形) 부도다.

강원도유형문화재 제30호인 이 삼층석탑은 부도에서 아래로 내려오면

봉복사 부도

봉복사 삼층석탑

보이는 민가 뒤쪽의 높은 밭에 있다. 지정 명칭이 '횡성신대리삼층석탑' 인 이 탑을 두고 봉복사 창건 당시 자장율사가 오층석탑으로 건립하였는데 현재 3층만 남아 있다고 안내판에 설명되어 있다. 그러나 탑의 형식으로 볼 때 이 탑은 본래부터 3층이었음을 분명히 알 수 있다. 다만 현재 3층 지붕돌 위에 놓인 노반(露盤, 이슬받침)의 돌이 사각형을 이루고 있는데다 너무나 커서, 그 위에 다시 지붕들을 올리지 않았을까 하는 추측을 불러일으킬 수는 있을 것 같다. 하지만 체감비율 및 노반의 생김새로 보아 이 탑이 원래 5층이었다고 주장하기에는 무리가 있다.

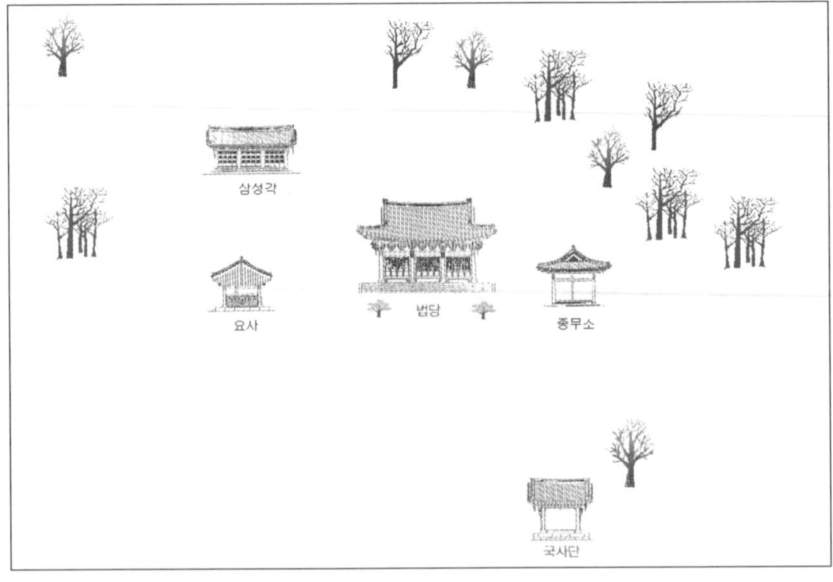

봉복사의 가람배치

부 록

전통사찰총서 강원도 | 1개 본사, 26사암 5개 절터

■ 원주시

이름	주 소	전화번호(033)	비 고
龜龍寺	소초면 학곡2리 1029	732-4800	조계종
國亨寺	행구동 98	747-1815	조계종
普門寺	행구동 산105	747-1525	태고종
上院寺	신림면 성남2리 1060	763-1608	조계종
嶺願寺	판부면 금대2리 1388	762-4783	조계종
靈泉寺	태장1동 122-1	742-2598	조계종
立石寺	소초면 흥량3리 산1784	731-0215	조계종
居頓寺址	부론면 정산리 189		
法泉寺址	부론면 법천리 629		
興法寺址	지정면 안창리 517-2		

■ 강릉시

이름	주 소	전화번호(033)	비 고
觀音寺	금학동 29	643-2985	조계종
洛伽寺	강동면 정동진리 산17	644-5337	조계종
法王寺	구정면 어단리 926	647-9450	조계종
普賢寺	성산면 보광리 산544	648-9431	조계종
龍淵寺	사천면 사기막리 821	647-1234	조계종
堀山寺址	구정면 학산리 732		
神福寺址	내곡동 403-2		

■ 삼척시

이름	주 소	전화번호(033)	비 고
三藏寺	성내동 8-1	573-2487	조계종
新興寺	근덕면 동막리 1332	572-3600	조계종
靈隱寺	근덕면 궁촌리 924	574-9300	조계종
天恩寺	미로면 내미노리 785	572-0333	조계종

■ 영월군

이름	주 소	전화번호(033)	비 고
法興寺	수주면 법흥리 422-1	374-9177	조계종
報德寺	영월읍 영흥12리 1110	374-3169	조계종

■ 홍천군

이름	주 소	전화번호(033)	비 고
壽陀寺	동면 덕치리 산9	433-6617	조계종

■ 평창군

이름	주 소	전화번호(033)	비 고
月精寺	진부면 동산리 63	332-6664	조계종

■ 정선군

이름	주 소	전화번호(033)	비 고
淨巖寺	고한읍 고한리 산213	591-2469	조계종

■ 동해시

이름	주 소	전화번호(033)	비 고
甘楸寺	송정동 502-2	532-9623	태고종
三和寺	삼화동 산172	534-7661	조계종

■ 횡성군

이름	주 소	전화번호(033)	비 고
普光寺	횡성읍 남산리 산16-5	343-3007	조계종
鳳腹寺	청일면 신대리 138	345-5186	조계종

집 필

金相永 중앙승가대학교 교수
韓相吉 동국대학교 연구교수
嚴興鏞 영월석정여고 교감

申大鉉 사찰문화연구원 연구위원
安尙賓 사찰문화연구원 연구위원

전통사찰총서❶
강원도의 전통사찰 I

펴낸이/사찰문화연구원
펴낸곳/사찰문화연구원

2008년 9월 10일 초판 제1쇄 찍음
2008년 9월 20일 초판 제1쇄 펴냄

주소/서울특별시 마포구 신수동
62-98번지 3층
전화/(02)706-4709
E-mail/sachal@chol.com
등록/제16-616호(1992년 11월 26일)

ISBN 978-89-86879-01-8 04220

가격/15,000원

※ 잘못된 책은 바꾸어 드립니다.